JN335922

レポート・試験はこう書く

教職科目要説

初等教育編

改訂版

小学校教諭をめざす人のための
専門科目・関連科目学習参考例

東京福祉大学 編

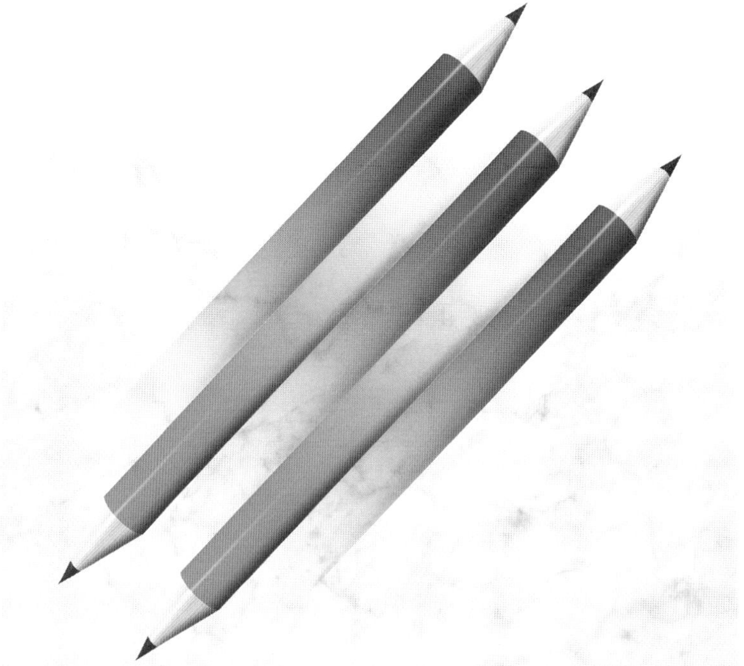

ミネルヴァ書房

【本書の活用について】

本書は，教員免許の取得をめざす学生の皆さんのために，レポートや論文試験についての学習参考例を取りまとめたものです。

学生の皆さんは，本書によって，レポートや論文の書き方・ポイントの押さえ方などを習得して頂ければ幸いです。

本書の刊行にあたっては，最近の法令改正や制度改正など現段階における新しい情報をできる限り織り込んでおります。

しかし，2006（平成18）年12月，教育の憲法といわれる「教育基本法」の全面的な改正，2007（平成19）年６月には，「学校教育法」，「教育職員免許法」，「地方教育行政の組織及び運営に関する法律」の一部改正が行われました。

今後さらに「学習指導要領」の改訂，国による「教育振興基本計画」の策定が予定されています。

また，障害児教育については，2007（平成19）年４月から，複数の障害種別に対応した教育を実施する「特別支援学校」制度とともに，小中学校等においても，「特別支援学級」がスタートしています。

学生の皆さんは，こうした教育をめぐる動向や社会状況の変化を踏まえ，また自分自身の考えをきちんと取り入れた，より良い論文やレポートを作成されるよう願っております。

2015（平成27）年４月

目　次

＊ A はレポート，B は試験問題の学習参考例

I　教職課程基礎科目

1 教師論

2 教育行財政

3 教育法規

東京福祉大学の著作権法遵守に関する学生指導方針

本学では，学生が他の研究者の研究成果や論文を引用するにあたっては，著作権上の問題が発生しないよう，さまざまな機会を通じて全学的にその指導を徹底するものとする。大学の紀要，学術雑誌等に掲載する論文は無論のこと，演習における口頭発表等についても，他者の論文の研究内容と学生自身の考えとを明確に区分するよう，徹底する。

具体的には，課題研究担当の教員が，資料の収集方法，検索方法，利用方法等について教室内だけでなく，図書館において実地に学生に指導する授業を行う。また，他者の研究成果を引用する際のルールについては，研究者としての基本的常識として指導を徹底する。具体的には，レポート等では，文中にどこからどこまでが他者の研究成果からの引用文であるかを明示し，注に引用書の著者名，書名（雑誌名・論文名），発行所，発行年を明記。正規の論文にあっては，上記事項に加えて，引用箇所のページ数，行数も含めて明記するよう，学生に指導する。これらのことは，授業において指導するのみならず，図書館等に掲示し，通信教育課程学生に配布する本学機関紙（「東京福祉大学通信」）においても取り上げることとする。

I　教職課程基礎科目

1 1 ……………………………… ●教師論（レポート学習参考例）

これからの教員に求められる資質能力について

今日の学校は，いじめ，不登校，校内暴力，学級崩壊などさまざまな問題を抱えている。その要因の多くは，複雑な現代社会のひずみから生じており，容易に解決できるものではない。

いじめについては，それが原因で自らの生命を絶つ子どもたちが全国に広がっている。学校嫌いを理由に学校に行かない不登校の児童生徒数は，近年，減少傾向にあるが，その比率は横ばい傾向で依然として厳しい状況が続いている。この不登校は，学校の存立と存在意義にかかわる深刻な問題である。また，校内暴力は，ますます激しさを増しており，学校で物が壊され，教師にも暴力がふるわれる。学級崩壊は小学校にまで広がっていると言われている。これらの多くの要因が家庭や地域環境などが複雑にからみ合った問題であり，とりわけ社会の変化や家庭環境が，子どもたちの生活や考え方に大きく影響を及ぼしていることは明らかである。しかし，学校にかかわることは学校にも責任があり，学校教育に対する国民の期待は，ますます高まっており，新しい学校づくりが課題となっている。

1　教員を取り巻く社会状況

「教育は人なり」といわれるように，学校教育の成否は教員の資質能力に負うところが極めて大きい。教員の職務は，学校における児童生徒に対する教育活動を通じて，その人格形成に直接携わることである。教員は，このような職責を遂行するため，教育者としての使命感や誇り，教育的愛情をもって教育活動にあたることが求められている。また教員は，子どもや保護者はもとより，広く社会から尊敬される存在でなければならない。しかし近年は，教員に対する尊敬や信頼が揺らぎつつあるなど，教員を取り巻く状況は大きく変化している。

(1)　社会の急激な変化への対応

近年，わが国の社会構造は，少子高齢化，国際化，情報化，社会全体の高学歴化など，大きく変化しており，変化のスピードも速くなっている。

本来，学校や教員には，社会の変化を踏まえつつ教育活動を行っていくことが求められているが，現状は，こうした変化がこれまでになく大規模，かつ急激に進んでいるため，教員が迅速かつ適切に対応することが難しくなってきている。

(2)　学校教育に対する期待の高まり

都市化や核家族化の進行などを背景として，家庭や地域社会の教育力が低下し，これに伴って，学校や教員に対する期待が高まっている。本来，子どもたちの教育は，学校，家庭，地域社会の適切な役割分担と連携のもとに行われるべきであり，その意味で家庭や地域の教育力の向上は重要な課題であるが，現状においては，例えば，子どもの基本的な生活習慣の育成などの面で，学校や教員に過度の期待が寄せられている。

⑶　学校教育が抱える課題

こうした社会状況や子どもたちの変化等を背景として，学校教育が抱える課題も，次のように複雑・多様化してきている。

①子どもたちの学ぶ意欲や学力・気力・体力が低下傾向にあるとともに，様々な実体験の減少等に伴い，社会性やコミュニケーション能力等が不足していること。

②いじめや不登校，校内暴力等の問題が依然として深刻な状況にあるほか，子どもたちの生命安全が脅かされる事件がしばしば発生していること。

③ LD（学習障害）や ADHD（注意欠陥多動性障害）等，児童生徒や学校教育に関する新たな課題や，それに関する知見が，明らかになりつつあること。

④社会の急激な変化や学校教育を取り巻く状況の変化の中で，教員が国民や社会の期待に応える教育活動を行っていくためには，不断に最新の専門知識や指導技術を身に付けていくという「学びの精神」が強く求められている。

⑤一部の教員による不祥事も依然として後を絶たず，いわゆる指導力不足の教員も年々増加傾向にある。こうした問題は，保護者や国民の厳しい批判の対象となり，教員全体に対する社会の信頼をゆるがす要因となっている。

2　教員に求められる資質能力

教員に求められる資質能力については，1997（平成９）年の教育職員養成審議会の第１次答申等において，次のように示されている。

⑴　いつの時代にも求められる資質能力

教員については，教育者としての使命感，人間の成長・発達についての深い理解，幼児・児童・生徒に対する教育的愛情，教科等に関する専門的知識，広く豊かな教養，これらを基盤とした実践的指導力が必要である。

⑵　今後特に求められる資質能力

変化の激しい時代の中で，子どもたちの「生きる力」を育むため，今後特に教員に求められる能力として，次の３本柱が挙げられている。

①地球や人類の在り方を自ら考え，幅広い視野を教育活動に積極的に生かす能力（地球，国家，人間等に関する適切な理解，豊かな人間性，国際社会で必要とされる基本的資質能力）。

②変化の時代を生きる社会人に必要な資質能力（課題探求能力等に関わるもの，人間関係に関わるもの，社会の変化に適応するための知識及び技術）。

③教職に直接関わる多様な資質能力（幼児・児童・生徒や教育の在り方に関する適切な理解，教職に対する愛着，誇り，一体感，教科指導，生徒指導等のための知識，技能及び態度）。

また，2005（平成17）年の中央教育審議会（中教審）義務教育特別部会の審議経過報告においては，優れた教員の条件について，次の３つの要素が重要であると述べられている。

(1)　教職に対する強い情熱

教師の仕事に対する使命感や誇り，子どもに対する愛情や責任感など。

(2)　教育の専門家としての確かな力量

子どもに対する理解力，指導力，集団指導の力，学級作りの力，学習指導・授業作りの力，教材解釈の力など。

(3)　総合的な人間力

豊かな人間性や社会性，常識と教養，礼儀作法をはじめとする対人関係能力，コミュニケーション能力などの人格的資質，教職員全体と同僚として協力していくこと。

これらの答申等で示された基本的な考え方は，教員を取り巻く状況や，これからの社会の進展，学校教育に対する国民の期待等を考慮すると，今後とも尊重していくことが適当である。むしろ，変化の激しい時代だからこそ，変化に適切に対応した教育活動を行っていく上で，これらの資質能力を確実に身に付けることが重要と考えられる。

また教職は，日々変化する子どもの教育に携わり，子どもの可能性を開く創造的な職業であり，このため，教員には，常に研究と修養に努め，専門性の向上を図ることが求められている。

教員を取り巻く社会状況が変化し，学校教育が抱える課題も複雑・多様化している現在，教師には，不断に最新の専門的知識や指導技術等を身に付けていくことが重要となっており，「学びの精神」がこれまで以上に強く求められている。

また，これからの社会や学校教育の姿を展望しつつ，教員を取り巻く現状等を考慮すると，現在，教員に最も求められていることは，子どもや保護者はもとより，広く国民や社会から尊厳と信頼を得られるような存在となることである。教職は国民の尊厳と信頼があって初めて成り立つ職業である。今後，信頼され，安心して子どもを託すことのできる学校づくりを進めていくためには，教員自身が尊敬され，信頼される存在でなければならない。そのためには，何よりも教員自身が自信と誇りをもって教育活動にあたることが重要である。

これからの教員には，教員を取り巻く社会状況や学校教育が抱える課題の複雑多様化などに伴って，より高度な専門性と豊かな人間性，社会性などが求められている。学校や教員に対する期待の高まりを背景として，このような資質能力の高い教員の養成確保が緊急の課題となっている。

教員は，聖職者か，労働者か，専門職か

われわれが抱く教師像は，多種多様である。われわれは，これまで受けてきた学校教育の中で多くの教師に出会い，人格形成に多大の影響を受けて成長してきた。したがって各人の経験を通して異なる教師像が存在する。

一方，教師観は，国により時代によっても，大きく異なっている。東洋と欧米では著しい相違が見られ，また，わが国においても，戦前と戦後では，大きく変わっている。

ここでは，「聖職者」としての教師像，「労働者」としての教師像，「専門職」としての教師像の３つのタイプの教師像について述べる。

1 「聖職者」としての教師像

この考え方は，歴史的に見て，教育が僧侶・牧師等の聖職者によって行われてきたことに由来する。

教師の仕事は，子どもの人格形成に関わるものであり，教師自身も人格者であるべきことが求められる。

戦前においては，教員養成が師範学校を中心として行われたため，師範学校出身の教師が中心であった。師範学校教育は，「国家の忠良な臣民」を育成する教師を養成することを目的としていた。そのため，教師は，国民の模範として国家に忠節を尽くす人格的資質が求められたのである。

現代の民主主義国家においても，「子どものため」に身を捧げるという聖職者としての教師を求めることは，否定することはできないであろう。

2 「労働者」としての教師像

これは，教師も生活のために働く労働者であるとの考え方である。特に，第二次大戦後，教員組合活動が活発になるに伴い，教師の勤務条件改善を求める労働運動の中で主張され，当時の文部省などと対立してきた考え方である。その後，教師像の転換点となったのが「専門職」としての教師像である。

3 「専門職」としての教師像

この考え方の典型は，1966年，ILO（国際労働機関）とユネスコとが共同で作成し，特別政府間会議で採択された「教員の地位に関する勧告」である。勧告は，「教職は，専門職と認められるものとする」と明記している。

現在は，この専門職論が有力であり，教師の地位向上と待遇改善，免許制度改革等の論拠になっている。

いずれにせよ，教師は，子どもの人格形成に大きな影響を与える職業に従事していることを自覚し，高い倫理性が求められていることを忘れてはならない。

教員の役割と職務内容について

学校には，様々な職種の教職員が置かれている。校長・教頭をはじめ，教諭，養護教諭，助教諭，養護助教諭，実習助手など児童生徒の教育に直接従事する教員のほか，学校給食を担当する学校栄養士・給食従業員あるいは事務職など様々である。学校医・学校歯科医・学校薬剤師など非常勤の職員もいる。この中で，教員は，学校という組織の中で中核的役割を果たしている。

学校の教職員の種類と職務内容の基本については，「学校教育法」に定められている。

まず，「校長は，校務をつかさどり，所属職員を監督する」（同法第37条 4項）と規定されている。この規定は，校長の職務は，所属職員を管理監督する責務がある旨を定めたものである。したがって，校長はその監督権の範囲において所属教職員に労務管理を行うものであり，労働基準法上の使用者として位置づけられている。

なお，校長の職務の円滑な執行を補助するため「職員会議」を置くことができる（学校教育法施行規則第23条の 2）こととされている。

職員会議は，全校的教育事項については，校長を含む教師間における十分な討議を経て決定することが望ましいことから置かれるものである。

また，教頭は「校長を助け，校務を整理し，必要に応じて児童の教育をつかさどる」ため置かれている。さらに，教務主任，学年主任が置かれ，教諭をもって充てることとされている。

教員の職務について，「教諭は，児童の教育をつかさどる」（学校教育法第37条11項）と規定している。これは，教員としてなすべき主たる職務を規定したものであり，教員は授業を行う専門職として，児童生徒に対する教科指導を中心として行っている。

また，教員は校務分掌として，学校内における組織の一員として授業以外の職務を行うことが義務づけられており，最近では，教科以外の指導の占める割合が大きくなっている。教科外指導としては，生徒指導，進路指導，部活動指導等がある。

なお，2007年（平成19）年 3 月の中央教育審議会の答申に基づき，校長を補佐する副校長や主幹，他の教諭に助言できる指導教諭を新設する学校教育法が改正されている。さらに教員は児童生徒の生活実態のきめ細かな把握に努め，相互の信頼の上に立って指導を行うことが必要であり，絶対に体罰を行うことがあってはならない。

教員の服務と身分保障について

公立学校の教員は，地方公務員の身分を有し，「地方公務員法」が適用されている。地方公務員法には，「全体の奉仕者」として守らなければならない服務規定が定められている。

しかし公立学校の教員は，職務と責任の特殊性から，服務や身分保障等について一般公務員とは異なった取扱いをする必要があるため「教育公務員特例法」が定められている。

地方公務員法では，「服務の根本基準」として「全体の奉仕者として公共の利益のため勤務し，且つ，職務の遂行に当つては，全力を挙げてこれに専念しなければならない」ことが規定され，次のような職務上・身分上の義務や制限が課されている。

(1) 法令等及び上司の職務上の命令に従う義務
(2) 職務に専念する義務
(3) 信用失墜行為の禁止
(4) 秘密を守る義務
(5) 政治的行為の制限
(6) 争議行為等の禁止
(7) 営利企業等の従事制限

教育公務員もこれらの規定に反すると地方公務員法上の違反行為として懲戒処分の対象となる。懲戒処分には，免職・停職・減給・戒告の4種がある。

なお，秘密を守る義務や政治的行為の制限，争議行為の禁止違反は，刑事罰の対象になる場合もある。この他，公職選挙法により教育者としての地位を利用した選挙活動も禁止されている。

また，教育公務員特例法では，教育公務員としての身分保障が多岐にわたり組み込まれている。例えば採用及び昇任の方法について，一般公務員は原則として「競争」試験によっているが，教育公務員については「選考」方式をとっている。さらに，一般公務員には，任命権者に研修が義務づけられているのに対して，教育公務員には，任命権者のみならず直接本人にも研修が義務づけられている。このほか，任命権者の許可を受けて教育に関する他の職を兼ねることも認められている。

公務員は全体の奉仕者として，厳しい服務規定がある反面，法律または条例に定める事由によらなければ懲戒などの不利益処分を受けることはなく，任命権者の恣意的な処分は禁止されている。また，その意に反して不利益処分を受けた場合においても，訴訟を提起する前に，公平な第三者機関である人事委員会または公平委員会に不服申し立てができるなどの身分保障がなされている。

教員の研修について

教員は，児童生徒の人格形成に深く関わることから，高い倫理観と専門職としての資質が広く求められる。

このため，「教育公務員特例法」は，一般の公務員と比較して，研修について厳しい規定を設けている。すなわち，一般公務員には，「研修を受ける機会が与えられなければならない」（地方公務員法第39条１項）と規定されているのに対して，公立学校の教員に対しては，「教育公務員は，その職責を遂行するために，絶えず研究と修養に努めなければならない」（教育公務員特例法第21条１項）とし，教育公務員の研修が自主的な専門的研究と人間的な修養が必要不可欠であることを確認している。さらに任命権者には，教育公務員の研修を可能とするための条件整備を確立する義務が課されている。

また，授業に支障のない限り，本属長の承認を受けて，勤務場所を離れて，あるいは，現職のままでの長期にわたる研修を受けることができることが保障されている。

さらに現職教員が教諭専修免許状を取得する目的で身分を保有したまま国内外の大学院等においてフルタイムで修学可能な修学休業制度が認められ，2002（平成14）年の法改正では初任者研修のほか「10年経験者研修」が制度化された（同法第23条，第24条）。

教育公務員特例法に定められている研修の他，国・都道府県・市町村・各教員研修団体が主催する研修がある。国が主催する研修は，独立行政法人教員研修センターにおいて，校長研修，教頭研修，中堅教員研修，指導主事研修，管理主事研修等の指導者研修が行われている。

都道府県においても，教員研修センターを設置し，各種の研修が行われており，市町村や学校内でも研修が行われている。さらに，教員団体においても独自の研修会が組織されている。

これからの教員には，教育職員養成審議会答申が指摘しているように，①地球的視野に立った資質能力，②社会人として求められる資質能力，③教員として求められる資質能力など広範な資質能力が求められている。このような資質能力は，一朝一夕に身に付くものではなく，絶えず研修に努めることによって，養成されるものである。

なお，研修の種類としては，職務として行われる研修，職務専念義務を免除して行われる研修の他，教員が自主的に行う研修の機会が権利として保障されている。

教員の適性について

近年，学校は，多くの問題を抱えている。現代社会が抱える問題が好むと好まざるとにかかわらず，教育現場である学校に押し寄せているのが現状である。少子・高齢化，核家族化と家庭教育力の低下，地域社会の教育力の低下が生み出す諸問題など，学校は多くの問題を抱えている。

それとともに指導力の欠如した教員の増加，明らかに適格性を欠く教員の増加などの問題もある。

このような教員に対処するため，2001（平成13）年7月，「地方教育行政の組織及び運営に関する法律」の改正により，①児童または生徒に対する指導が不適切であること。②研修等必要な措置が講じられたとしてもなお児童または生徒に対する指導を適切に行うことができないと認められることのいずれにも該当する教員を，免職し，引き続き当該都道府県の常時勤務を要する職に採用することができることが規定された（同法第47条の2）。

つまり，いくら研修を行っても改善されない教員については，教員の仕事から他の職種に配置転換する法的措置がとられたのである。

このような法的措置を不必要にするためには，教員の養成段階や採用段階で教員の適性について十分考慮することが肝要である。しかし，社会が学校に求める要求と期待が大きくなるに従い，教員の適性として多くの資質や能力が求められるようになった。

このような観点に立つと，教員に求められる適性は無限に広がるが，本来子どもの教育は学校教員だけの問題ではなく，地域社会や家庭がともに責任をもつべきものであろう。

ここでは，最低限必要とされる教員の適性について，次の2点を挙げる。

(1) 専門的知識をもつこと

教員として，教科に対する専門的知識を備えておくことである。これは最低限必要とされる能力である。教科に関する専門的知識がなければ，授業が成立しない。子どもたちから，信頼されない能力のない教員は，教師としての適性を欠くことになる。

(2) 子どもが好きな教員であること

子どもが好きであれば，子どもをよく理解することができ，さらには子どもに対して「無償の愛」を注ぐことができる。

教員は，親の代行はできないが，子どもの好きな教員は，子どもたちから，魅力的で尊敬される教員として必要不可欠な存在なのである。

教育行政の基本原理について

わが国の教育行政は，立法（国会），司法（裁判所）と並ぶ行政（内閣）の中で文部科学大臣の所管業務である。

その基本原理は，国の最高法規である日本国憲法第23条の「学問の自由」と第26条の「教育を受ける権利」を根拠としている。「学問の自由」は，真理を探究する自由，研究活動の自由，大学の自治などを保障し，「教育を受ける権利」は，教育の機会均等，義務教育の無償化などを保障している。

現行の教育行政は，日本国憲法の制定に伴い，戦前の大日本帝国憲法時代と比較して，大きく変化した。

1　法律主義

戦前の教育行政は，天皇の命令である勅令によって行われていた。教育関係の法律は，ほとんど制定されず，学校制度を定めた小学校令，中学校令，大学令，私立学校令など，すべて天皇の勅令であった。大日本帝国憲法は，安寧秩序の維持（世の中が平穏で秩序が保たれていること）や国民の福祉増進のためには広範な独立命令の制定を認めており，教育行政も法律を制定することなく勅令によって行われていた。しかし，戦後は，近代法治主義の「法律による行政」の原理が教育行政にも適用され，教育行政は，すべて国会が制定する法律に基づき行われることになった。

現在では，日本国憲法の精神に則り制定された教育基本法をはじめ，学校教育法，教育職員免許法，地方教育行政の組織及び運営に関する法律，私立学校法，社会教育法，文部科学省設置法など多くの法律が制定され，これらの教育関係の法律によって教育行政が行われている。

なお，教育基本法は，2006（平成18）年12月に改正法が成立し，「公共の精神」「道徳心」「日本の伝統・文化」「国と郷土を愛する心」「宗教教育」などについての規定が加えられ，わが国の教育改革は，新たな第一歩を踏み出すことになった。

2　地方自治と独立性

戦前は，教育は国の事務とされ，教育行政はすべて国の行政事務として，文部大臣の監督の下に行われていた。

明治憲法に基づいて作られた国民学校令第16条は「学校長ハ地方長官ノ命ヲ承ケ校務ヲ掌理シ所属職員ヲ監督ス」と定め，第40条では「国民学校職員ノ執行スル国ノ国民学校ニ関スル教育事務ハ地方長官之ヲ監督ス」と規定され，国の機関である地方長官が，直接，各学校長等を監督していた。

これに対して，戦後は日本国憲法第92条に「地方公共団体の組織及び運営に関する事項は，地方自治の本旨に基づいて，法律でこれを定める」と規定され，地方自治制度が確立した。

この地方自治は教育行政にも適用され，新憲法下における地方教育行政は地方自治の本旨に基づいて行われている。すなわち、地方自治の下で直接国の命令をうけず教育行政は，地方分権化，民主化により，一般行政からも独立して行われているのである。

なかでも、教育行政の政治的中立と安定性を確保するため教育委員会制度が採用され，教育行政を執行する責任を地方公共団体の長から独立した別の行政機関である教育委員会に委ねることとした。教育委員会は，原則として５人の教育委員で組織された合議制であり，都道府県及び市町村に設置され，一般行政から独立した別の行政機関として教育行政を執行している。

3　自主性の確保

教育基本法第16条は，「教育は，不当な支配に服することなく，この法律及び他の法律の定めるところにより行われるべきものであり，教育行政は，国と地方公共団体との適切な役割分担及び相互の協力の下，公正かつ適正に行われなければならない」と定めている。

教育は，不当な支配に屈服してはならず，戦前の中央集権的な国家主義の教育は，否定されなければならない。主権者である国民のための教育を責任をもって国民全体に対して直接に行わなければならないのである。教育の自主性を確保するということは，教育の独断性や閉鎖性を認めることを意味するものではない。国民に対して教育は真に責任を負えるものにしなければならないという意味である。教育行政は，この自覚のもとに，教育の目的を遂行するに必要な諸条件の整備確立を目標として行われなければならない。

また，教育基本法は，教育行政について，国と地方公共団体のそれぞれの役割分担と責任及び財政上の措置について規定している。

4　指導助言行政

戦前の教育は，国の事務として国の責任の下に，行われていた。旧制中学校の教員の任命権者は，文部大臣であった。小学校の教員も官吏（かんり）として扱われ，恩給法の適用を受けた。教育行政は，文部大臣，地方長官，郡長，市町村長，学校長の階層制，階級制（ヒエラルキー）の下に，中央集権的な権力行政が行われていた。教育行政の最先端の学校現場においては，文部大臣の命令監督権を行使するものとして，視学官や視学が置かれていた。

これに対して，現在は，「地方教育行政の組織及び運営に関する法律」（第48条）において「文部科学大臣は，都道府県又は市町村に対し，都道府県委員会は市町村に対し，都道府県又は市町村の教育に関する事務の適正な処理を図るため，必要な指導，助言又は援助を行うことができる」と定められている。これにより，教育行政の基本原理は，都道府県及び市町村に対する命令監督ではなく指導助言をすることのみであることが明確である。

戦後は視学制度は廃止され，新たに，学校教育に関する専門家として「指導主事」が，社会教育に関する専門家として「社会教育主事」が，制度化された。しかし，戦前の反省のもと，指導主事の職務権限は「学校教育に関する専門的事項の指導に関する事務に従事する」こととされ，学校に対する命令監督権はないものとされた（「地方教育行政の組織及び運営に関する法律」第19条）。

なお，社会教育主事についても命令監督をしてはならない旨の規定がある（「社会教育法」第９条の３ １項）。

5　教育の中立性

教育の中立性は，教育の政治的中立性と宗教的中立性を内容とし，学校教育及び社会教育に適用されている。

⑴　政治的中立性

「教育基本法」第14条は，「良識ある公民として必要な政治的教養は，教育上尊重されなければならない」と定め，さらに同条２項に「法律に定める学校は，特定の政党を支持し，又はこれに反対するための政治教育その他政治的活動をしてはならない」と規定している。

1954（昭和29）年に制定された「義務教育諸学校における教育の政治的中立の確保に関する臨時措置法」は，教員が児童・生徒に対して特定政党等を支持又は反対させる教育を行うことを教唆（きょうさ）又は煽動（せんどう）することを禁止している。

教員の政治活動については，公・私立の学校の種別を問わず，教員は教育上の地位を利用した選挙活動を行うことを禁止され（「公職選挙法」第137条），さらに公立学校の教員には，政治的行為の制限が課されている（「教育公務員特例法」第18条）。

⑵　宗教的中立性

憲法第20条３項は，「国及びその機関は，宗教教育その他いかなる宗教的活動もしてはならない」という政教分離の原則を定め，さらに，教育基本法は，「国及び地方公共団体が設置する学校は，特定の宗教のための宗教教育その他宗教的活動をしてはならない」と定めている（第15条第２項）。

また，社会教育においても，「市町村の設置する公民館では，特定の宗教を支持し，又は特定の教派，宗派，若しくは教団を支援してはならない」としている（「社会教育法」第23条２項）。しかし，これらの規定は一切の宗教教育を禁止しているわけではなく，「宗教に関する寛容の態度，宗教に関する一般的な教養及び宗教の社会生活における地位は，教育上尊重されなければならない」（「教育基本法」第15条１項）と定め，「信教の自由」のもとで宗教一般についての知識や宗教的情操（宗教の本質・歴史的役割・社会的機能等）を養うことの重要性が強調されている。

教育行政組織について

教育行政を行う組織には，大きく分けて国の教育行政組織と地方の教育行政組織とがある。

1 国の教育行政組織

国の教育行政を所掌（しょしょう）するのは，文部科学省である。文部科学省は，2000（平成12）年1月，行政改革により文部省と科学技術庁とが統合して設置された組織である。

文部科学省の任務及び所掌事務は，文部科学省設置法に規定されている。

文部科学省は，教育の振興及び生涯学習の推進を中核とした豊かな人間性を備えた創造的な人材の育成，学術，スポーツ及び文化の振興並びに科学技術の総合的な振興を図るとともに，宗教に関する行政事務を適切に行うことを任務としている（同法第3条）。

また，文部科学省の主な所掌事務は，①豊かな人間性を備えた創造的な人材の育成に関すること。②生涯学習に係る機会の整備の推進に関すること。③初等中等教育の振興に関すること。④大学及び高等専門学校における教育に関すること。⑤外国人留学生の受入れ及び海外への留学生の派遣に関すること。⑥社会教育の振興に関することなど，広範囲にわたっている。

なお，文部科学省には，教育行政の公正確保と国民の意見を反映させるため，中央教育審議会，大学設置・学校法人審議会などの審議会が置かれ，これまで多くの答申が出されている。

2 地方の教育行政

地方の教育行政は，戦後新たに発足した教育委員会を中心に行われている。教育委員会は教育行政の一般行政（首長）からの独立を担保するため，地方公共団体の長が議会の同意を得て任命するもので，原則として5人の委員で構成される合議制の行政機関である。

教育委員会制度は，戦後の教育改革のなかでアメリカの教育制度を導入したものである。当初，教育委員は住民の直接選挙とし，教育委員会は予算編成上の権限も付与されていた。しかし，直接選挙が政治的な摩擦を生じるなど戦後改革の「行き過ぎ」是正の声が高まり，1956（昭和31）年，新たに「地方教育行政の組織及び運営に関する法律」が制定され，現行の教育委員会制度が導入された。

教育行政の政治的中立と安定性を確保するとともに，一般行政と調和した国，都道府県，市町村が一体となった教育行政制度を確立することを目的として設置されている教育委員会制度の意義は重要である。

教育課程行政のしくみについて

「教育課程」は，学校の教育目的などを達成するために，教育内容を児童生徒の発達段階に応じ，各教科あるいは，道徳，外国語活動，特別活動などの領域及び総合的な学習の時間に区分し，それぞれの授業時数や単位数を定めるなど，教育内容を総合的に組織した教育計画である。

教育課程行政とは，各学校で編成される「教育課程」の基準を作成して，この基準に基づいた行政を行うことである。

1　文部科学大臣の役割

学校教育法の規定に基づき，小学校，中学校，高等学校，特別支援学校の「教科に関する事項」及び幼稚園の「保育内容に関する事項」は文部科学大臣が定めることになっている。文部科学大臣は，この定めにより，文部科学省令を制定し，教育課程の編成，授業時数などを定めている。

また，教育課程の基準については「文部科学大臣が別に公示する学習指導要領（幼稚園の場合は，教育要領）による」こととされている。

この規定を受けて，文部科学大臣は，小学校・中学校・高等学校・特別支援学校の学習指導要領を文部科学省告示として制定している。

2　教育委員会の役割

学校を設置する地方公共団体の教育委員会は，学校の教育課程，学習指導，生徒指導及び職業指導等について管理，執行する職務権限をもっている（地方教育行政の組織及び運営に関する法律第23条）。したがって，教育委員会は所管の学校の教育課程の編成について，指導助言を怠ってはならない。

さらに，都道府県教育委員会も市町村に対し，学校の教育課程，学習指導，生徒指導，職業指導，教科書その他の教材の取り扱い等に関し，指導及び助言を与えることができることとされている（同法第48条）。

3　学校の役割

各学校では，校長の最終的責任のもとに，法令の定めに基づき，具体的に「教育課程」を編成することになる。教育課程は，各学校の教育計画であるから，全教員参加のもとで，十分な討議を経て作成することが重要である。

最近，学習指導要領に基づく教育課程について，児童生徒の学力低下を招いているという批判がある。完全学校週５日制の実施に伴い，授業時数の減少はやむを得ないが，すべての教員の指導や教育方法の改善工夫や研究が，より一層求められている。

教科書の検定と採択について

「教科書」は，わが国の学校教育の中で重要な役割を果たしている。国も巨額の予算を投入して，義務教育のための諸学校の教科書の無償（むしょう）提供措置（そち）を講じている。

戦前は，国が教科書を作成するいわゆる国定教科書制度が長年にわたり採用され，教科書は，神聖なものとして扱われ，児童が書き込みをすることなども，許されなかった。

戦後，日本国憲法に基づく教育改革の一環として，教科書の著作・出版は民間に委（ゆだ）ねられ，国によって教育上適切な教科書かどうか検定制度が行われ，現在に至っている。

1　教科書の定義

教科書の定義について「教科書の発行に関する臨時措置法」では，教科書とは「教育課程の構成に応じて組織排列された教科の主たる教材として，教授の用に供せられる児童又は生徒用図書であつて，文部科学大臣の検定を経たもの又は文部科学省が著作の名義を有するものをいう」（同法第２条）と定めている。

2　教科書の検定

民間で著作・編集された図書について，それが教育基本法及び学校教育法の趣旨に合致し，教科用に適することを認めた場合に，これに対し教科書としての資格を付与するものである。教科書の検定は，学校教育法第34条３項の規定に基づき設置された教科用図書検定調査審議会の答申に基づいて文部科学大臣が行う。

3　教科書の採択

学校で使用する教科書を決定することを教科書の採択という。教科書の採択の権限は，公立学校にあっては所管の教育委員会（特別区立の学校にあっては，東京都の教育委員会）に属する。国立，私立の学校にあっては，当該学校の校長が行う。義務教育諸学校の教科書の場合，都道府県の教育委員会は市若しくは郡又はこれらを合わせた地域あるいは特別区，政令指定都市の区を単位として，教科用図書採択地区を設定し，教科用図書を採択する方式をとっている（「義務教育諸学校の教科用図書の無償措置に関する法律」第12条）。なお，高等学校の教科書の場合は，学校ごとに採択を行う。

都道府県教育委員会は，採択の適正な実施のために教科書の研究を計画し，実施するとともに，採択に関して教科用図書選定審議会の意見を聞いて適切な指導，助言，援助を行わなければならない。

2　5　●教育行財政 試験問題学習参考例

教師の研修権について

教員の養成・研修について，教育基本法及び教育公務員特例法に次のように定められている。

教育基本法第９条には，「法律に定める学校の教員は，自己の崇高な使命を深く自覚し，絶えず研究と修養に励み，その職責の遂行に努めなければならない」。また同条２項には「その使命と職責の重要性にかんがみ，その身分は尊重され，待遇の適正が期せられるとともに，養成と研修の充実が図られなければならない」と規定されている。

さらに教育公務員特例法には，「教育公務員は，その職責を遂行するために，絶えず研究と修養に努めなければならない」（第21条１項）と定め，直接本人に，自己研修が義務づけられている。

これは，子どもの人格形成に関わる教師が，その職責を遂行するためには，任命権者の計画した研修に参加するだけでなく，積極的に自己研鑽に努めることが要求されているのである。

さらに，教育公務員特例法は，この点を考慮し，次のような規定を設けている。すなわち，「教育公務員には，研修を受ける機会が与えられなければならない」（同法第22条１項）。「教員は，授業に支障のない限り，本属長の承認を受けて，勤務場所を離れて研修を行うことができる」（同法第22条２項）。あるいは「教育公務員は，任命権者の定めるところにより，現職のままで，長期にわたる研修を受けることができる」（同法第22条３項）と規定している。

これらの規定は，教員の自主的な研修を保障するために教育行政による機会保障などの仕組みを定めたものであり，教員が積極的に研修を行うことができる機会を提供することを任命権者に課しているということである。

したがって，教育公務員は絶えず研修を行うことを義務づけられているだけでなく，その職責の重大性にかんがみ，積極的な意味で研修する機会を任命権者に求めていく「研修権」を有していることが示されているのである。

教師は，研修を義務として受けることは当然であるが，研修を受けることを権利としてとらえることが必要なのである。なお，教育公務員が，絶えず「研究」と「修養」に努めなければならないということは，子どもの成長発達に影響を与える教師は，単に「研究」に専念するだけではなく，自らの人格修養に努めるべきことが要求されているのである。

義務教育諸学校及び高等学校の学級編制基準について

「学級」は，学校教育の場である学校の基礎単位であり，学校教育においてその目的を達するために編制された学級担任としての教諭と児童生徒の構成組織である。

また学級の規模は，学校に必要な教員数の算出の基礎にもなる。したがって，学級の規模は，教育行政にとっても，教育効果上・財政上無視できないものとなっている。この学級の規模が，教育効果に大きな影響を与えることは，容易に理解できる。

わが国においては，古くから学級編制基準についての定めがあった。

1886（明治19）年には，尋常（じんじょう）小学校では教師1人に対して児童80人以下と定められていたが，1891（明治24）年には，70人以下，1941（昭和16）年には，60人以下と，順次児童数が引き下げられてきた。

戦後の1947（昭和22）年に制定された学校教育法施行規則では，小学校及び中学校の学級は，50人以下を標準として編制するものとされた。現在は，小学校，中学校，高等学校，特別支援学校の学級編制基準については，「公立義務教育諸学校の学級編制及び教職員定数の標準に関する法律」によって定められている。

さらに，この法律に基づき算定された学級数を基礎として，教職員が配置され，「義務教育費国庫負担法」に基づき，巨額な国費が地方公共団体に交付されている。

現在，同法は小学校，中学校，特別支援学校の学級編制について次のように定めている。

⑴　小学校

同学年の児童で編制する学級40人（第1学年は35人）／二の学年の児童で編制する学級16人（第1学年は8人）／特別支援学級8人

⑵　中学校

同学年の生徒で編制する学級40人／二の学年の生徒で編制する学級8人／特別支援学級8人

⑶　特別支援学校の小学部及び中学部

一学級の児童・生徒数の基準6人／重複障害児の学級3人

なお，高等学校の学級編制については，「公立高等学校の設置，適正配置及び教職員定数の標準等に関する法律」に基づき，やむを得ない事情がある場合を除き，40人と定められている。

適正な学級規模が論議されているなかで，最近，地方の教育委員会で30人学級の先導的試行が行われていることが注目されている。

教育公務員と一般の地方公務員の服務事項や研修に関する内容を述べよ。その際，同じところと異なるところについて整理して論述せよ。

1　教育公務員は地方公務員である

教育公務員特例法の第2条に教育公務員についての定義がある。その第2条の概要は，以下の通りである。「この法律で，『教育公務員』とは，地方公務員のうち，学校教育法第1条に定める学校であつて同法第2条に定める公立学校の学長，校長（園長を含む。），教員及び部局長並びに教育委員会の教育長及び専門的教育職員をいう。」

学校教育法第1条に定める学校とは，幼稚園，小学校，中学校，高等学校，中等教育学校，特別支援学校，大学及び高等専門学校のことである。学校教育法第2条では地方公共団体が設置する学校を公立学校というと規定している。すなわち，教育公務員とは公立学校の学長，校長，教員等や教育委員会の教育長及び専門的教育職員などで，これらの職種の者は地方公務員である。

地方公務員には，教育公務員以外に県庁や市役所等に勤務している者などがいる。これらの者の服務や研修については地方公務員法に規定されている。しかし，教育公務員は地方公務員ではあるが，教育に携わる仕事に従事していることから，その職務と責任の特殊性に基づいて，服務や研修などについては，地方公務員法以外に教育公務員特例法に規定がある。

2　一般法と特別法

あることがらについて一般的に規定した法令がある場合に，同じことがらについて，そのうちの特定の場合を限ってまたは特定の人もしくは地域を限って適用される法令がある。この一般的に規定した法令と異なる内容を定めた法令があるときは，この2つの法令は，一般法と特別法との関係にあるという。前者が一般法であり，後者が特別法である。地方公務員法（以下，地公法と記す）と教育公務員特例法（以下，教特法と記す）では前者が一般法であり，後者が特別法の関係にある。すなわち，地公法は地方公務員一般に適用される法律であるが，教特法は地方公務員の中でも教育公務員という特定の人に適用される法律だからである。

また，法を適用する場合の約束事として，特別法は一般法に優先するという原理（約束事）がある。これは，法の形式的効力が同じ2つ以上の法令間の矛盾抵触を解決する基準のひとつとしてある。地公法も教特法も法の形式としては同じ法律であるので，法の強さ（優位さ）をあらわす形式的効力は同位である。そのような場合に，互いの法の内容が矛盾抵触する場合は後法

（公布時期が後の法のことである）優位の原理（約束事）が働く。ただし，一般法と特別法との関係では，後法優位の原理は働かず，特別法優位の原理が優先することになる。従って，一般法である地公法に対して特別法の関係にある教特法は，互いの内容に矛盾抵触があるときは教育公務員に対しては教特法が優先して適用されることになる。そこで，地公法と教特法の中で服務事項や研修に関して異なる規定がある場合は，教育公務員に対しては教特法が優先して適用されることになる。

3　地方公務員法の服務事項と研修

服務とは，「公務員が職務及び職務外において課せられる義務」のことである。地公法第6節の第30条から第38条には地方公務員の服務に関する事項が規定してある。この服務事項は職務上の義務と身分上の義務の2つに分けられる。

職務上の義務とは，勤務時間内を主体に職員が職務を遂行するにあたって守らなければならない義務である。職務上の義務には，服務の宣誓（地公法第31条），法令等及び上司の職務上の命令に従う義務（地公法第32条），職務に専念する義務（地公法第35条）がある。

一方，身分上の義務は，勤務時間の内外を問わず，職員がその身分を有する限り，職務の遂行とは関わりなく当然に守らなければならない義務である。身分上の義務には，信用失墜行為の禁止（地公法第33条），秘密を守る義務（同法第34条），政治的行為の制限（同法第36条），争議行為等の禁止（同法第37条），営利企業等の従事制限（同法第38条）である。

もっとも，職務上の義務と身分上の義務の区別は必ずしもそれほど厳密なものではなく，例えば，職務命令には，「職務上の命令」のほかに「身分上の命令」を含めて考えることが多い。

服務に関する規定の地公法第30条，第31条，第32条，第33条，第34条，第35条，第37条については，教育公務員も一般の地方公務員と同様に適用される。例えば，県庁の職員や公立学校の教員が職務上の地位を利用して金品を横領したとする。両者とも刑法上の業務上横領罪に抵触する。また，地公法の第29条1項に該当し，懲戒処分の対象となる。また，法令を遵守しなかったとして地公法第32条に抵触するとともに職の信用を傷つけ，または職員の職全体の不名誉となるような行為をしたとして，地公法第33条にも抵触することになる。以上のことは，県庁の職員も教育公務員についても同じ条文が適用されるのである。

以上の服務に関する規定以外に教育公務員については特別法があるので4の教育公務員特例法のところで述べる。

地方公務員の研修に関しては，地公法第39条に規定がある。その1項に勤務能率の発揮及び増進のために，研修を受ける機会が与えられなければならないと示されている。一方，教育公務員の場合は，教育基本法第９条に教員には崇高な使命を自覚し，その職責を遂行するために研修の充実が求められている。そのために一般の公務員とは異なった研修に関する内容が教特法に規定されている。

4　教育公務員特例法

地公法第36条には，公務員の政治的中立性の確保から政党の結成等に関与することの禁止や特定の政治的目的を有する一定の政治的行為の禁止などの政治的行為の制限が規定されている。

教育公務員には地公法第36条の適用がなく，教育を通じて国民全体に奉仕するというその職務の責任の特殊性に基づき政治的行為の制限は一般の地方公務員より厳重になっている。教特法第18条には，政治的行為の制限は，当分の間，国家公務員の例によるとされている。その結果，一般の地方公務員の場合は，原則として地域を限定して特定の政治目的の下に行われる一定の政治的行為の制限がなされるが，教育公務員のそれは全国的に禁止されている。

公務員は，職務専念義務や職務の公正の確保，職員の品位の維持などの観点から，地公法第38条によって営利企業等に従事することが制限されている。教育公務員は，教特法第17条に，教育に関する他の職を兼ね，または教育に関する他の事業若しくは事務に従事することが，本務の遂行に支障がないと任命権者が認めるときは，給与を受けまたは受けないで，その職を兼ね，またはその事業若しくは事務に従事することができるとの規定がある。この点に関しては，教育公務員への制限が緩やかである。

教育基本法第９条の趣旨を担保するために教特法には研修に関する多くの規定が置かれている。一般の公務員にとっての研修は作業能率の発揮及び増進のための機会であるが，教育公務員にとっての研修は，職責を遂行するための研修（研究と修養）である（教特法第21条１項)。そのために教育公務員の任命権者は，その研修について，それに要する施設，研修を奨励するための方途その他研修に関する計画を樹立し，その実施に努めなければならない（同法第21条２項)。また同法第22条の１項には，教育公務員には，研修を受ける機会が与えられなければならない。２項には，教員は，授業に支障のない限り，本属長の承認を受けて，勤務場所を離れて研修を行うことができる。３項には，教育公務員は，任命権者の定めるところにより，現職のままで，長期にわたる研修を受けることができる。など，研修に関して詳細な規定が置かれている。

また教育公務員には悉皆研修として，初任者研修や10年経験者研修などについても規定があり，研修については一般の公務員と大きく異なっている。

日本国憲法第26条２項後段に「義務教育は，これを無償とする。」とあるが，その内容について論述せよ。

日本国憲法第26条１項の教育を受ける権利を実質化させるものとして，憲法第26条２項の前段に「すべて国民は，法律の定めるところにより，その保護する子女に普通教育を受けさせる義務を負ふ。」と定め，子の保護者の普通教育を受けさせる義務により子どもの教育を受ける権利を保障している。

この義務教育を実質的に確保するために，同条２項後段では「義務教育は，これを無償とする。」としている。しかし，無償の範囲は憲法には明記されていないので，義務教育の無償とは，義務教育に係る授業料のほか教科書代金，教材費等の教育に必要な一切の費用なのか，それとも授業料だけのことなのかについて学説の対立がある。

かつて義務教育諸学校の教科書代が有償だった頃，公立小学校２年生の児童の保護者が，２年間の教科書代金を支払ったが憲法第26条２項が義務教育の無償を定めていることから，教科書代金は国が負担すべきだとして，訴えを起こした。これに対して最高裁判所は昭和39年２月26日大法廷判決において，憲法第26条２項後段の意味は，国の義務教育の提供につき有償としないことを定めたものであり，「教育提供に対する対価とは授業料を意味するものと認められるから，同条項の無償とは授業料不徴収の意味と解するのが相当である。また，教育基本法第４条２項（現在の第５条４項）及び学校教育法第６条但書きにおいて，義務教育について授業料はこれを徴収しない旨を規定している所以も，憲法の趣旨を確認したものであると解することができる。それ故，憲法の義務教育は無償とする規定は，授業料のほかに，教科書，学用品その他教育に必要な一切の費用を無償としなければならないものと解することはできない。」とした。また，その判決文において「国が保護者の教科書等の費用の負担についても，これをできるだけ軽減するよう配慮，努力することは望ましいところであるが，それは，国の財政等の事情を考慮して立法政策の問題として解決すべき事柄である。」と述べている。

現在，教科書が無償配布されているのは，立法政策として「義務教育諸学校の教科用図書の無償に関する法律」および「義務教育諸学校の教科用図書の無償措置に関する法律」が制定されているからである。

すなわち，教科書代を有償としても憲法違反ではない。それが，義務教育にふさわしいかは別問題であるが。

公立学校や私立学校における宗教教育や宗教的活動について法はどのように規定しているのか，論述せよ。

日本国憲法第20条３項には，「国及びその機関は，宗教教育その他いかなる宗教的活動もしてはならない。」との規定がある。国及びその機関には国公立学校が含まれており，これらの学校では，宗教教育その他いかなる宗教的活動もしてはならない。ただし，すべての宗教教育を禁止しているわけではない。宗教教育については，教育基本法第15条に以下のように規定している。その１項には「宗教に関する寛容の態度，宗教に関する一般的な教養及び宗教の社会生活における地位は，教育上尊重されなければならない。」とあり，２項では「国及び地方公共団体が設置する学校は，特定の宗教のための宗教教育その他宗教的活動をしてはならない。」と規定している。つまり，公立学校で行ってはならない宗教とは特定の宗教のための宗教教育，すなわち宗派宗教教育である。また，宗教活動とは，宗教教育のような宗教の布教，教化，宣伝等の活動であるが，そのほか宗教上の祝典，儀式，行事等であっても，当該行為の目的が宗教的意義をもち，その効果が宗教に対する援助，助長，促進または圧迫，干渉等となるような行為であるかぎり，宗教的活動に含まれると解されている（最高裁大法廷判決昭和52年７月13日）。

一方，私立学校には，特定の宗教のための宗教教育その他宗教的活動についての禁止事項が規定されていない。これは，憲法第20条１項前段の「信教の自由は，何人に対してもこれを保障する。」という信教の自由の保障によるものである。国・公立学校に宗教教育や宗教活動に関して一定の制限があるのは，かつて国家が特定の宗教と結びついたことの反省を踏まえて，政教分離を原則としているからである。

学校教育法施行規則第50条１項には，「小学校の教育課程は，国語，社会，算数，理科，生活，音楽，図画工作，家庭及び体育の各教科（以下この節において「各教科」という。），道徳，外国語活動，総合的な学習の時間並びに特別活動によつて編成するものとする。」とあり，２項には，「私立の小学校の教育課程を編成する場合は，前項の規定にかかわらず，宗教を加えることができる。この場合においては，宗教をもつて前項の道徳に代えることができる。」と規定している。つまり，私立の小学校では道徳の代わりに宗教を教えることができ，特定の宗派宗教教育や宗教活動も可能である。第50条２項の規定は中学校にも準用される。

学齢児童生徒への停学と性行不良による出席停止の根拠条文と内容を述べよ。また，出席停止の課題についても触れよ。

学校教育法第11条に，「校長及び教員は，教育上必要があると認めるときは，文部科学大臣の定めるところにより，児童，生徒及び学生に懲戒を加えることができる。」と規定がある。学校教育法施行規則第26条２項には，「懲戒のうち，退学，停学及び訓告の処分は，校長（大学にあつては，学長の委任を受けた学部長を含む。）が行う。」とあり，４項には「第２項の停学は，学齢児童又は学齢生徒に対しては，行うことができない。」と規定してある。停学については，義務教育を受ける機会を奪わないために，国公私立の小・中学校等を問わず，学齢児童生徒に対して行うことはできない。退学については，３項によって義務教育を保障するという観点から，公立の小・中学校（併設型中学校を除く），特別支援学校に在学する学齢児童生徒には行うことができない。つまり，国立または私立の小中学校等並びに公立の中等教育学校の前期課程及び併設型中学校の学齢児童生徒が性行不良で改善の見込みがなかったり，学校の秩序を乱し，その他生徒としての本分に反したりした場合等は，停学させることはできなくても退学させることは可能である。退学させても公立の小・中学校等に就学できることが保障されているからである。

一方，公立の小・中学校等の学齢児童生徒等が性行不良を繰り返しても退学にも停学にもすることができない。そのことによって，他の児童生徒の学習を受ける権利が侵されることがある。そこで，学校教育法第35条は，公立の小学校の児童が性行不良行為を繰り返し行い他の児童の教育に妨げがあると認める児童があるときは，市町村の教育委員会は，その保護者に対して，児童の出席停止を命ずることができるとしている。これは公立の中学校にも準用される（学校教育法第49条）。

性行不良等による出席停止は，他の児童生徒等の教育に妨げがある場合に行われるものである。すなわち，懲戒処分ではなく，他の児童生徒等の学習を保障するために行われるものである。これは，公立の小・中学校の学齢児童生徒に対して退学や停学いずれの処分もできないためのやむを得ない措置とも考えることができる。課題は，学習や生活指導の支援体制である。すなわち，保護者による監護や生徒等をサポートするための体制が弱いために出席停止中に生活指導上の問題を起こすことである。

公立学校での水泳指導中，担任の過失によって児童が水死した。担任の法的責任の内容を述べよ。その際，国家賠償法について述べよ。

学校事故の場合，担任の法的責任は通常３つのことが考えられる。すなわち，刑事法上，民事法上，行政法上の責任である。

過失によって児童を水死させたのであるから刑事法上の責任は，刑法第211条の業務上過失致死罪に該当する（業務上必要な注意を怠り，よって人を死傷させた者は，五年以下の懲役若しくは禁錮又は百万円以下の罰金）。

民事法上の責任は，損害賠償金の支払いである。公務員による不法行為の場合には国家賠償法の適用がある。その第１条１項に，「国又は公共団体の公権力の行使に当る公務員が，その職務を行うについて，故意又は過失によつて違法に他人に損害を加えたときは，国又は公共団体が，これを賠償する責に任ずる」との規定がある。公立学校の教員の授業中の行為は，公権力の行使に該当する。したがって，この場合は地方公共団体が賠償金を支払うことになる。

国家賠償法は，憲法第17条の「何人も，公務員の不法行為により，損害を受けたときは，法律の定めるところにより，国又は公共団体に，その賠償を求めることができる」を受けて，具体的内容を示した法律である。国家賠償法は，公務員から不法行為を受けた被害者が損害賠償を確実に求償できるための制度である。本事例では，被害者は死亡しているので，民法の規定により被害者の父母や相続人が賠償請求権を行使することになる。国家賠償法の第１条２項に「公務員に故意又は重大な過失があつたときは，国又は公共団体は，その公務員に対して求償権を有する。」とあり，本件のような過失の場合には，担任には支払いの義務がない。軽過失の場合にまで公務員に責任を負わせたのでは，職務遂行について抑制的になるとの考えであるが，民間と比較して公務員の仕事の特殊性を強調することには批判もある。

行政法上の責任は，懲戒処分である。本事例は，地方公務員法第29条１項二号の「職務上の義務に違反し，又は職務を怠つた場合」に抵触する。また，地方公務員法第32条の法令等及び上司の職務上の命令に従う義務に違反したり，同法第33条の信用失墜行為の禁止などに抵触したりする可能性が高い。これらは同法第29条１項一号に抵触する。いずれも懲戒処分の対象である。本件では，児童が死亡しているのであるから，処分内容は免職も覚悟しなければならない。

教科書の使用義務と補助教材について法はどのように規定しているか。裁判例にも触れながら論述せよ。

学校教育法第34条１項は「小学校においては，文部科学大臣の検定を経た教科用図書又は文部科学省が著作の名義を有する教科用図書を使用しなければならない。」と規定し，教科用図書の使用義務を課している。この規定は，中学校，高等学校，中等教育学校及び特別支援学校にも準用される。

この教科書の使用義務が一つの争点となった裁判として，いわゆる伝習館高校事件がある。その高校の教員3名が学習指導要領を逸脱し，かつ，教科書を使用しないで偏向教育をしたことで，懲戒免職処分を受けた事件である。この事件の判決（福岡地裁判決　昭和53年7月28日）では，教科書を使用したといいうるためには，教科書を教材として使用しようとする主観的な意図と同時に客観的にも教科書の内容に相当する教育活動が行われなければならないとしている。

補助教材については，同条２項に「前項の教科用図書以外の図書その他の教材で，有益適切なものは，これを使用することができる」とある。学校で児童生徒の実態に即し充実した学習活動を進めるためにはいわゆる補助教材は必要と考えられるからである。

「図書その他の教材」を総称して，いわゆる補助教材ともいう。補助教材としては，小学校の体育のように教科の教材としての準教科書，道徳に関する図書のような読み物資料集の副読本，他に学習帳，映画，地図，CDなど多岐にわたる。また，「有益適切なもの」の内容については，自治体の教育委員会の管理運営規則に定めがある。概ねその内容は，教育基本法，学校教育法，学習指導要領の趣旨に沿っていること，内容が正確中正であること，学習の進度に即応していること，表現が正確適切であることなどである。

また，補助教材の選定にあたっては，保護者の経済的負担を特に考慮しなければならないと管理運営規則に定めがある場合が多い。義務教育諸学校においては，教科書代が無償であるのに補助教材費に多くの費用をかけることは問題があるからである。

保護者の経済的負担を軽減するために，教材会社が作成，市販するドリル類を勝手にコピーしてクラス全員に配布することは，著作権法に違反するので，注意を要する。

なお，公立学校で補助教材を使用するには教育委員会への届出または承認が必要である（地方教育行政の組織及び運営に関する法律第33条２項）。

体罰と事実行為としての懲戒について述べよ。体罰を行った公立学校の教職員の法的責任について，具体例を挙げて述べよ。

学校教育法第11条によれば，体罰を加えることはできないが，懲戒は認められる。

懲戒は２つの種類に分けることができる。１つは，法的な効果を伴う懲戒である。これについては，学校教育法施行規則第26条２項に定めがあり，退学，停学などで，校長（大学では学長若しくは学長の委任を受けた学部長）のみが行うことができるとある。

懲戒のもう１つは，事実行為としての懲戒である。叱責，訓戒や短時間正座させたり，立たせたりするなどのことで，これは校長及び教員が行うことができる。ただし，これらの行為が，懲戒権の行使として相当と認められる範囲を超えて児童・生徒・学生の身体を侵害し，あるいは児童等に対して肉体的苦痛を与える場合は，体罰となり学校教育法の禁止するところとなる。

しかし，事実行為としての懲戒と体罰の境目はデリケートである。例えば，正座・直立等，特定の姿勢を長時間にわたって保持させるような懲戒は体罰の一種と考えられるが，どの程度の時間を超えると体罰に当たるのか判断が難しい場合がある。児童等の発達段階を考慮して個々の事例に即して具体的に判断することになる。

体罰を行った公立学校の教職員の法的責任は，公務員の不法行為であるから３つが考えられる。大阪市立桜宮高校の事件を例に述べる。

バスケットボール部顧問教諭Ｙは，試合に勝つための手段として日頃から生徒を叩いたり殴ったりしていた。ある試合のときも，主将である生徒Ａの顔を平手で十数回殴打し，全治３週間の傷を負わせた。生徒Ａは体罰を苦にして自殺したと考えられている。

第１は刑事上の責任で，Ｙは傷害罪や暴行罪で起訴された。その結果，懲役１年，執行猶予３年の刑が確定した。

第２は，行政上の責任である。Ｙには地方公務員法により懲戒免職処分が下された。

第３は，損害賠償責任である。遺族から損害賠償を提訴され，平成26年現在，係争中である。この場合，被告側はＹ教諭ではなく大阪市（場合によっては大阪府も含む）である（国家賠償法第１条１項・同法第３条１項）。裁判の結果，大阪市や大阪府に損害を賠償する責任が生じた場合，市と府が原告側に賠償した後，Ｙ教諭の行為は，故意であるから国家賠償法第１条２項によって市や府は支払った賠償金をＹに求償できる。

学校経営における「成果主義」について

1 「学校経営」の概念

「学校経営」と類似の語に「学校管理」「学校運営」などがあり，これらは厳格に区別されないまま用いられ，学校経営論も学校権利論も学校運営論も，その説く内容がほとんど異ならないものであったりする。それは，「管理運営」とか「経営管理」などと結合して用いられることがあるように，「経営」「管理」「運営」がそれ自体区別しにくい概念であるからである。しかし，「経営」「管理」「運営」は，厳密には違う意味とニュアンスを持った語である。

まず「管理」は，すでに樹立された方針なり規範なりに従って事が効率的・確実に進むよう，制度的に上位にある者（例えば教育委員会や校長）が，その実現のためにその組織体の人的・物的条件を形成し，その運用を指揮することをいう。

「運営」はこれに対し，既存の方針・規範に示されている事項がスムーズに運ぶよう，実際に事にあたる者が相互に協力し合いながら組織を作動させる過程をいう。そして「経営」は，多かれ少なかれ管理と運営の両要素を含み，一定の方針を立て，その効果的・確実な実現のための組織を整え，運用を推進し，点検と評価を適宜くり返しながらさらに目的・方針の設定と実施を行っていくサイクルを指す。

学校経営とは，学校教育の目標を設定し，その実現のために教職員の組織や施設設備の組織を整え，これを効率的に作動させ，学校が設定した目標に向かって組織が適切に作動しているかを定期的・臨時的に点検・評価しつつ，次の目標の設定と組織の作動を視野に入れながら作業を継続していく一連のプロセスである。このプロセスは，計画―実施―評価と言われ，最近では，計画―実施―点検・評価―更新・改善と言われる。

2 学校と成果

学校は，国の法制の枠の中で，子どもたちに対し一定の期間，計画的・継続的・体系的な教育を提供し，子どもたちの人間的・市民的・社会的自立をめざすことを任務とする公教育機関である。それは，法令や制度に基づいて各学校が教育目標を立て，一人ひとりの子どもたちの中にそれを実現していく専門的な営みにほかならない。

この営みを通して子どもたちの中に実現された「教育的なできばえ」が，「学校における成果」である。学校の教育目標が首尾よく達成されれば「成果が上がった」のであり，そうでなければ「成果は十分に上がらなかった」とされる。

ここで注意しなければならないのは，学校教育における成果が，個性をもつ生きた子どもにおいても達成され，それに携わる教師もまた個性と主体性をもった生きた人間である，ということである。自動車や家電製品の不具合を直すために設計図を修正し作業工程を変更し，全ての製品を例外なく画一的・完璧に完成品とするという，工場における生産活動とは，教育は根本的に異なるのであり，したがってそこでの「成果」の意味も，まったく異なる。

製品の生産にあっては全ての品質を同じにそろえるべきであり，またそれが可能であるが，教育活動にあっては，一人ひとりの内面の潜在能力や価値観や個性を最大限に尊重しなければならない。それゆえ，教育の「成果」の達成に「不ぞろい」が出やすく，またそうなることが自然でもあり望ましくさえある。

それは言い換えれば，製品生産にあっては，このように修正・変更すればこのようになるということが，直線的・必然的に決定できるのに対し，教育活動においては，このように教育・指導すればこのような人格を形成できるということが，必ずしも確定的に予見・決定できず，またそのようである必要もない。教育は，ロボットの生産や「洗脳」とは性質をまったく異にする。それは，どのような結果をもたらすか必ずしも確定的でない部分が多い営みなのである。

3　学校経営と「成果主義」

一方で，学校は従来，このような「不確定性」に甘んじ，教育がもたらす「成果」を重視しなかった，あるいは重視しようとしない傾向にあった。限りある資源をめぐって，世界が激しい競争を繰り広げている中，人々は自己責任・選択・成果達成・評価を強く求められているのであり，そうした状況のもとで現在では，学校と教師は子どもたちに具体的に何をしてくれるのかが厳しく問われ，さまざまな要求が突きつけられているのである。学校は子どもと保護者にどのような成果をもたらしてくれる所か，そして学校は，目に見える形できちんとした教育の成果をもたらしてほしい，……人々のこの問いと要請は，今後さらに増大していくであろう。

学校が人々の求めに応じ，目に見える形で成果を上げていくことを中核にすえて経営を実行していく考え方を，「学校における成果主義」と呼ぶことができる。それは，学校教育とは子どもたちを自立させるための教師の人間的な働きかけであるとして，とかく教育活動それ自体に力点を置き，それに満足しがちであったこれまでの学校経営のあり方に，「目標達成」という明確な視点を持ち込み，それを最重要視しようとする考え方にほかならない。

そこでは，学校・教師に，「努力すること・活動すること自体」よりも，「努力し活動してその結果を出すこと」を求めることとなるのである。

とはいえ，「学校における成果」が不確定な性質をもつものであることを考えれば，学校経営にあたり，とりわけ目標の設定にあたり，学校には達成＝成果になじむものとそうでないものがあることを，見極める必要がある。漢字・英単語の書き取りや四則の計算など，点数化が可能なものについては，これを明確な達成目標に掲げることが好ましく，またそうすべきであるが，「明るさ」や「元気」や「思いやり」や「道徳観念」や「態度」「意欲」などのように，いつどこでどのように身に付くのかがはっきりしない内容については，無理に，ないしは安易にその「成果」の実現を設定し，その達成に向けて子どもたちを駆り立てるのは妥当ではない。この見極めを誤れば，学校教育は堕落する。

4　成果を上げるための学校経営

学校が成果を上げるためには，それを実施するうえでの条件となる物的側面（校舎，校庭，実験室など）の整備，そのスムーズな活用を可能とする人的側面の充実などが欠かせないが，それと並んで，校長をはじめとする教職員自身の内部的な努力（運営努力）もまた不可欠である。

特に校長は，学校経営が一体となって行われるべきものであることから，教職員に対してリーダーシップを明確に発揮しなければならない。リーダーシップを発揮するとは，教育目標の設定に際してすぐれた教育的主導力をもつこと，実施にあたって教職員の「やる気」を高めること，点検・評価において安易に見逃したり，妥協したりしないこと，結果に対して責任を回避しないこと，そしてその全てにわたり，独善的であったり頑なであったりしてはならないこと，等を意味する。

同時に教職員もまた，学校経営において，明確な合意形成のもと，互いに協働すべきことが求められる。もとよりそれは，各教師の教育観・価値観・個性・プライド・創意工夫などを尊重するものであるべきで，教職員のわずかなミスも許されない，とすることを意味するものではないが，相互の連携と協力は，学校経営における大前提である。

成果を中心にした学校経営はまた，学校が閉じた空間であることを許さない。教育行政当局に対してはもとより保護者や地域住民に対しても，学校は外部の意見を聞くように開かれている必要がある。それは具体的には，学校教育のどの段階の事項についても基本的に開示し，必要に応じて「説明責任」を果たすなどすることである。人々の厳しい選択の対象となっている現在，子ども・保護者たちの信頼を維持し高めるためにも，そうした良好な学校経営への姿勢が不可欠である。

「成果」を重視した学校経営のあり方について

学校（ここでは初等・中等教育機関）は，一定の年齢段階にある子どもたちに対して一定期間，教師（専門職）が体系的・継続的に所定の教育活動を行う所である。

しかし学校は，そのような活動を単に実施すればそれでよいというだけの性格のものではない。そうした活動を通じて子どもたちに，多方面にわたって具体的な能力を身に付けさせることが大切なのである。

子どもにとっては，学ぶことそれ自体に十分な意味があるとも言えるが，それが子どもの自立にどのように実現されているかが，目に見える形で現れるのでなければ，人々（とりわけ保護者）は教育の意味を認めないであろう。教育が「成果」に焦点を当てて行われなければならないとされる理由はここにあり，こうした社会的要望は，近時急速に高まっているのである。

したがって，教育活動の専門機関であるはずの学校は，そうした教育上の成果を合理的・効果的に実現するため，統一性のある段階的な教育指導をすることが求められるのであり，それが，「成果を重視した学校経営」である。

ここで大切なことの一つは，学校自らが重視すべき「成果」をどのように考えるか，である。それは，学校が目的・目標として掲げるものと密接に関係する。教育的見地から，各学校が自らの理念として提示するものを，それぞれ個性を持つ子どもたちにおいて達成させることが「成果」につながっていく。成果を重視した学校経営の出発点は，各学校の目的・目標の設定にあると言えるのである。

学校経営は，学校が計画・編成した教育活動が目標達成に向けて確実に行われるよう，限りある人的（教職員組織）・物的（施設・設備等）な資源を活用することである。そのためには，学校が樹立・提示した教育方針・目標について，すべての教職員が共通の認識・理解を持って事に臨むことが重要である。

そして，目的・目標の達成をめざして日々の教育実践を行うにあたっては，さらに，定期的ないし臨時に，「成果」が上がっているかどうかを点検・評価し，必要に応じて訂正したり，時には目的・目標そのものを見直したりすることも求められる。いずれもその際，校長をはじめとして，教頭や各種主任といった，リーダーシップを発揮すべき立場にある者の助言・調整・連絡等が極めて重要である。

学力を向上させるための学校経営について

学校で子どもたちに身に付けさせるべき「学力」とは何かについては，見解が様々に分かれている。「関心・意欲・態度」や「生きる力」なども学力と関連して説かれている。学力とは，単に文字を多く読めたり，早く計算ができたり，正確に公式や年号を暗記したりするだけの，いわば受験に役立つ暗記力に留まらないものである。学校週5日制の導入や学習指導要領の改訂に伴って人々が「学力低下」を憂えたときの「学力」が，受験に役立つだけの，記憶するためだけの狭い意味での学力であったことはよく知られている。

学力を向上させるための学校経営を考えるにあたっては，何よりも，真の「学力」とは何かについて教師たちが共通の認識と理解を持つ必要がある。ここでは学力を，人間が自立して社会の担い手たるにふさわしい知識・技能や理解力，問題の発見や解決のための思考力・判断力・新しいものを作る創造力・価値観・倫理観などを具え，それを現実に社会生活で問題を解決して発揮できる総合的な能力である。

こうした学力を身に付けさせるために，小・中学校は，教科・道徳・特別活動・総合的学習から成る教育課程を編成し実施するのであるが，もとよりそれは各教師がばらばらに行うことではなく，学校が全体として統一性をもって行うべき活動である。個別の学級や教科における具体的な実践場面では，それぞれの学級の実態や教科の特性に応じて，各教師が専門的な創意工夫をして行うとしても，それらは，学校としての共通の方向性なり方針と一致していなければ，教育はちぐはぐになり効果を上げられない。

児童生徒の能力に合わせた教育目標の設定と教育課程の編成に始まって，その実施・点検・評価・軌道修正といった一連の営みが効果的・円滑に進むよう，学校が校長のリーダーシップのもとに経営されなければならない。

学校経営において必要なことの一つは，個性や技量の異なる教師たちによって，教育効果に格差が生じないよう，教師間の平素からの連絡・連携が密になされるための手立てを講じることである。定期の職員会議のほか，始業前や終業後に適宜教師同士が打ち合わせを行うなどは，その有効な方法であるが，それを実質的に可能にするのは，各教師の学校経営に対する意識の高さと，それを束ねる校長ら管理職の教育的知見の深さ，及び，経営的力量の豊かさである。

生徒指導における「成果」について

生徒指導は，教科指導と並んで，学校における重要な教育活動の一つである。それは，一人ひとりの子どもたちが，自ら進んで将来の目的・目標を立て，よりよい人生を設計できるようにするとともに，社会生活を送るに際しての協調性や規範意識，正義感や良好な市民性といったものを身に付けるようにし，同時に，問題を抱えた子どもに適切に指導し対応していく営みでもある。

生徒指導はこのように，在校するすべての子どもたちを対象とする普遍的な教育実践であって，問題を抱えた特定の子どもだけを相手とする行為ではない。したがってその「成果」も，一人ひとりの子どもごとに考えるべきであって，安易に「全体的な傾向」だけを見て判断することは正しくない。

教育の成果は，例えばテストの点数が上がるといった，数量的な面のみでは正確に把握できない領域が少なくない。その一方，「目の輝き」とか「声の明るさ」といった，多分に主観的・情緒的な観察によってしか認識することができない部分もある。「ごく普通の子ども」に対する「日常的な生徒指導」にあっては，このような面にも留意する必要があろう。

子どもたちはさまざまな個性をもっていて，「明るい子」もいれば「暗い子」もおり，「元気な子」もいれば「おとなしい子」もおり，「やさしい子」もいれば「いじわるな子」もいる。それを一律に，「明るく，元気で，やさしい子」という枠にはめ，子どもたちがこの枠組にそって振る舞うようになればそれで成果が上がったとするのは，一人ひとりの子どもたちの個性や生活背景を顧みない安易な態度となる。

このことは，問題を抱えた子どもについて，とりわけよくあてはまる。授業中騒いだり，友だちと喧嘩したり，不登校になったりする子どもが，表面的に騒がなくなったりおとなしくなったり登校を再開したりするようになれば，それで成果が上がって一件落着と考えるのは，必ずしも本質的な解決とは言えない場合もある。子どもも人間であり，それほど単純な存在ではない。

当面の「荒れ」や「乱暴」や「いじめ」や「不登校」などを，目に見える形で収拾することと並んで，その背後にある複雑で，生徒本人にとっては深刻な事情を理解し，子どもが自らの力でそれに気付き，自ら主体的にそれを乗り越えられるように生徒を指導することが重要なのである。

教師の教育研究と学校経営との関係について

教師は，長期にわたる高度な専門教育を受けて養成され，教員資格を与えられた専門職であるはずだが，資格さえあれば十分であるわけではない。日々の教育実践から得る経験や，教育の科学・理論から得る新たな知識などを重ねることを通して，教師としての自らの力量を蓄積していくのでなければ，仕事を遂行することはできない。

教育公務員特例法が，教育公務員は「絶えず研究と修養に努めなければならない」と定めているのは（第21条），教職のこのような性質に基づくものであるが，これは公務員たる教師に限ったことではなく，私立学校の教員にも等しくあてはまる。国公私立を問わず，また初等教育・中等教育・高等教育をも問わず，およそ教師たる者は，専門職にふさわしい能力を維持し向上させるために，この「研究と研修」に努めなければならない。

教師の研修は，「教師としての教育研究」と言い換えることができるが，実践と理論を通じての教育研究は，単に一人ひとりの教師の力量を高めるためのものには留まらない。教師自らが効果的な教え方の研究に熱心に取り組むことは，そのもとで学んでいる子どもたちにも良好な影響を及ぼすに違いないからである。

同時に，教師の教育研究は，各教師の個人レベルの努力というだけでなく，学校全体の教育力を高めるうえでも不可欠のものであることに注意しなければならない。学校教育は，学級や教科における教師の個別的な活動であるとともに，教師集団が全体として担う組織的，統一的な営みでもあるべきである。質の高い学校教育は，教師たちの連携と協働によって実現されるものなのである。

教師の教育研究は，帰宅後や休日に自らが個人的に行うという形態もあるが，勤務時間中に協働して行うという方法も大切であり，学校経営の観点からは，「校内研修」の方がむしろ効果的である。研修の方針なり目的が，学校経営の方針・目的にそって統一的に立てられ，教員研修の成果が学校全体として達成されるからである。

校長・教頭などの管理職のほか，学校に置かれる研修主任の校内研修に果たす役割は非常に大きい。研修目的の策定に始まって，研修の実施，研修の集約・公表，その評価等々，一連の研修過程をたどる中で，学校は，組織としてのまとまりと力を構築していくのである。

保護者に対する説明責任について

学校経営は，校長のリーダーシップのもと，教職員が共通の方針をもって学校の教育目的・目標を実現するための統一ある営みであるが，それは学校の中だけでの閉じられたものであってはならず，保護者や地域住民にも十分理解してもらう必要がある。自らの子どもを学ばせ，また自らが居住している地域にある学校について，保護者や地域住民は，知り，注文し，参画する権利がある。学校がこれらの者に対し，教育方針や日々の教育活動等に関して説明する責任を負うのは，学校経営に伴う当然のことである。同時に，「説明責任」は，単に学校側が一方的に情報を提供することのみで十分ではなく，保護者・住民からの提言や要望をもできる限り取り入れることも含まれることに注意しなければならない。

説明責任の機会と場は種々ありうる。「学級だより」の発行や学級懇談会の開催に際して担任教師が学校・学級の教育姿勢を説明し，教育に関する自らの考えを述べるのは，保護者に対する最も日常的な「説明の機会」と言える。定期的・臨時的に開催されるPTA総会などで説明・報告・質疑応答をするのは，広くその学校の関係者に対する直接の説明であろうし，学校のホームページを通じて行う説明などは公開して説明責任を果たす方法の一つでもある。

それぞれの「説明の機会・場」にはそれぞれの目的や必要や事情があるから，そこで行われる説明も，それに応じて特性を持つものとなるのは当然であるが，「説明責任」を果たすにあたって求められるのは，一般的に分かりやすいこと，正確に事実を説明すること，率直であること，丁寧であること，統一性があること，などである。

学校の説明責任は，学校側が自発的・積極的に行うものだけに限らない。保護者からのクレーム・注文に応える，という形でなされる場合もある。学校が子どもや親の「選択」の対象となり，ある種の「商品」としての性格を強く帯びるようになるにつれて，人々の学校に対する要望は，多様かつ厳しいものになってきている。

学校に対するこうした要求は，たとえ一部に「無理難題」が含まれようと，裏を返せば，学校に対する人々の期待の表明でもある。学校・教師は，人々が寄せてくる多くの注文を真摯に受け止め，説明責任を果たしていく中で，自らは気付かなかった欠点や落ち度を正さなければならない。

幼稚園の教育課程編成にあたっての基本的な考え方について

1　幼稚園の教育課程

幼稚園が編成する教育課程とは，法令に示された幼稚園の目的や幼稚園教育の目標を達成するための教育の内容を，幼児の心身の発達に応じ，幼稚園及びその地域の実態に即して，教育期間，教育週数，教育時間との関連で，総合的に組織した教育計画である。

各幼稚園の教育課程は，園長を中心として，全教職員の共通理解と協力のもと園長の責任において編成するべきものである。その際，園の職員の考えだけで進めるのではなく，地域社会との連携を図りながら，幼稚園としての統一性・一貫性をもった，特色のある教育課程を編成するよう努める必要がある。

2　教育課程編成上の原則

教育課程を編成するにあたっては，以下の4つの原則を踏まえたうえで，各幼稚園が特色ある幼稚園づくりのために創意工夫することが重要である。

(1)　法令等に基づくこと

各幼稚園が教育課程を編成するにあたっては，幼稚園教育要領，幼稚園教育要領解説及び関係法令等（教育基本法，学校教育法，学校教育法施行規則等）に示されている教育の目的，幼稚園の目的，幼稚園教育の目標等について全教職員が十分に理解し，これらの法令等に基づき編成することが必要である。また，教育課程審議会答申で示された以下の教育課程改訂の基本的な考え方について理解を深め，教育課程の改善，充実に生かしていくことが大切である。

各幼稚園は教育課程の編成に際し，幼稚園教育要領を基準として，次に挙げる内容等の共通理解を図り，幼稚園教育についての理解を深める必要がある。

(2)　幼稚園教育の基本を明確にとらえる—環境を通して行う教育—

幼児期は，生活の中で直接的・具体的な経験を通して，人間形成の基礎となる豊かな心情，物事に関わろうとする意欲や健全な生活を営むために必要な態度が培われる時期である。この時期の教育においては，生活を通して幼児が周囲の環境からの刺激を受け止め，自分から興味をもって環境に関わることによってさまざまな活動を展開し，充実感を味わう体験が重視されなければならない。幼稚園においては，幼児一人一人の行動の理解と予想に基づいた計画的な環境を構成し，幼児の活動の場面に応じた教師の役割を明確にするとともに，幼児の遊びを中心とした生活の中で，健康な心と体を育て，幼児期にふさわしい道徳性の芽生えを培うなどの教育を通して，小学校以降の生活や学習の基礎を培うことを基本的な考えとしている。

①幼児期にふさわしい生活の展開

幼児は，周囲の大人から見守られ，自己の存在を認められることによって，安定感をもつ。それを基盤として幼児が自分の力でさまざまな活動に取り組む体験を積み重ねることが，幼児の発達を促す。また，幼児期には，友だちと遊びたいという気持ちが高まり，友だちとの関わりが盛んになる。この関わりを通して，自己と他者の違いに気付き，他者への思いやりを深め，集団への参加意識や自立性を身に付けていくようになる。教師はこのような幼児期の特性を踏まえ，幼児との信頼関係を築きながら，幼児期にふさわしい遊びを中心とした生活を展開することにより，幼児の心身の健全な発達を促していくことが大切である。

②遊びを通しての総合的な指導

幼児期の生活のほとんどは，遊びによって占められている。遊びを展開する過程においては，幼児は心身全体を働かせて活動するので，心身のさまざまな側面の発達にとって必要な体験が相互に関連しあって積み重ねられていく。そこで教師は，遊びの中で幼児が経験している内容や，幼児の興味関心等を的確にとらえ，それぞれの幼児の発達にとって必要な体験が得られるような状況をつくりだし，結果として，幼稚園の全教育期間を通して総合的にねらいを達成することが重要になる。

③一人一人の発達の特性に応じた指導

幼児の発達の姿は，大きくとらえればどの幼児も共通した過程をたどると考えられる。しかし，一人一人の幼児に目を向けると，その発達は必ずしも一様ではない。そこで教師は，一人一人の幼児の発達の特性を理解し，それぞれの発達の課題に即した柔軟な指導をすることが大切である。

一方，幼稚園は集団の教育力を生かす場でもある。集団生活の中で，幼児たちが互いに影響し合うことを通して，幼児の発達が促されていくものであり，教師は幼児一人一人の発達の特性を生かした集団をつくりだすことを考えることが大切となる。

⑶　幼稚園教育の課題に応える―幼稚園教育要領の趣旨を踏まえる―

幼稚園教育要領は，幼児を取り巻く環境等の変化を踏まえ，豊かな生活体験を通して自我の形成を図り，生きる力の基礎を培うため，以下の事項が全体を通じて十分に達成できるよう，領域ごとに「ねらい」及び「内容」が示されている。

①健康…健康な心と体を育て，自ら健康で安全な生活をつくり出す力を養う。②人間関係…他の人々を親しみ，支え合って生活するために，自立心を育て，人とかかわる力を養う。③環境

…周囲のさまざまな環境に好奇心や探究心をもってかかわり，それらを生活に取り入れていこうとする力を養う。④言葉…経験したことや考えたことなどを自分なりの言葉で表現し，相手の話す言葉を聞こうとする意欲や態度を育て，言葉に対する感覚や言葉で表現する力を養う。⑤表現…感じたことや考えたことを自分なりに表現することを通して，豊かな感性や表現する力を養い，創造性を豊かにする。

これらの事項は，幼児の生活の現状をとらえたときに，特に重点を置くべき内容である。そこで，教育課程の編成にあたっては，これらの課題について幼稚園の実態をとらえるとともに，それに即して各幼稚園においてどのように応えていくかを具体的に考える必要がある。また，小学校との連携，幼稚園運営の弾力化についても理解を深めることが重要である。

また，少子化の進行，家庭や社会のニーズの多様化に対応し，幼稚園が家庭や地域社会との連携を深め，積極的に子育て支援をしていく地域に開かれた幼稚園づくりや教育課程に関わる教育時間終了後に希望する者を対象に行う教育活動など幼稚園運営の弾力化の推進が求められている。

(4) 幼児，幼稚園及び地域の実態に即する―各園の創意工夫を生かした特色ある教育課程―

各幼稚園において教育課程を編成するにあたっては，幼児，幼稚園及び地域の実態を的確に把握することが大切である。幼児期は，身体的発達，情緒の発達，知的発達が著しい時期である。特に，自我が芽生え，自己を表出することが中心の生活から次第に他者の存在を意識し，他者を思いやったり自己を抑制したりする気持ちが生まれ，同年代での集団生活を円滑に営むことができるようになる時期へ移行していく，自我の形成を図るうえで重要な時期である。教育課程の編成にあたっては，このような幼児期の発達の特性を十分に踏まえて，入園から修了までの発達の見通しをもち，きめ細かな対応が図れるようにすることが重要である。

一方，幼稚園には，教育期間，学級数，人的組織，施設・設備等について多様な実態がある。また，地域の自然環境，教育についての保護者や地域社会の期待，願いなどもある。幼児の生活や発達は，そのような条件に大きく影響を受ける。そこで，これらの幼稚園や地域の実態を的確にとらえ，地域の環境を積極的に活用した創意工夫ある教育課程を編成することが望まれる。

教育課程の意義と必要性について

幼稚園で保育を進めていくためのよりどころとして，教育課程や指導計画がある。学校教育ではこれらを「カリキュラム」と呼んできた。第二次大戦直後までわが国の学校ではカリキュラムという言葉は「教科課程」や「学科課程」と呼ばれ，全学年にわたる「教科別時間配当表」のようなものと考えられていた。しかし，戦後は教科だけでなく教育目標を達成するために学校で行われる教育内容の総体を教育課程とするようになった。しかも教育内容の総体をバラバラに羅列的にとらえるのではなく，有機的な関連をもっているものをカリキュラム（教育課程）と呼ぶようになった。

このような意味で教育課程が幼稚園教育に位置づけられたのは，1956（昭和31）年に文部省が作成した「幼稚園教育要領」である。教育要領はこの後，昭和39年と平成元年，平成10年そして平成20年にそれぞれ改訂された。平成20年告示の教育要領に「各幼稚園においては，教育基本法及び学校教育法その他の法令並びにこの幼稚園教育要領の示すところに従い，創意工夫を生かし，幼児の心身の発達と幼稚園及び地域の実態に即応した適切な教育課程を編成するものとする」と書かれている。

平成元年に作成された「幼稚園教育指導書」では，教育課程の意義と必要性について「幼稚園は，幼稚園教育の基本に基づいて幼児期にふさわしい生活を展開する場であると言うことができる。また，同時に幼稚園は意図的な教育を目的としている学校であるので，幼稚園教育の目的，目標を有効に達成するために，幼児の発達を見通して，それぞれの時期に必要な教育内容を明らかにし，計画性のある指導を行う場でなければならない。このような意味から，……（中略）……幼児の充実した生活が展開できるような全体的な計画を示す教育課程を編成して教育を行う必要がある」と述べている。

教育課程の必要性について要約すれば，幼児期に大切なものは何であるかを見極め，幼児期に解決しておく必要がある発達課題をとらえ，発達の見通しと発達に必要な経験を身に付けさせるためである。

そして，意義と必要性を保育者の立場から述べれば，教育課程を編成することによって，園独自の教育理念をよく理解し，自らのあり方，保育の立場を明らかにし，教育課程を通じてよりよい充実した保育を実践していけるのである。

5 3 ●教育課程論 試験問題学習参考例

幼稚園と小学校の教育課程の違いについて

幼稚園の教育課程について「幼稚園教育要領解説」（平成20年）によれば，「幼稚園は意図的な教育を目的としている学校であり，幼稚園教育の基本に基づいて展開される幼児期にふさわしい生活を通して，幼稚園教育の目的や目標の達成に努めることが必要である。……（中略）……それぞれの幼稚園は，その幼稚園における教育期間の全体にわたって幼稚園教育の目的，目標に向かってどのような道筋をたどって教育を進めていくかを明らかにし，幼児の充実した生活を展開できるような全体計画を示す教育課程を編成して教育を行う必要がある」とある。

一方，小学校の教育課程については「小学校学習指導要領解説・総則編」で，以下のように述べてある。

「教育課程の意義については，様々なとらえ方があるが，学校において編成する教育課程とは，学校教育の目的や目標を達成するために，教育の内容を児童の心身の発達に応じ，授業時数との関連において総合的に組織した学校の教育計画であると言うことができる」。

以上の各解説や幼稚園，小学校が果たす役割から，両方の教育課程においては，以下のような違いが見られる。

まず，小学校は学ぶべき教育内容が学習指導要領に示されている。そこには，各教科等の指導内容の基準が各学年，または2学年ごとに示されており，それらの指導内容の組織や授業時数の配当が小学校の教育課程編成の中心となっていることである。このことは小学校の教育課程が各種の法令，学習指導要領等に基づいた内容を，教師がそれぞれの教科，領域等の系統性に従って易しいものから難しいものへと配列し，授業時数との関連で学習を進めるようになっていることを意味する。

これに対して，幼稚園の教育課程の編成では，学校と異なり授業時間数よりはむしろ，幼児の生活経験や発達の過程をいかにとらえるかということである。

すなわち，幼稚園の教育課程編成の視点は，幼児の実態やその変容を的確にとらえることが重要な要素である。よって，幼稚園においては，幼稚園教育要領を基準にしながら各園独自の教育理念を基に，保育者の人間観・児童観・保育観を十分に反映させ，入園から修了に至るまでの教育期間を見通し，幼児の生活経験や発達の過程をもとに，具体的なねらいや内容を組織していくことが必要となる。

教育課程・保育計画と指導計画の関連について

幼稚園の教育課程や保育所の保育計画は，入園や入所から修了までの生活の大綱を示したものである。

幼稚園教育要領（平成20年）には，その第１章総則の２教育課程の編成において，「各幼稚園においては，教育基本法及び学校教育法その他の法令並びにこの幼稚園教育要領の示すところに従い，創意工夫を生かし，幼児の心身の発達と幼稚園及び地域の実態に即応した適切な教育課程を編成するものとする」とある。また，幼稚園教育要領解説（平成20年）では「それぞれの幼稚園は，その幼稚園における教育期間の全体にわたって幼稚園教育の目的，目標に向かってどのような道筋をたどって教育を進めていくかを明らかにし，幼児の充実した生活を展開できるような全体計画を示す教育課程を編成して教育を行う必要がある」と教育課程の意味とあり方を示している。

一方，保育所保育指針（平成20年）には「保育課程及び指導計画（保育の計画）は，すべての子どもが，入所している間，安定した生活を送り，充実した生活を送り，充実した活動ができるように，柔軟で発展的なものとし，また，一貫性のあるものとなるよう配慮することが重要である。」とあり，保育所にも，幼稚園の教育課程と同じように保育課程があり，それをもとに展開する指導計画が作成されることになっている。

なお，保育の実践は教育課程や保育計画そのものによって行われるのではなく，それを具体化した指導計画によって行われる。したがって，教育課程や保育計画を編成するにあたっては，園で積み上げてきた従来の教育課程や保育計画を十分に検討し，子どもを主体とした視点から幼児の経験や活動の積み重ねがどのようになされていくのか，どのように関連していくのかの筋道と展開を見通していかなければならない。それは指導計画への展開を予測しておかなければならない。指導計画には長期を展望した年，学期，期，月の計画と具体的な実践のための週や日の計画がある。

したがって，教育課程・保育計画で編成された保育の全体計画は，指導計画において，実際に展開される保育に応じて常に評価・反省・改善を繰り返し，それに向けて環境を再構成したり，必要な援助をしたりするなどのフィードバックを繰り返しながら日々の指導を適切に行っていくのである。

指導計画作成上の留意事項について

幼稚園教育要領では，指導計画作成上の一般的な留意事項を示している。その主なものは以下の通りである。

①幼児の発達に即して一人一人の幼児が幼児期にふさわしい生活を展開し，必要な体験を得られるようにするために，具体的に作成すること。

②具体的なねらい及び内容を明確に設定し，適切な環境を構成することなどにより活動が選択・展開されるようにすること。

③幼児の実態及び幼児を取り巻く状況の変化などに即して指導の過程についての反省や評価を適切に行い，常に指導計画の改善を図ること。

④長期的に発達を見通した年，学期，月などにわたる指導計画やこれとの関連を保ちながらより具体的な幼児の生活に即した週，日などの指導計画を作成し，適切な指導が行われるようにすること。

⑤家庭との連携を十分に図るなど，幼稚園における生活が家庭や地域社会と連続性を保ちつつ展開されるようにすること。

上記のように，幼稚園における指導計画は，まず，幼児の発達に即した内容でなければならない。それをもとに，幼児の家庭や地域での生活経験を基盤にして行われるものであり，幼稚園の生活の中で培われたものが家庭や地域での生活に生かされるという循環を大切にする必要がある。これを端的に言えば，家庭や地域の生活との連続性をもった指導計画であるよう留意する必要がある。

家庭や地域の生活との連続性の効果を高めるためには当然のことであるが幼児の生活を見通して，できるだけ保護者との懇談会の機会を設けたり，保育参加を求めたりして家庭と地域との連携を深める機会を指導計画に位置づけることが大切である。このことによって，互いにともに育て合うとの意識の醸成を図り，指導内容の充実が可能となるのである。

また，以下のような点にも留意して指導計画を作成したい。

- 安全についての理解を深めるようにすること。
- 幼児の社会性や豊かな人間性をはぐくむため，障害のある幼児との交流の機会を積極的に設けるようにすること。
- 行事を計画するにあたっては，幼稚園生活の自然の流れの中で生活に変化や潤いを与え，幼児が主体的に楽しく活動できるようにすること。

幼稚園・小学校における評価の意義と考え方について

①教育課程とは

教育課程とは，公的な教育機関である学校が，自校の学校教育目標を達成するために，幼児・児童に提供する教育内容と学習経験の学校全体の教育計画である。さらに今後は，計画を踏まえた実施，幼児・児童が目標を達成したかどうかの評価，そして修正・改善までを含めて教育課程と考えたい。

②教育課程評価の意義・考え方

学校における評価の対象は，学力評価，授業評価，教育課程評価，学校評価等がある。それらの評価の中の教育課程評価の意義を次のように考える。

1つ目は，教育課程が自校の学校教育目標に向けて，幼児・児童に活動や学びを促し，成長を保障する機能を有しているかどうかを見極める。そして，その評価を生かした教育課程の修正・改善へ結びつけることである。

2つ目は，評価することを通して，ねらいや内容と幼児・児童の実態とにずれがあれば，そのずれを埋める指導・支援を随時進めなければならないことをとらえられることである。

次に，評価を進める考え方に論を進める。幼児・児童にとって学校は，活動や授業が中心的な取り組み内容である。したがって，教育課程評価は，幼児・児童が活動を通してねらいや内容を獲得しているかの学力評価を核にして進めることだと考える。

評価にあたっては，幼児・児童の活動・学びに取り組んでいる過程と結果の姿を評価する。幼児・児童の事実を通しての評価は，全教職員で事実を記録し収集し，年度途中に随時，及び，年度末に行う。

評価を進めるのは，自校の全教職員である。幼児・児童の事実を収集した記録をもとに，各活動等のねらい，内容，方法，要した時間などを観点として全教職員総意の中でまとめる。

まとめた結果は保護者・地域の方に公開し，評価を依頼し，内部・外部評価を含めて評価を進めることを大事にしたい。

③教育課程評価を進めるにあたって留意すること

- 幼稚園教育要領・学習指導要領の内容に全教職員が共通認識に立つこと。
- 教育課程評価に対する重要性・必要性を全教職員に共通理解を図るとともに，ずれを埋める指導・支援の奨め，及び評価，修正，改善に向けた計画を提示すること。
- 保護者・外部の方への学校への協力依頼，説明を折にふれて行うこと。

6 1 ●国語科指導法(書写含む) レポート学習参考例

幼児向けと児童向けの絵本を教材として与えるときの目標・計画等について

国語指導教材として，幼児向けには『うずらちゃんのかくれんぼ』，児童向けには『ベニーいえでする』という絵本をそれぞれ選定し，教材として与える際の計画，準備等について以下の4項目に分けて考えを述べる。

(1)その絵本を選定した理由
(2)子どもに教材として絵本を与える際のねらいについて
(3)絵本を使った活動における指導の手順及び支援について
(4)授業で使用する教材・教具について

1　幼児向け絵本『うずらちゃんのかくれんぼ』

〈書誌的内容〉：きもとももこ作・絵／福音館書店／1994年5月／32P／22×20cm／2004年10月第19刷発行

〈あらすじ〉

うずらちゃんとひよこちゃんがかくれんぼを楽しむうちに雨が大降りになり，家に帰れなくなったところをそれぞれのお母さんに見つけられて無事おうちに帰る物語である。

(1)　絵本を選定した理由

本書は，1994年の初版以来，幼児向けの絵本として親しまれていたが，2004（平成16）年に皇太子のお子様の愛子様が楽しそうに読んでいる姿が話題となり，注目されるようになった。

3，4歳の子どもは，特に次のような場面に共感することができる。

①じゃんけんをして，隠れる人と探す人とを決めること。②自分の体の色や形に似た茂みや物影に隠れる知恵とそれが失敗する繰り返し。③おうちに帰れなくなった不安，悲しさと母が探してくれた喜び。この場面への子どもの共感は，大人の想像以上である。

絵本の絵に原色が多く使われ，絵柄が単純化され過ぎていることが気になるが，3，4歳の子にとってはとても分かりやすいというよさがある。

絵本のなかの国語の表現，語彙に関して言えば，文が簡潔で分かりやすく，会話文が効果的に使われているため，3，4歳の子どもには分かりやすい適切な教材である。「うずら」という普段あまり見かけない鳥がでてくるが，最初のページにうずらと鶏の親子の絵があり，子どもたちは絵を通して「うずらちゃん」をスムーズに理解できるようになっている。

(2)　ねらい（目的，目標）

「幼稚園教育要領」に示された「言葉」の領域では，「2．内容」に「(9)絵本や物語などに親しみ，興味をもって聞き，想像する楽しさを味わう」という記述があるが，絵本を教材として与える際は，このようなねらいをもって指導することが望ましい。3，4歳の幼児を対象としているので，指導する際の目標は，子どもが絵本や童話などの内容が分かり，イメージをもって楽しんで聞けるようにすることである。

また，うずらとひよこの子ども同士の生き生きとした気持ちを表す会話が見られるので，「保育所保育指針」の3歳児の「言葉」の保育内容である次の内容も念頭において指導したい。

⑴あいさつや返事など生活や遊びに必要な言葉を使う。

⑵自分の思ったことや感じたことを言葉に表し，保育士や友達と言葉のやりとりを楽しむ。

もちろん，絵本の理解や鑑賞に当たっては，身の回りの物の色や形の違いなどに興味をもたせるといった「言葉」と隣接する「環境」や「表現」の領域とも関係づけて総合的に指導することが必要である。

⑶　指導，活動の手順，支援

3，4歳の幼児を対象とする場合，1単位時間は20分以内が適当である。

まず1日目は，ゆったりした環境を作って表紙の絵をじっくり見せ，情景が目に浮かび，登場人物の気持ちが伝わるようにゆっくり読み聞かせを行う。読み終わった後は，裏表紙をじっくり見せる。「おもしろかった？」と声掛けをし，「うん」という反応を受け止める程度でおしまいにする。1日目で指導を終えてもよいが，子どもの反応や時間のゆとりを考えつつ，2日目以降の計画を進める。

2日目は，「『かくれんぼ』の絵本にはどんな鳥や虫が出てきましたか」とたずね，登場する動物を確認し，教師があらかじめ用意しておいた画用紙の絵に色をぬり，はさみで切り取る。

3日目は，幼児を1グループ5人に分け，まずは1グループが教師の音読に合わせてパネルシアター用の板に2日目で作った登場人物を貼ったり動かしたりして楽しむ。4日目は，3日目と同様の活動を残りのグループが行いみんなで楽しむ。

⑷　教材・教具，学習材

①絵本（できれば，教師用1冊と児童用5冊），②パネルシアター用板と絵本の野原の草木パネル，③色塗り用の登場人物・動物の印刷された画用紙，④各自ではさみとクレヨンを用意する。

2　児童向け絵本『ベニーいえでする』

〈書誌的内容〉：パルブロ・リンドグレン（スウェーデン生まれ，絵本作家）文／オーロフ・ランドストローム（フィンランド生まれ，絵本・アニメ製作者）絵／長下日々（ながしたひび）訳／徳間書店／2001年3月／32P／26×20cm

〈あらすじ〉

母親に叱られたこぶたのベニーは，危うく洗濯されそうになったお気に入りの人形と家出するが誰にも受け入れてもらえず，最後に母親の元へ帰ることを思いつき，水たまりで人形をあらって母親の元に帰るという物語である。

(1) 絵本を選定した理由

絵本の楽しさに加え，国語の授業で使用するのにも適した絵本を選定した。

アメリカ・ホーンブック誌の書評で「毎日の生活の中で，『すっかりいやになっちゃった』子どもの気持ちを表現。困りきった子どもの気持ちをおおらかにユーモラスに描いている。第1級のわくわく感が楽しめる絵本」と評された大変楽しい物語である。

小学校1年生前後の子どもから見た世界と，母親から見た世界のずれと，お互いを思いやる優しさが伝わってくる。本書は，読み聞かせ用としても，子どもが自分で読む絵本としても適している。

言葉の指導の観点から本書を見ると，母子の会話によって，子どもが言葉遣いを考えるよい材料となる。また，主人公ベニーの独り言が，感情を表すだけでなく，直面する問題を解決するための思考や自己制御の機能を果たす音声を伴わない内言になっている。

(2) 目的，目標

「小学校学習指導要領国語」の［第1学年及び第2学年］の「C読むこと」の指導内容に即して，目的，目標を考えると以下のようになる。

①「易しい読み物に興味を持ち，読むこと」の体験を与える。

②「時間的な順序，事柄の順序などを考えながら内容の大体を読むこと」という経験をさせ，いつもそう読むことができるよう指導する。また，それから・すると・さっきの，などのことばに着目させながら読む。

③絵本の絵を見ながら文章を読んだり聞いたりし，「場面の様子などについて，想像を広げながら読むこと」を楽しむ体験をする。

(3) 指導，活動の手順，展開

朝の15分程度の読み聞かせで扱う場合は，目標は上記の①のみであるが，ここでは本書を2時間分の国語の授業で扱う手順，展開を示したい。

1時間目は，まず教師がじっくり絵を見せ，場面の情景を目に浮かべてもらいながら，登場人物の気持ちが伝わるように会話文を読み聞かせる。読み終わった後，子どもたちに目をつぶらせて，1番目に浮かぶ場面を発表しあう。次に，「ベニーと同じような経験をした人はいませんか」とたずね，じっくり思い出させて発表しあう。

2時間目は，文章だけを印刷したプリントを配布し，順番に音読させる。次に，会話文のほかに，ベニーが心の中でつぶやいている部分を発表しあい丸カッコでくくる。そのあと，教師が，地の文とお母さんの会話文を読んで，ベニーの会話と独り言を全員が読んで楽しむ。時間があれば，関連のある絵本を紹介する。

(4) 教材・教具，学習材

①絵本を教師用1冊，児童用2冊，②文章だけを印刷したプリント，③紹介用の関連絵本。

幼児児童の発達段階における国語力について

「国語力」という語には，いろいろな意味があるが，ここでは日本語の理解，表現及びコミュニケーションに関わる力と日本語に関する知識とを指している。

幼児児童の発達段階の国語力は次のようなとき問題になる。

「3歳になっても言葉がないので心配です」「まもなく小学校だというのに名前も書けないのです。いいのでしょうか」「4年生になっても，漫画しか読まないし，大人にきちんとした話し方ができなくて恥ずかしいんです」。

これらの問いにどう答えるかは，子育てや教育に関わる者にとって，また幼児児童本人にとっても重大な問題である。

以下に，幼児児童の発達段階における言葉，国語の特徴的な発達を記す。

(1)生後1か月頃―泣く声から泣く声でない発声が出現。

(2)5，6か月頃―アーウー，ママ，ババ，ブブ等の喃語（意味のない発声）の出現。

(3)8～11か月頃―発声や動作の模倣，模倣期。

(4)11か月頃―喃語から言葉へ，有意味語の出現，マンマ，ブーブー，ワンワン等。

(5)1～1歳半――語文期「ブーブー」「ワンワン」等の1語で意味を伝達。

(6)1歳半～2歳―語と語の結合，文の基本型の出現活用期。「ミカンタベル」「オチャチョウダイ」「アカイノブーブー」。

(7)2～4歳―語の爆発的増加，質問期「コレナニ」「ドコ，ダレ」，時間認識「キョウ，アシタ，キノウ」。

(8)3歳頃から―単文から重文，複文への発達。対話行動の可能性。「ジュンバン，イレテ，ゴメン」の使用可能。助詞の使用習得。

(9)4～6歳―多弁期（おしゃべり）。語発音の自覚，内言の出現，絵本・言葉遊び。「ドウシテ，ソレカラ，イツ」等の多用。

(10)5歳頃から―文字への興味。読みたがる子，書きたがる子出現。就学までに平仮名の半分ほどの読み書きができる子が多い。

これらは乳幼児の段階であるが，児童期の10歳前後に子どもたちがそれまでとは違った，公用的，抽象的な言語に挑戦していることを理解しなければならない。

6 3 ●国語科指導法(書写含む) 試験問題学習参考例

国語の表現，理解，伝え合う力と言語活動について

国語科の目標は前回学習指導要領の目標を引き継ぎ，「国語を適切に表現し，正確に理解する能力を育成し，伝え合う力を高めるとともに，思考力や想像力及び言語感覚を養い，国語に対する関心を深め国語を尊重する態度を育てる。」である。国語科の学習指導要領は，実生活で生きて働き，各教科の学習の基本となる国語の力を付けること，わが国の言語文化を継承・発展させる態度を育てることに重点を置いている。

幼稚園教育要領の領域「言葉」の「ねらい」にも言葉に対する感覚や言葉で表現する力を養うことを掲げ，身近な人との関わりを重視している。

(1)自分の気持ちを言葉で表現する楽しさを味わう。(2)人の言葉や話などをよく聞き，自分の経験したことや考えたことを話し，伝え合う喜びを味わう。(3)日常生活に必要な言葉が分るようになるとともに，絵本や物語などに親しみ，先生や友達と心を通わせる。

幼稚園の段階では，言葉を使って表現する意欲や相手の言葉を聞こうとする態度を育てることが大切で，幼児のものの見方や考え方も，身近な人との伝え合いの中で育っていく。したがって，日頃から教師と子ども，子ども同士で言葉をかわすことを通して信頼関係を築いていくことが大切となる。

幼稚園における文字に関しては，「言葉」の領域の内容で，「(10)日常生活の中で，文字などで伝える楽しさを味わう」とあり，幼児期の子どもの興味関心を尊重しつつ，小学校で学ぶ内容に関連するよう配慮されている。

2008年の学習指導要領の改訂では，国語に関する具体的事項が示された。小学校では，日常生活に必要な基礎的な国語の能力を身に付けることができるよう，対話，記録，報告，要約，説明，感想などの言語活動を行う能力を身に付けることが示された。

低学年では，見たことや知らせたいことを記録し説明や紹介をする。中学年では，調べたことや観察・実験したことを記録し，説明や報告にまとめて書き，発表することができる等である。

このような基礎的・基本的知識・技能を活用して課題を探求することのできる国語の能力を身に付けさせることが重要になっている。

また，わが国の伝統的な言語文化に親しむ態度を育て，国語の特質についての理解を深めたり，豊かな言語感覚を養ったりすることも求められている。

6　4　●国語科指導法（書写含む）試験問題学習参考例

国語指導の内容の構成・系統・発展性について

現在の「小学校学習指導要領」の「国語」の内容は，目標をみると以下のように構成されている。

⑴「国語を適切に表現し正確に理解する能力を育成する」こと

⑵「伝え合う力を高める」こと

⑶「思考力や想像力及び言語感覚を養う」こと

⑷「国語に対する関心を深め国語を尊重する態度を育てる」こと

「各学年の目標，内容」は，２つの学年にわたって示され，その内容は，「Ａ話すこと・聞くこと」「Ｂ書くこと」「Ｃ読むこと」の３領域と［伝統的な言語文化と国語の特質に関する事項］という１事項で構成されている。以下に，［第１学年及び第２学年］，［第３学年及び第４学年］の領域をそれぞれ比較し，学習内容が系統的に発展していることを示す。

「Ａ話すこと・聞くこと」は，ア．話すことの内容，イ．聞くことの内容，ウ．伝え合うことの３つに分けられている。例えば，１・２学年の，ウ．伝え合うことは「互いの話を集中して聞き，話題に沿って話し合う」となっているが，３・４学年では「互いの考えの共通点や相違点を考え，司会や提案などの役割を果たしながら，進行に沿って話し合う」と，互いの考えや立場などを尊重することが示されている。

「Ｂ書くこと」は，ア．課題設定や取材に関する指導事項，イ．構成に関する指導事項，ウ．記述に関する指導事項，エ．推敲に関する指導事項，オ．交流に関する指導事項で構成される。

ウ．記述に関する指導事項について，１・２学年では「語と語や文と文との続き方に注意しながら，つながりのある文や文章を書くこと」，３・４学年では「書こうとすることの中心を明確にし，目的や必要に応じて理由や事例を挙げて書くこと」と，質の違う思考や論理を求めている。

「Ｃ読むこと」は，ア．音読，イ．効果的な読み方，ウ．説明的な文章の解釈，エ．文学的な文章の解釈，オ．自分の考えの形成及び交流，カ．目的に応じた読書の６観点で構成される。

例えば，イ．の叙述内容に関して１・２学年では「時間的な順序，事柄の順序等を考えながら内容の大体を読むこと」であり，３・４学年では「目的に応じて，中心となる語や文をとらえて段落相互の関係や事実と意見との関係を考え，文章を読むこと」と，学年があがると「目的，関係」という高い次元の学習が求められるのである。

家庭，保育園，幼稚園における国語指導と相互の連携協力について

母国語として日本語の発音，語彙を獲得する基礎は，家庭，保育園，幼稚園での指導や環境によってできあがるため，家庭，保育園，幼稚園では適切な指導や環境の充実，相互の補完，連携協力が大切である。

0歳から保育園で生活している乳幼児は，「保育所保育指針」で見ると次のような環境の中で養育及び言葉の指導が行われている。

〈6か月未満〉授乳は，抱いて微笑みかけたり，優しく言葉をかけたりしながら，ゆったりとした気持ちで行う。／おむつが汚れたら，優しく言葉をかけながらこまめに取替え，きれいになった心地よさを感じることが出来るようにする。／授乳，食事の前後や汚れたときは，優しく言葉をかけながら顔や手を拭く。／子どもに優しく語りかけをしたり，歌いかけたり，泣き声や喃語に答えながら，保育士との関わりを楽しいものにする。／優しく言葉をかけてもらいながら，聞いたり，見たり，触ったりできる玩具などで遊びを楽しむ。

これは子どもが大人の話し言葉から日本語の音声を聞き分ける基礎が育っていく時期に必要な指導，環境である。

保育園では，1人の保育士が多くの子を指導することから愛情豊かな特定の大人との継続性のある応答的な豊かな関わりが取りにくい。一方，母親の場合は，保育士のような訓練を受けていないため，子どもにとって適切な応答ができない場合もある。

「保育所保育指針」における〈3歳児〉の言葉の指導は以下の通りである。／あいさつや返事等生活や遊びに必要な言葉を使う。／自分の思ったことや感じたことを言葉に表し，保育士や友達と言葉のやり取りを楽しむ。／保育士にしてほしいこと，困ったことを言葉で訴える。／保育士に，いろいろな場面で，なぜ，どうして，などの質問をする。／興味を持った言葉を，面白がって聞いたり言ったりする。／絵本や童話などの内容が分かり，イメージを持って楽しんで聞く。／ごっこ遊びで，日常生活での言葉を楽しんで使う。

3歳になると，幼稚園に入園する子どももおり，子どもは家庭，保育園，幼稚園とそれぞれの場所で言葉を学ぶ。この時期は，語彙が爆発的に増大し，対話行動が始まるため，親の言葉遣いやテレビ，絵本の与え方，さらには子どもの交友関係などへの配慮が求められる。

小学校における国語指導と保育園・幼稚園との連携について

日本語の表現，理解，コミュニケーション能力は，0歳から1歳までの準備期を経て，①語彙形成期（1～3歳），②言語習慣形成期（4歳～小学校3年），③言語生活形成期（小学校4～6年生）を経て形成される。また，9～10歳の頃に公用的，抽象的な言語等の二次言語の獲得という壁があることも指摘されている。

小学校では，国語科という教科を中心に国語指導が行われる。そこでは，保育園・幼稚園にはなかった教科書を使って，文字・文章を読むことや書くことが多くなる。子どもたちには，大きな負担であるとともに新鮮な学習ともなる。

この間の連携について「小学校学習指導要領」「国語」の［第1学年及び第2学年］の話すこと・聞くこと，書くこと，及び読むことの「(2)内容」の具体的な言語活動例の中で，次のように述べられている。

「尋ねたり応答したり，グループで話し合って考えを一つにまとめたりすること，想像したことなどを文章に書くこと。」

このような読む活動への配慮も大切であるが，一番の課題は文字を書くことと読むことの指導についての連携をどう図るかである。小学校1年生で平仮名の読み書きが期待され，片仮名や漢字の習得も求められている。

それに対して保育園・幼稚園でも，「日常生活の中で，文字などで伝える楽しさを味わう」と，文字を使うことを支援している。この指導内容は，今日，就学前に90％近い子が平仮名のほとんどが読め，半数以上の子が平仮名の半数を書けるという実態の上に立っている。しかし，保育園・幼稚園及び小学校関係者は子どもの興味・関心や発達，また，環境・指導の違いによって大きな個人差があることを踏まえて指導する必要がある。

このような事情について，「幼稚園教育要領解説」では，「幼児の発達や学びは連続しており，幼稚園から小学校への移行を円滑にする必要がある。しかし，それは，小学校教育の先取りをすることではなく，就学前までの幼児期にふさわしい教育を行うことが最も肝心なことである。」と述べている。

幼児が日常生活の中で，文字などを使いながら思ったことや考えたことを伝える喜びや楽しさを味わい，文字に対する興味・関心をもつようにさせることは，小学校の国語指導の基盤を形成することに繋がるのである。

児童が社会的事象に興味・関心をもち，確かな学力を身に付ける社会科授業について

1 小学校社会科の目標

小学校の教育課程における社会科の役割や性格は，小学校学習指導要領の社会科の目標として次のように表現されている。

「社会生活についての理解を図り，我が国の国土と歴史に対する理解と愛情を育て，国際社会に生きる民主的，平和的な国家・社会の形成者として必要な公民的資質の基礎を養う」。

この小学校社会科の目標の前半の，「社会生活についての理解を図り，我が国の国土と歴史に対する理解と愛情を育て」という部分は，小学校段階における社会科のねらいを示している。すなわち，地域社会における人々の生活の様子や特色と，わが国の国土と歴史について理解と愛情を育てることをねらっている。

また，後半の「国際社会に生きる民主的，平和的な国家・社会の形成者として必要な公民的資質の基礎を養う」は，小学校及び中学校共通のねらいであり，社会科の指導を通してめざす究極のねらいである。

2 社会科における確かな学力

1998（平成10）年の学習指導要領の改訂の中で，小学校社会科の目標の変更はなかったが，同年の教育課程審議会答申に示された社会科教育改善の基本方針から，培いたい力として次の2つが挙げられる。

1つは，児童が地域社会やわが国の国土と歴史に対する理解と愛情を一層深めるとともに，世界の人々とともに生きていくことが大切であると自覚できることである。

もうひとつは，社会的事象に興味・関心をもち，公正に判断ができるように，発達段階に応じて，観察，調査したり，各種の資料を活用したり，調べたことを表現したりするとともに，社会的事象の意味や働きなどを考える力である。

3 主体的に取り組む社会科授業

1998（平成10）年の小学校学習指導要領社会科の改訂では，教科の目標は従来通りとする一方で，改善の基本方針の中で重視されたのが，児童の主体的な学習をより一層求めることである。それは，これまでの社会科において知識の教え込みに偏った学習指導が多く実践されてきたことへの反省と，こうした学習指導の改善が緊急の課題であることを示していると考えられる。

そこで，児童が興味・関心をもって主体的に取り組む社会科の指導法として，問題解決的な学習を取り上げる。

次に問題解決的な学習過程の中に具体的な指導方法を取り入れた単元の事例を３つ示す。

⑴　問題解決的な学習の学習過程

問題解決的な学習の一般的な学習過程は次のようである。

①学習課題を設定する：社会的事象にふれ，児童の興味・関心，疑問をもとに課題を見つける。

②学習計画を立てる：課題解決のための方法や手順を考え，見通しをもつ。

③課題を追究する：観察や調査・見学，実体験，製作，人とのふれあいなどの活動を通して課題を追究する。

④追究結果を検討する：追究した結果を発表したり話し合ったりして練り上げる。

⑤学習のまとめをする：成果を発表したり，分かり易くまとめたりする。

⑥発展・応用する：学習情報として整理したり，発信したりする。他教科などとの関連や発展を図る。

⑵　調べ学習を取り入れた単元の事例－ごみのゆくえ（第３・４学年）

①各家庭から出るごみの量や市全体のごみの量調べを通して，ごみへの関心を高め，学習課題を設定する。

〈調査活動〉
自分の家から出るごみの量調べ。ごみ収集所の調査。

②「ごみのゆくえ」をテーマとして，調査・観察を行い，大量のごみを早く，衛生的に処理するために，市町村が協力して行っていることを調べる。

〈調査活動〉
ごみ収集所，収集作業の観察・調査。ごみのゆくえ調査。清掃工場の見学等。

③ごみの中には再利用できるものがあることを知り，ごみの減量化への取り組みについて考え，実践する。

〈調査活動〉
ごみの再利用の様子の調査。ごみの処理にかかる費用調査。自分でもできるごみ減量化への取り組み。

調べ学習を行うにあたっては，解決への見通しをもたせて取り組ませるようにすることが大切である。具体的には，「～ではないか」「○○○の方法を使えば解決できるのではないか」というように，児童がこれまでに得た知識や技能，生活経験などを生かしていくことである。また，観察や調査・見学などで分かったことをまとめておくことも大切である。

⑶　学び合いの活動を取り入れた単元の事例－くらしと情報（第５学年）

①毎日接している放送（新聞）から発信される社会の出来事に着目し，放送（新聞）の果たす役割について学習課題を設定する。

〈学び合いの活動〉
話し合い活動（課題別グループの編成）。情報収集（課題別）活動。

②学習計画をもとに番組づくり（放送），新聞づくり（新聞）をする。

〈学び合いの活動〉
手紙・ファクシミリ・インターネッ

ト・図書館などによる情報収集活動（見学できれば制作者の工夫や努力）。番組づくり・新聞づくりの活動。

③制作の成果を発表する。

〈学び合いの活動〉

発表原稿の作成。発表時の役割分担。アンケート・インタビュー活動。

④これからの通信技術の発達と有効な活用について考える。同時に通信技術が引き起こすモラルの問題についても考える。

〈学び合いの活動〉

インターネット体験。話し合い活動。

学び合いの学習を進めるにあたっては，児童が互いに関わり合い，協力して学び合える活動を組み立てることが大切である。そのためには課題解決の学習過程に，学び合う活動を意図的・計画的に位置づけることが重要である。どの場面で，どのような活動を組み込んでいくかを単元に応じて計画し，児童の反応によって柔軟に展開することに留意するべきである。

(4)　人物や文化遺産を中心に据えた歴史学習の単元事例ー聖武（しょうむ）天皇と大仏（第６学年）

①奈良の大仏の大きさ調べをもとに，学習課題を設定する。

〈調査・体験的活動・表現活動〉

大仏の写真。大仏の左手の実物大の紙に乗れる人数調べ。

②大仏造営の様子を通して，国家的な大事業について話し合う。

〈調査・体験的活動・表現活動〉

大仏のつくり方の想像図。大仏づくりに動員された人数調べ。行基（ぎょうき）の業績（文章資料）。

③大仏造営に込めた聖武天皇の願いについて，当時の世の中の様子と関連づけてまとめる。

〈調査・体験的活動・表現活動〉

大仏の開眼（かいげん）式の想像図。鑑真（がんじん）の文章資料。

小学校の歴史学習は，興味・関心の程度に個人差が出やすいところである。そこで，児童の興味・関心を高めるために，「人物の働きや文化遺産を中心に」展開する学習に心がけてきたが，歴史上の出来事や年号を暗記させる学習や網羅的な学習がいまだに行われているのも事実である。

児童が興味・関心をもって歴史学習に取り組むために，次のことに留意するべきである。

①網羅的な学習を脱し，人物や文化遺産を中心に据える。

②取り上げる内容を思い切って厳選する。

③調査・体験的活動・表現活動を重視する。

以上，児童が社会的事象に興味・関心をもって取り組み，確かな学力を身に付ける社会科授業の在り方について考察してきた。これからの社会科授業においては，社会科の目標，学年の目標と内容を踏まえ，児童の主体的な取り組みを実現させる教師の創意と工夫が，何よりも求められていると言える。

小学校社会科で培(つちか)いたい力について

小学校社会科で培いたい力について考察する前提として，わが国の小学校社会科の目標の変遷をたどってみる。

1947（昭和22）年，「学習指導要領社会編(1)」の試案が公表された。その中に，「今度新しく設けられた社会科の任務は，青少年に社会生活を理解させ，その進展に力を致す態度や能力を養成することである」とあり，社会科の意義を明確に述べている。

1948（昭和23）年の小学校社会科学習指導要領補説では，社会科の学習は「できるだけ立派な公民的資質を発展させること」にあることが明記された。

その後，1951（昭和26）年の第１次改訂でも同様な明示がされている。続いて1955（昭和30）年，1958（昭和33）年にも改善が行われた。1968（昭和43）年には，「社会生活について正しい理解を深め，民主的な国家・社会の成員として必要な公民的資質の基礎を養う」という基本目標とともに，具体目標も挙げられた。

そして，1977（昭和52）年には，具体目標はなく基本目標だけとなり，1989（平成元）年には，「社会生活についての理解を図り，わが国の国土と歴史に対する理解と愛情を育て，国際社会に生きる民主的，平和的な国家・社会の形成者としての必要な公民的資質の基礎を養う」と改められた。なお1998（平成10）年の改訂では小学校社会科の目標は変わらなかった。

学習指導要領の改訂は，いずれもその時代の状況を反映したものであり，1998年の改訂の基本方針と社会科の基本目標とを重ね合わせてみると，培いたい力として期待されるのは次の２つである。

１つめは，さまざまな社会的事象に関心をもって考察したり，公正に判断したりする能力や態度であり，２つめは，わが国の国土や歴史についての正しい理解と愛情，国際協力や国際協調の精神など国際社会の中で主体的に生きる資質や能力である。

このような小学校社会科で培いたい資質や能力等の育成は，各学校の授業で実践されてはじめて意味をもつ。社会科の授業は，これまで網羅的で知識偏重であると指摘されてきたが，こうした指導の改善が重要な課題である。

そこで，各学校においては，基礎的・基本的な事項に内容を厳選し，学び方や調べ方の学習，体験的な学習や問題解決的な学習など，児童の主体的な学習を一層重視することが，今求められている大きな課題である。

小学校社会科の年間指導計画作成のポイントについて

小学校社会科の年間指導計画（以下，指導計画という）作成にあたっては，学習指導要領の改訂の趣旨や小学校社会科の目標，内容を正しく理解することが前提である。

1998（平成10）年の教育課程審議会答申で示された小学校社会科改善の基本方針の中で特に重視していることは，①社会的事象を公正に考え判断する力，②地域社会，わが国の産業，国土，歴史に対する理解と愛情，国際協調の精神，③網羅的で知識偏重の学習の改善などである。まずは各学年の目標や内容を構造的にとらえ，基礎的・基本的な内容の洗い出し，適切な時間数の配当をすることが必要である。

次に，各学年の単元を設定していく場合の配慮事項を踏まえることが大切である。「小学校学習指導要領解説」（社会科編）第4章「指導計画の作成と内容の取扱い」には，「地域の実態を生かし，児童が興味・関心をもって学習に取り組めるよう……」「観察や調査・見学，体験などの具体的な活動やそれに基づく表現活動を一層展開するよう……」と，配慮事項を示している。

これまでも地域素材を教材化したり，地域の人材を積極的に活用したりするなど，地域の実態や特色を生かした学習が工夫されてきた。このような学習を一層進めることが求められている。

また，観察や調査・見学，体験などの具体的な活動に取り組むことは，社会的事象を適切に把握し，具体的，実感的にとらえるうえで有効である。さらに，観察や調査・見学，体験など具体的な活動に基づいて，多様な表現活動を展開することが大切である。これらの活動を展開することによって，知識の伝達に偏った指導を克服するとともに，調べたことや自分の考えを表現する力，社会的事象の意味や働きなどについて考える力を育てることができるものと考えられる。

以上のように，地域の実態を生かした指導計画を作成することによって，児童が意欲的に楽しく社会科学習に取り組み，学習の仕方や態度を身に付けることが期待できる。

また，地域の実態を生かすということは，学校としての創意工夫を生かした，特色ある指導計画づくりに通じるものであると言える。

なお，取り上げる学年の内容において対象や事例を選択する場合は，これも地域の実態や児童の興味・関心等に応じて，厳選して取り上げるようにすることが大切である。

小学校社会科における単元の指導計画作成のポイントについて

単元の指導計画は，指導目標を実現していくために，準備する教材や児童の学習活動，必要な時数などによって構成された，教師による指導のアウトラインである。その作成にあたっては，小学校学習指導要領解説（社会編）「指導計画の作成と内容の取扱い」を踏まえて，児童を中心にした充実した指導が展開されるよう，留意する必要がある。以下，各学年の単元の指導計画作成に当たってのポイントを示す。

⑴　第３・４学年

第３・４学年の学習主題は，「地域社会の学習」である。２年間を見通した弾力的な単元構成が必要となる。

第１・２学年の生活科の学習で培われた個々の気付きを，さらにひろげたり深めたりして，地域を違った視点で見つめ直すことができるよう工夫する。そのためには，地域へ出かけ，多くの出会いができる学習内容を組織する。

第３・４学年は社会科学習の導入期であり，学習の舞台が地域なのでそこに生きる人との関わりがもてる学習にすることが大切である。身近な人の仕事の工夫や努力への気付き，ごみのゆくえを自分たちで調査する学習を通して，自分たちの健康的な生活の維持に関わっている人との出会いなど，人との関わりを中心に据えた学習の構成が大切である。また，社会科学習の導入期に学び方・調べ方がしっかり身に付くような学習内容を構成しておく。

⑵　第５学年

第５学年の学習主題は「我が国の産業と国土の学習」である。1998（平成10）年の学習指導要領改訂で，産業に関する学習は，農業や水産業，工業生産，通信の３つに整理された。また具体的事例の取り上げが重視され，内容を厳選するよう改善された。

特に，産業に関する学習では，生活との関わりを深めて学習することになっている。そこで，地域の素材の教材化を工夫したり，追求する楽しさのある教材を１つでも多く開発したりして，児童が楽しく取り組む社会科学習にしたい。

⑶　第６学年

第６学年の学習主題は，「我が国の歴史と政治，国際理解の学習」である。歴史上の出来事や年号などを覚える学習や網羅的な学習から脱して，人物の働きや文化遺産を中心とした楽しい歴史学習を展開する。また，政治学習や国際理解の学習を豊かに展開するために，身近な具体的な事例を取り上げた学習を進めることが大切である。

小学校社会科における体験的な学習について

1998（平成10）年7月の教育課程審議会の答申を受けて各教科等別の改善事項が示された。社会科においては，改善の基本方針のひとつとして，網羅的で知識偏重の学習の克服と，社会の変化に自ら対応する能力や態度を育成する観点から，基礎的・基本的な内容に厳選し，学び方や調べ方の学習，作業的，体験的な学習や問題解決的な学習など児童の主体的学習を一層重視している。

ここで注目すべきことは，社会科学習で従来から指摘されてきた網羅的で知識偏重の学習の克服である。すなわち学び方や調べ方を身に付ける学習や体験的な学習，問題解決的な学習の実現である。そのためには，児童一人ひとりが観察や調査・見学，実体験，製作，人とふれあうなど体験的な活動を通して，社会的事象の意味や働きなどを考えたり自分の意見を述べたりする授業への改善を求めている。

児童は，これら体験的な活動を通して，楽しく学習を進めることができ，実感的な理解と個性的な見方や考え方を伸ばすことができる。そのためには，どのような体験的な活動を，どこに位置づけるかを考え単元展開の計画を立てることが重要になる。

また，体験的な学習は，予測した以上の多様な学習に広がっていくという特色をもっている。そのため限られた授業時数の中では，単元の目標につながる価値ある体験的な活動の組み入れが重要になる。児童が課題解決に向かって，目的をもって体験的な活動を行えるようにすることが大切である。

例えば「地域の人々の生活にとって必要な廃棄物の処理（ごみ）」（第3・4学年）の学習で，「ごみのゆくえ」を追求する目的で，ごみ集積所調べやごみ収集車・清掃工場の見学などの体験的な学習を行うことで，より効果的な学習を実現することができる。

体験的な活動は，実際に田植えをするなどの直接体験と，歴史上の人物の生き方を追求するなどの追体験とに分けることができる。こうした体験的な活動を単元の中に効果的に組み入れ，活動を多様化させていくことで児童一人ひとりの問題解決力を培うことが期待できる。

そのためには，地域の実態を生かし，児童が興味・関心をもって取り組めるような対象や事例を厳選して取り上げ，観察や調査・見学，実体験などの体験的な活動を多様に組み入れ，児童の主体的な学習を展開したい。

小学校社会科と「総合的な学習の時間」との関連について

1998（平成10）年7月の教育課程審議会の答申は，総合的な学習の時間を創設する趣旨として，次の2つを挙げている。

第1は，各学校が地域や学校の実態等に応じて創意工夫を生かして特色ある教育活動を展開できるような時間を確保することである。第2は，自ら学び自ら考える力などの生きる力は，全人的な力であることを踏まえ，国際化や情報化をはじめ社会の変化に主体的に対応できる資質や能力を育成するために，教科等の枠を超えた横断的・総合的な学習をより円滑に実施するための時間を確保することである。

総合的な学習のねらいは，①課題を解決する資質・能力の育成，②学び方の習得，③知の総合化である。この3つのねらいは，各教科等の学習や日常生活との関連づけがなされたとき，児童に生きて働く力となる。特に，総合的な学習の時間の主たるねらいである課題を解決する資質・能力は，社会科の学習と密接に関連するものであり，社会科で身に付けた課題解決能力が，この学習で十分に生かされることが大切である。

社会科と総合的な学習の時間との関連については，内容面と方法面の2つに分けることができる。

内容面では，前述の答申は総合的な学習の時間の内容として，①国際理解，情報，環境，福祉・健康などの横断的・総合的な課題，②子どもの興味・関心に基づく課題，③地域や学校の特色に応じた課題を挙げている。これらのうち，①は社会科の学習内容と深く関連している。例えば，環境を取り上げる場合，社会科では，第3学年及び第4学年で学ぶ飲料水の確保や廃棄物の処理との関連，第5学年で学ぶ公害や国土の保全との関連が挙げられる。

方法面では，総合的な学習の時間は情報の集め方，調べ方，まとめ方，報告や発表の仕方など，学び方やものの見方・考え方を身に付けることが重視されている。これらのことはどの教科においても大切であるが，社会科との関連は特に密接である。社会科の学習では，情報の集め方，調べ方，まとめ方などの学び方やものの見方を重視しているからである。社会科の学習で身に付けた学び方やものの見方や考え方などが，総合的な学習の時間に生かされ，児童の課題解決力が一層育まれると考える。このことは，網羅的で知識偏重の社会科学習の克服にも通じるものであると考える。

「数学的な考え方」の育成について

「数学的な考え方」の育成が求められて久しい。では「数学的な考え方」とは具体的にどのような思考力を育成することなのか。そこで，「思考力育成の具体的方策」をキーワードとし，前半に算数で求められてきた思考力についてまとめ，後半で数学的な考え方や今後必要とされる具体的な教育内容・教育方法について述べる。

はじめに，1951（昭和26）年の「小学校学習指導要領　算数科編（試案）」の算数科の一般目標では，「……物事を，数量関係から見て，考察処理する能力」とされ，生活単元学習の特徴が見られる。次に，1958（昭和33）年，「学習指導要領　昭和33年改訂」の算数科の目標では，「……，より進んだ数学的な考え方や処理……」とされ，「数学的な考え方」の用語が初めて示され，系統学習が強化されたことがうかがわれる。1968（昭和43）年に告示された「小学校　学習指導要領」の算数科の目標では，「日常の事象を数理的にとらえ，筋道を立てて考え，統合的，発展的に考察……」とし現代化の特徴が表れている。1977（昭和52）年に告示された「小学校　学習指導要領」の算数科の目標では，「……筋道を立てて考え，処理する能力と態度を育てる。」としている。1989（平成元）年度と1998（平成10）年度に告示された「小学校学習指導要領」の算数科の目標では，「……，日常の事象について見通しをもち筋道を立てて考える能力を育てる……」としている。2008（平成20）年告示された「小学校学習指導要領」の算数科の目標では，「日常の事象について見通しをもち筋道を立てて考え，表現する能力を育てる……」とし，論理的な思考を言語として表現できる能力も求められている。このように「数学的な考え方」は，社会の進展により要請され変化してきた。

「数学的な思考」の中でも，よく取り上げられる「論理的な思考」は，「筋道立てた考え」とされ，1968年告示の学習指導要領の目標における記述が初出となっている。「論理的な思考」とは，「帰納」・「アブダクション」・「演繹」に大別される。「帰納」とは，事例を元に何らかの法則を生み出す思考であり，創造的ではあるがミスもよく起こるという特徴をもつ。「アブダクション」とは，驚くべき事実があった場合，それを合理的に解釈できる新たな仮説を導き出す思考方法である。「演繹」とは，すでに明らかな法則を前提とし，いくつかの条件を適用して結論を導き出す思考である。よく知られる「数学的な帰納法」は，演繹であるので留意しなければならない。

「論理的な思考」の「論理」とは，演繹による論証であり，真理表や推論記号を用いて常に正しい推論ができることが保障される。この「論理」は，大学で選択履修した人だけが学べる。つまり，履修した人か独学で習得した人だけが論理を使用でき，大半の教員は知らないのが実情である。

さて，国内外での学力の各種調査によれば，日本の児童の思考力・判断力・表現力等には，依然課題が残る。また，「課題発見・解決能力，論理的思考力，コミュニケーション能力」や「Critical thinking」の育成が求められているとしている。これらの課題を克服するため，2008（平成20）年度告示の学習指導要領からは「言語活動の充実」が打ち出された。また，この先の社会の進展を見通し，課題解決力・論理的思考力・コミュニケーション能力に加え，新たに課題発見力，Critical thinkingの育成が求められようとしている。

米国では，州によって教育内容・採択教科書が違うが，義務教育から計画的に論理的な思考力を育成するプログラムが用意された教科書が存在する。算数で育成すべき思考力をProblem solving, Reasoning, Critical thinkingの3領域とし，具体的な教材を用いた教育がなされている。Problem solvingは問題解決力を，Reasoningは論理的に思考し口述・記述する力を，Critical thinkingは，批判的思考を意味している。Critical thinkingの定義は諸説あるが，批判するということではなく，おおまかに言えば，対象や自己の思考自体を客観的にとらえて，よりよい思考を行うメタ認知を活かした思考技能である。このように，米国では育成すべき思考力・表現力を明確にし，教材を準備して教育を行っている。

一方，日本の小学校では，授業での学習活動を通して思考力を育成することになっており，論理的思考力を育成するための専用の教材を用いた意図的計画的な教育は行われていない。その状況で，日本の小学生がどの学年でどの程度の思考が可能であるのかをまとめると，次のようになる。小学2年生では，数段階の演繹推論の連鎖ができる。小学校3・4年生になると，仮説を立てて思考実験をすることが得意になる。5年生になると，消去法による推論が出現しやすくなり，6年生では，背理法による推論が出現しやすくなる。このように，論理的な思考力を育成する教材がない現状でも，学年が進むに従い，可能な推論方法が多様化している。論理的な思考力を育成する適切なプログラムを開発して教育を行えば，さらに思考力を伸ばすことができるのは想像に難くない。

算数・数学において，論理構造が明確であるのは，幾何学である。『ユークリッド原論』では，公準（公理）を基に幾何学が構成されている。確固たる論理構造自体が重要であるとする学問の観念は，菊池大麓が日本への導入を意図したものである。しかし，図形の証明が小学校で行われることはなく，中学校でも現在は簡略化された証明になっており，論理構造まで感得できるものではない。

ところで，算数の思考において最も使用頻度が高いのは，演繹である。演算を行う文章題での思考過程を例に挙げる。１つの答えを求める場合の思考手順を大まかにまとめると，①条件の整理，②条件と答の関係の判断，③予想，④必要な主演算の判断，⑤演算に代入する条件の加工・換算，⑥答に表現するための加工・換算，⑦予想と数値の比較，⑧答に単位を付す，となる。

演算を連鎖させて１つの答えを求める場合や，２つ以上の答を求めて比較する場合には，上記の作業が２回以上必要になる。また，問題場面が複雑である場合には，簡略化して解釈するという思考が必要になる。どのような文脈の文章題においても，手順を踏んでこれらの思考が可能になるためには，領域固有の知識が必要である。これは，実際に多くの文章題を解いて習得させるしか方法がない。

さらに，育成された思考力は，何らかの形で表現し表出されなければ能力があると客体から認識されない。つまり，思考力を育成するためには，表現として論述する能力も育成しなければならないのである。これが，言語活動の充実を不可欠とする理由である。

しかし，日本と欧米（旧植民地を含む）では，言語教育には，認識と方法に大きな違いが存在する。欧米の国語（母国語教育）では，言語表現をスキルととらえ，習得すべき文書・口述の表現を明確な指導内容として，パターンに則った表現方法を徹底的に反復・習得させる。一方，日本の国語では，表現をスキルとする認識がほぼなく，表現の指導内容が曖昧であるため，表現パターンに則ったスキルを習得することは望めない。例えば，紛失したある物の特徴を説明しなければならない場合，色・外形・寸法・付属物などをどの順に表現すれば，相手により伝わりやすいか。欧米人から「日本人は，何を言っているか分からない。」とよく批評されるのは，パターンに則った表現ができないことが原因の一つである。このように，思考力と表現力の育成には，欧米の表現スキルに対応できる表現力育成の研究も必要となる。

算数の授業においても同様のことが言える。話し合いをしただけでは，よりよい表現スキルの習得は期待できない。国語教育の教育内容・教育計画にリンクし，発達段階と教育内容に応じて，習得させるべき算数に関する表現スキルの計画的な教育課程・指導内容の開発が待たれる。

こども園・認定保育所・3歳児未満までにおける数学的な教育内容

3歳未満の幼児教育政策を前半にまとめ，後半で3歳児未満の具体的教育内容について紹介する。

現在の3歳未満の幼児教育は，2008（平成20）年厚生労働省の「保育所保育指針」に基づく認定保育所と2014年に内閣府・文部科学省・厚生労働省より告示された「幼保連携型認定こども園教育・保育要領」に基づく認定こども園等により行われている。

各施設で行われる数学的内容の記述は，5領域「健康・人間関係・環境・言葉・表現」の「環境」のねらい「(3)（認定保育所は③）身近な事象を見たり，考えたり，扱ったりする中で，物の性質や数量，文字などに対する感覚を豊かにする。」が関連する。また，内容では「(8)（認定保育所では⑩）日常生活の中で数量や図形などに関心を持つ。」が関連する。さらに，3内容の取扱い（認定保育所を除く）では，「(4)数量や文字などに関しては，日常生活の中で幼児自身の必要感に基づく体験を大切にし，数量や文字などに関する興味や関心，感覚が養われるようにすること。」が関連する。これらを受け，具体的な教育課程・保育課程等は，各施設が編成している。

次に，約30年間，教育課程の実証研究を継続してきた保育所の数学的教育内容を紹介する。全ての活動は，幼児の発達と興味・関心に基づき，畑作・観察等の自然体験から出発し，協同的な創作遊びや数学的内容を含む集団遊びに発展する流れで構成されている。

「数」では，0歳児は，数対象に名前があることを知り，物が1つあることを認識する。1歳児は，数対象としてのリンゴの木作り等の遊びを通して，「ひとつ・ふたつ・いっぱい」という数詞を認識する。2歳児は，数対象のもの数え遊びを通して，「いち・に・さん・いっぱい」を唱える。

「量」では，2歳児は，畑作りを行い作物の長さを比べる。また，上皿天秤を使い，吊り合う重さを認識する。

「図形」では，1歳児から簡単な絵本作りを通して，「さんかく・しかく・まる」を認識する。また，積木遊びを通して，立体図形に親しむ。2歳児は，畑作りや作物の観察を通して，より複雑な平面図形へと認識を広げる。また，バス作りを通し，立体のさんかく・しかく・まるの認識をもつ。

3歳児未満でも，学習可能な内容は，豊富に有ることをまとめた。なお，他の保育所等の実践研究も調べ，考察する課題が残る。

幼稚園における数学的な教育内容

幼稚園の規定を前半で概観し，後半で3歳児以上の数学的教育内容に関する教育課程を紹介する。

3歳以降の幼児教育は，2008（平成20）年の文部科学省告示の「幼稚園教育要領」に基づき幼稚園で行われている。5領域の「環境」のねらい(3)，内容(8)，3内容の取扱い(4)が関連する。

現在，具体的教育内容に関する研究成果は皆無に近い。そこで，約30年間の研究蓄積をもつ保育所の幼児の発達特性に適った教育課程を紹介する。

まず，入園当初の数学的能力の差が大きいので，3歳前半では前項の3歳未満の幼児対象の指導が必要になる。

「数」では，3歳児前半で，数対象として1～5個の果物の集合作りの遊びを通して，数詞は1～5を唱え，5まで数唱をし，5番目までの順序数を認識する。また，カードゲーム遊び等で0～6の数詞・数字の大小判断をし，1・2の合成・分解を行う。3歳児後半は，カレンダー作りで1～31の数対象と数詞を認識して数唱し数字を書く。約束10か条等を通して10までの順序数を言う。また，場面遊びで3・4の合成・分解を行う。次に4歳児では，アサガオの数やマラソン周回数で100までの数対象，数詞を認識し，単位付きの助数詞で数唱をする。場面遊びで5～7の合成・分解を行う。5歳児は，ドングリや周回数等で500までの数対象・数詞を認識し，500以上の数字を書く。7～10の合成・分解を行う。

「量」では，3歳児後半は，アサガオやダイコンの観察や模型作りや比較で長さ・太さの認識を高める。スイカ断面の観察で，広さを認識する。また，サツマイモやカボチャ作りでかさばりを認識する。4歳児は，巻尺でアサガオやボール投げを測定し長さを認識する。また，ストップウォッチを使い，時間の認識をもつ。5歳児は，ヒマワリや身長の測定で長さの認識を高める。

「図形」では，3歳児前半は，図形の中塗りで，基本図形の弁別をする。また，右爪に印をつけて左右の認識をもつ。3歳児後半は，中塗りで多様な平面図形の認識を広げる。また，商品並べや表裏遊び等で，上下左右・裏表等の認識を高める。4歳児は，マットやテーブル作りで回転模様等の認識を高める。5歳児は，おみくじ作り等で平面の位置を表現する。

幼児の発達特性に適った教育内容についてまとめた。なお，課題として，他の教育内容研究を科学的見地に立ちまとめることが課題として残る。

「量の完全学習」をめざす教育研究

「量の4段階指導」が重要視され，広く認識されている。しかし，不可解な事実が存在する。全国学力・学習状況調査では，割合等の問題の正答率が低く，子供は量感に乏しいということである。そこで，「量の完全学習」をキーワードとして，教育研究のあり方について述べる。前半では量の4段階指導をまとめ，後半に目指すべき研究内容について記す。

量の4段階指導としては，1958（昭和33）年の検定教科書から1学年の長さの指導において，「直接比較・間接比較・個別単位」の記述が見られる。

さて，「量の4段階指導」については，「単位創出の経緯と子供の発達は一致するのか。単位の概念の育成はどうするのか。」等，以前から批判がある。そもそも「量の4段階指導」が，理解に貢献するのかという疑問も残る。

小学校では，それぞれ概念や性質が異なる「長さ・広さ・かさ（体積・容積）・重さ・時間」の5つの基本量を学ぶ。量の言葉は知っていても，正しい概念を獲得できず素朴概念のままの子供もいる。正しい概念獲得・性質の認識には，多くの経験が必要となる。

また，速さや割合等の複合量では，元になる2量の基本量の正しい概念を基に，正確な概念獲得・性質の理解が成立し得る。例えば速さでは，基礎となる保存の概念には，①位置の変化に対する不変性，②経路の変形に対する不変性，③分割に対する不変性，④属性に関する不変性がある。さらに，恒常性（自然界と違い減速しない等速運動）と平均速度の理解が必要である。他の量についても，子供が正しく認識可能か，同様に精査が必要である。

さらに，従来の指導では，上位の子供しか習得できず，また，量感の育成に欠けるという問題がある。そこで，3用法への橋渡しの指導をどのようにしたらよいかという研究が必要になる。

このように，量と測定の領域の指導は複雑多岐に亘るため，「量の4段階指導」で総括できるような単純なものではない。つまり，多種多様な量に関する正しい概念獲得・性質の理解や量感に基づく適切な操作には，指導時間の保障とともに，従来の教育課程や指導方法を改善する研究が不可欠である。

「量の完全学習」にステップアップするためには，精緻な教育研究の積み上げがさらに必要であることをまとめた。なお，課題としてこれまでの教育実践研究についてまとめ比較することが残る。

実態把握に基づいた授業の設計

算数の授業設計は，どのようなことに留意して行えばよいだろうか。「実態把握」をキーワードとし，授業設計について述べる。前半で授業計画立案での重要事項をまとめ，後半で実態調査の方法を記述する。

はじめに，授業内容が学習指導要領に準拠しているかを確認する必要がある。とはいえども，学習指導要領は最低基準であるので，定められた内容を十分に達成し，より高いレベルに引き上げる指導を行う気概を持ちたい。また，算数・数学と他教科との違いは，高度に系統立った指導内容である。従って，該当する単元前後の学習内容を見通し，系統から逸脱しないようにする。これができないと，似て非なる無意味な授業を行うことになる。また，指導の際には，児童が目的意識を持ち主体的に学習活動に取組むことができる算数的活動を工夫しなければならない。従って，算数的活動は，各学年の指導の系統を外さず，かつ，児童が目的意識を持ち主体的に取組むことができる有意義なものでなければならない。最後に，指導計画の立案では，単元でねらう目標を十分に達成できるように，学力の4領域についてバランスよく評価し，指導と一体化させなければならない。また，問題解決と習熟の時間を上手に確保する必要がある。

ところで，子供の学習意欲を高めるために不可欠な条件の一つは，実態把握に基づいた指導計画である。実態の把握方法は，単元の前の診断的評価として行うレディネステストとプリテストである。レディネステストの出題問題は，該当単元での問題解決学習に不可欠な既習事項である。この不可欠な既習事項を抽出するためには，各指導時間での提示問題を考え，それらの「下位目標行動」の分析を行えばよい。「下位目標行動」とは，解決に至るまでに必要な事項を行動の形式で分析したものである。分析の利点は，指導者がよく理解できていない点や子供がつまずく点・学び合いをさせるべき点等が明らかにできることである。また，単元指導計画や指導の手立ても，具体的に想定できるようになる。

大学の模擬授業では，実態調査とそれに基づく指導計画立案は行いにくい。そのため，下位目標行動分析や実態調査問題の作成を行い，子供一人ひとりに応じた授業設計の基礎を習得したい。

実態の把握方法として，下位目標行動の分析について述べた。なお，分析方法を具体的にまとめる課題が残る。

信頼性の高い効率的な学習評価について

妥当性・信頼性の高い効果的・効率的な学習評価には，何が必要であろうか。そこで，前半に，学習評価の変更点についてまとめ，後半に，妥当性・信頼性の高い効果的・効率的な学習評価のポイントについて記述する。

2008（平成20）年に告示された学習指導要領を受け，学習評価の改善が必要となり，2010（平成22）年に文部科学省は「小学校，中学校，高等学校及び特別支援学校等における児童生徒の学習評価及び指導要録の改善等について」（通知）を発出した。これにより，学力の要素は，①基礎的・基本的な知識・技能，②思考力・判断力・表現力等，③主体的に学習に取組む態度の3つに整理された。また，観点別学習状況4観点のうち，「思考・判断」は「思考・判断・表現」に，「技能・表現」は「技能」に変更された。新観点の「思考・判断・表現」の「表現」と，旧観点の「技能・表現」の「表現」との混同を避けるためである。

これを受け，各教科の観点別の表記も変更された。算数においては，「思考・判断・表現」に該当する観点の表記は，「数学的な考え方」のままであるが，評価内容に，「表現」が加わった。また「技能」に該当する観点の表記は，旧観点「数量や図形についての表現・処理」から新観点「数量や図形についての技能」に変更された。これら新旧2つの「表現」には違いがある。まず，観点「数学的な考え方」での「表現」は，思考判断したことの言語活動の論述・記述を示す。一方，観点「数量や図形についての技能」における「表現」は，事象を数・式・図・表・グラフ等に表す制作技能を示している。

さて，「観点別学習状況の評価」と「目標に準拠した評価」の負担が大きいことが問題となっている。これを解決するためには次のことが必要になる。授業内評価を1観点に絞りバランスよい評価計画を立案し，評価基準・評価計画を共有する。診断的評価・形成的評価をPC活用により効率よく実施し，迅速確実に指導の改善に活かす。日常の評価が通知表や指導要録記載まで直結する総括的評価システムを構築・運用する。これらを通し，妥当性・信頼性の高い効果的・効率的な学習評価へと改善を図ることが可能となる。

評価のポイントをまとめ，信頼性が高く効率的な評価について述べた。なお，各評価の具体的方法をまとめ考察する課題が残る。

理科離れを防ぐための方法について

「理科離れ」はよく耳にする言葉であるが，その原因については未だに解明されるに至っていないのが現状である。しかしながら，「理科離れ」が小学生という人間形成の時期に始まるのだとすれば，彼らを取り巻く学校教育はもちろん，家庭での生活環境などが何らかの影響を及ぼしていることは否定できないだろう。ここでは，「理科離れ」の意味について確認し，その原因や，それを防ぐ方法についても考察したい。

1 「理科離れ」とは何か

「理科離れ」とは，一般的には，①理科への興味や関心がなくなること，②理系科目の内容への理解力が低下すること，③理系の大学等への進学意欲を示さなくなること，④日常生活で重要な科学的知識をもたない人々が増えていること，⑤事実を積み重ねていく論理的な考えができなくなること，⑥簡単な計算ができなくなること，などを意味して用いられる場合が多い。しかし，この「理科離れ」については，明確な定義が存在していないのが現状である。

「ゆとり教育」を重視した1977年の小学校学習指導要領改訂（実施は1980年から）によって，学校教育全体における理科の位置づけが低くなったことが指摘されており，この頃から子どもの理科に関する興味や関心が薄れ，学力も低下したと言われている。

そこで，文部省（現・文部科学省）は，2008年改訂の学習指導要領の中で実験や観察を重視するように指導し，「理科離れ」を防ぐための方法として授業に実験を取り入れるようになった。しかし，このような努力がなされたにもかかわらず，青少年の理科離れが続いている。この事実は，「理科離れ」の原因が単に教育指導上の問題だけではないことを意味するものと考えられる。そこで，次に「理科離れ」の原因について考えてみたい。

2 「理科離れ」の原因

「理科離れ」の原因については，さまざまなものが考えられるが，それらを整理すると，(1)教育現場の要因，(2)子ども側の要因，(3)大人側の要因に分類することができる。

(1) 教育現場の要因

教育現場の要因としては，①詰め込み授業，②受験戦争，③科学技術の進歩とゆとり教育などを挙げることができる。

①詰め込み授業：小学校での授業は，本来，自然や日常生活に直結した内容

が多かったはずである。しかし，戦後の日本における科学技術の向上や高度経済成長に伴って，小学校での授業内容も高度化し，児童によっては，自分の学力を上回るほどの詰め込み授業となって，勉強意欲が低下していったものと考えられる。なお，この問題を解決するための一環として行われるようになったのが「ゆとり教育」であったことは周知の通りである。

②受験戦争：戦後の日本では，ベビーブームの到来によって子どもの数が増加したことから，自分の志望する学校や大学に合格するためには受験戦争に勝たなければならなくなった。この受験戦争という言葉は，少子化が進む今日ではあまり用いられなくなったものの，有名な小・中・高校や大学を受験する子どもたちの間では，相変わらず用いられている。この受験戦争の中では，試験に合格するための暗記中心の授業が多くなり，受験生を篩(ふるい)にかけるために難問が出題される傾向が強くなった。そのため，受験に関係のない科目は軽視され，文系の学生を中心に自然と接する機会が減ったため，理系科目が嫌いになる傾向が強まったのではないかと考えられる。

③科学技術の進歩とゆとり教育：最近の科学技術は進歩が激しく，専門的すぎて理解できない。また，親が教えられないといった意見もある。さらに，知らなくとも使えればよいという学生が増えている。

それから，文科省の「ゆとり教育」による教科書の内容の削減は，覚える事項を減らすことを目的に行われたはずだったが，授業で教えられる知識を断片化させることとなり，内容を十分に理解できないこととなった。また，授業時数の削減は，実験や観察などを通して，新しい発見をしたり，論理的に事実を明らかにしたりする能力を低下させることにつながった。その結果，理科のもつ本来の面白さやすばらしさを十分に理解させることができなくなり，難しいという印象を残すこととなったのであろう。

(2) 子ども側の要因

かつての子どもの遊びは，野山，海，川，沼，空き地などを舞台にするものが多く，自然と接する機会が多かった。一方，最近の子どもの遊びといえば，情報化社会の弊害といえるかもしれないが，都市部か農村部かに関係なく，携帯電話やパソコンゲーム，インターネットなどが主流となっている。ゲームやメールにのめり込み，引きこもってそれに勤(いそ)しむ結果，仮想社会と現実社会の区別が付かなくなってきている。

いずれにしても，子どもの遊びの中で，自然と接したりする機会が減少していることは間違いないのである。

(3) 大人側の要因

理科離れに関する大人側の要因としては，①科学者の社会的地位の低さ，②大学・大学院・高校教育の問題などが考えられる。

①科学者の社会的地位の低さ：科学者の社会的地位の低さについては，日本の場合，理系の大学院博士課程修了者（博士）の就職率が悪く，オーバードクター（博士号を取得しても定職につけない人）が多いことからも理解できる。その理由としては，専門的な知識がありすぎると企業側では扱いにくいこと，学歴が高い分だけ高い給料を支払わなければならないこと，などが挙げられる。また，他国に比べると高学歴の割に給料が少ないことも一因となっているようである。

このような現状では，科学的な研究にも身が入らないし，次世代の若者も進んで科学者になりたいと思わないだろう。

②大学・大学院・高校教育の問題：日本の場合，大学や大学院での専門家を養成するための教育にも問題がある。文科省は，小学校の教師を養成する大学に理科室等の設置がなくても認可している。また，高校で理科が選択になったため，学習しないで小学校の教師をめざす者が多くなった。

つまり，子どもの理科離れでなく，教師の理科離れが問題となっているのである。さらに，そのような環境下で育った教育者が大量に増えている。まさに悪循環で，このような教育が続けられる限り，「理科離れ」はなくならないだろう。

3 「理科離れ」の解決策

最後に，前述の様々な要因を踏まえたうえで，「理科離れ」の解決策について考えてみたい。

「理科離れ」の具体的な解決策として，各地域で科学実験に関する教室や支援員制度を取り入れた授業で実験や観察を取り入れたりしているようである。また，修士号以上の学位をもつ教師を増やすように呼びかけたり，そのための各種の助成金制度を設けたり，職場に専門の科学者を置くなどの政策も行われている。しかしながら，前述のように「理科離れ」が問題視されている現状を考えると，それらの策が根本的な解決に結びつくとはいえないであろう。

教育現場の要因を考えると，子どもたちに，学習の楽しさ，理科の面白さを理解させるためには，教科教育の時間数について再考すべきであるとともに，授業内容を分かりやすくて日常生活に関係のあるものにすべきである。一方，大人側の要因を考えると，科学者の社会的地位の向上と，高校・大学の教育課程の改善をしたり，若い優秀な理科教師が育ちやすい環境を整えるべきであろう。

第3学年の理科の目標と内容の概要について

第3学年の理科は，A物質・エネルギー，B生命・地球について，次のような目標と内容を掲げている。

Aの目標は，物の重さ，風やゴムの力，光，磁石及び電気を働かせたときの現象を比較したりしながら調べ，見いだした問題を興味・関心をもって追究したり，ものづくりをしたりして，それらの性質や働きについての見方や考え方を養うことである。内容は，「粒子」の基本的な見方や概念を柱とし，「物の重さ」では，粘土等を使い，物の重さや体積を比較しながら調べ，物の形や体積と重さの関係をとらえる。

また，「エネルギー」の基本的な見方や概念を柱とし，「風やゴムの働き」,「光の性質」,「磁石の性質」及び「電気の通り道」を扱う。「風やゴムの働き」では，風やゴムで物が動く様子を比較しながら調べ，風やゴムの働きをとらえる。「光の性質」では，鏡等を使い，光の進み方や物に光が当たったときの明るさや暖かさを比較しながら調べ，光の性質をとらえる。「磁石の性質」では，磁石に付く物や磁石の働きを比較しながら調べ，磁石の性質をとらえる。「電気の通り道」では，乾電池に豆電球等をつなぎ，電気を通すつなぎ方や電気を通す物を比較しながら調べ，電気の回路をとらえる。

Bの目標は，身近に見られる動物や植物，日なたと日陰の地面を比較しながら調べ，見いだした問題を興味・関心をもって追究する活動を通して，生物を愛護する態度を育てる。また，生物の成長のきまりや体のつくり，生物と環境との関わり，太陽と地面の様子との関係についての見方や考え方を養うことである。内容は,「生命」の基本的な見方や考え方を柱とし,「昆虫と植物」では，身近に見られる昆虫や植物を探したり育てたりして比較しながら調べ，昆虫や植物の育ち方や体のつくりをとらえる。「身近な自然の観察」では，身の回りの生物の様子やその周辺の環境との関係をとらえる。これらの活動を通して，生物を愛護する態度を育てるようにする。

また,「地球」の基本的な見方や考え方を柱とし,「太陽と地面の様子」では，日陰の位置と太陽の位置との関係や，日なたと日陰の地面の暖かさや湿り気を比較しながら調べ，太陽と地面の様子との関係をとらえる。

つまり，第3学年の理科では，自然の事物・現象の差異点や共通点に気付いたり，比較したりする能力を育成することが重要である。

第4学年の理科の目標と内容の概要について

第4学年の理科は，A物質・エネルギー，B生命・地球について，次の目標と内容を掲げている。

Aの目標は，空気や水，物の状態の変化，電気による現象を力，熱，電気の働きと関係づけて調べ，見いだした問題を追究したりものづくりをしたりし，それらの性質や働きについての見方や考え方を養うこと。内容は，「粒子」の基本的な見方や概念を柱とし，「空気と水の性質」では，閉じ込めた空気や水に力を加え，空気と水の性質の違いをとらえる。「金属，水，空気と温度」では，金属，水，空気を温めたり，冷やしたりして，熱によって物の体積が変わることや，物によって体積変化の程度に違いがあること等，物の状態変化や熱の働きをとらえる。

また，「エネルギー」の基本的な見方や概念を柱とし，「電気の働き」では，乾電池や光電池に豆電球やモーター等をつなぎ，電気の働きをとらえる。

Bの目標は，人の体のつくり，動物の活動や植物の成長，天気の様子，月や星の位置の変化を運動，季節，気温，時間等と関係づけて調べ，見いだした問題を追究し，生物を愛護する態度を育てる。また，人の体のつくりと運動，動物の活動と植物の成長と環境との関わり，気象現象，月や星の動きについて見方や考え方を養うこと。内容は，「生命」の基本的な見方や概念を柱とし，「人の体のつくりと運動」では，人や他の動物の体の動きを観察したり資料活用したりして，人の体のつくりと運動との関わりをとらえる。「季節と生物」では，季節の変化と動物の活動や植物の成長の様子とを関係づけて調べ，それらの活動や成長と季節との関わりをとらえる。これらの活動を通して，生物を愛護する態度を育てる。

また，「地球」の基本的な見方や概念を柱とし，「天気の様子」では，1日の気温の変化，水が水蒸気や氷になる様子を観察し，天気や水の変化と温度とを関係づけて調べ，天気の変化と自然蒸発などの水の状態変化についてとらえる。「月と星」では，月や星を観察し，月の位置や星の明るさ，色及び位置を時間と関係づけて調べ，月の動きや星の特徴と動きをとらえる。

つまり，第4学年の理科では，自然の事物・現象の変化とその要因とを関係づける能力を育成することである。

第5学年の理科の目標と内容の概要について

第5学年の理科では，A物質・エネルギー，B生命・地球の2つについて，それぞれ次のような目標を掲げている。

Aの目標は，物の溶け方，振り子の運動，電磁石の変化や働きをそれらに関わる条件に目を向けながら調べ，見いだした問題を計画的に追究したりものづくりをしたりして，物の変化の規則性についての見方や考え方を養う。内容については，「粒子」について「物の溶け方」で，水の温度や水の量と物の溶ける量との関係や全体の重さがかわらないことをとらえる。

また，「エネルギー」についての基本的な見方や概念を柱とし，「振り子の運動」では，おもりを使い，おもりの重さや糸の長さなどを変えるなどして，振り子の運動の変化とその要因の関係をとらえる。「電流の働き」では，電磁石の導線に電流を流し，電流の働きをとらえる。

Bの目標は，植物の発芽から結実までの過程，動物の発生や成長，流水の様子，天気の変化を条件，時間，水量，自然災害などに目を向けながら調べ，見いだした問題を計画的に追究し，生命を尊重する態度を育て，生命の連続性，流水の働き，気象現象の規則性についての見方や考え方を養う。内容については，「生命」についての基本的な見方や概念を柱とし，「植物の発芽，成長，結実」では，種子の中の養分と発芽の関係，発芽と水，空気及び温度の条件の関係，植物の成長に関する条件，受粉と結実の関係などをとらえる。「動物の誕生」では，魚を育てたり，人の発生についての資料を調べたりして，魚の雌雄や受精卵の発生の過程，人の母体内での成長や誕生についてとらえる。これらの活動を通して，生命を尊重する態度を育てる。

また，「地球」についての基本的な見方や概念を柱とし，「流水の働き」では，浸食，運搬，堆積などの水の働きや，雨の降り方と流水の速さや水の量の関係，増水と土地の様子の変化などとの関わりをとらえる。「天気の変化」では，雲の動きや向きを観測したり，映像情報などを活用したり，雲の動きや天気の変化を予測したりするなどして気象現象の規則性をとらえる。

つまり，第5学年の理科では，変化させる要因と変化させない要因を区別し，観察，実験などを計画的に行い条件制御の能力を育成することである。

第6学年の理科の目標と内容の概要について

第6学年の理科では，A物質・エネルギー，B生命・地球の2つについて，それぞれ次のように目標を掲げている。

Aでは，燃焼，水溶液，てこ及び電気による現象についての要因や規則性を推論して調べ，見いだした問題を計画的に追究したりものづくりをしたりして，物の性質や規則性についての見方や考え方を養う。内容については，「粒子」についての基本的な見方や概念を柱とし，「燃焼の仕組み」では，燃焼に伴う物と空気の変化の観察等から燃焼の要因を推論しながら調べ，燃焼の仕組みをとらえる。「水溶液の性質」では，水溶液から気体を発生させたり，水溶液が金属を変化させたりする様子などから水溶液の性質を推論しながら調べ，水溶液の性質をとらえる。

また，「エネルギー」についての基本的な見方や概念を柱とし，「てこの規則性」では，力の加わる位置や大きさを変えて，てこの仕組みや働きを推論して調べ，てこの規則性をとらえる。「電気の利用」では，電気の利用の仕方等を推論して調べ，電気の性質や働きをとらえる。

Bでは，生物の体のつくりと働き，生物と環境，月と太陽の関係を推論しながら調べ，見いだした問題を計画的に追究し，生命を尊重する態度を育てるとともに，生物の体の働き，生物と環境との関わり，土地のつくりと変化のきまり，月の位置や特徴についての見方や考え方を養う。内容については，「生命」についての基本的な見方や概念を柱とし，「人の体のつくり」では，呼吸，消化，排出及び循環の働きを推論しながら調べ，人及び動物の体のつくりと働きをとらえる。「植物の養分と水の通り道」では，植物の体内の水などの行方や葉で養分をつくる働きを推論しながら調べ，生物と環境との関わりをとらえる。これらの活動を通して，生命を尊重する態度を育てる。

また，「地球」では，基本的な見方や概念を柱とし，「土地のつくりと変化」では，土地の様子や土地をつくっている物を推論しながら調べ，そのつくりや変化の様子を自然災害と関係づけて，土地のつくりと変化の規則性をとらえる。「月と太陽」では，月の位置や形と太陽の位置を推論して調べ，月の見え方や表面の様子をとらえる。

つまり，第6学年の理科では，自然の事物・現象の変化や働きについてその要因や規則性，関係を推論する能力を育成することが重要である。

指導計画の作成と各学年にわたる内容の取り扱いの概要について

1　指導計画の作成

指導計画の作成にあたっては，第3学年から第6学年にわたって「物質・エネルギー」「生命・地球」の2つについて，関連を図りながら指導効果を高める必要がある。

そのためには，各学年の内容を通じて観察，実験や自然体験，科学的な体験を充実させることによって，科学的な知識や概念の定着を図り，科学的な見方や考え方を育成するようにする。

各学校では，地域の特色を生かし，他教科との関連を図りながら，児童の学習活動が主体的になるよう展開を工夫する必要がある。

2　各学年にわたる内容の取り扱い

内容の取り扱いについては，観察，実験，栽培，飼育及びものづくりなどの直接的な経験を重視しているが，指導内容に応じてコンピュータ，視聴覚機器などを適切に活用する必要がある。

また，事前に教材研究を十分に行い，安全面に配慮し，事故防止に努めるとともに，特に，塩酸や水酸化ナトリウムなどの劇物の薬品は，毒物及び劇物取締法に従って取り扱う必要がある。さらに，野外での観察，採集，観測などでは事前に現地調査を行い危険箇所の有無などを十分に確認しておく必要がある。

生物，天気，川，土地，天体などの学習では，学習の対象とする教材に地域差があることを考慮し，その地域の実情に応じて適切に教材を選び，児童が主体的な問題解決の活動ができるように指導の工夫改善を図る必要がある。

また，野外での学習活動は，自然の事物・現象を対象にした問題解決学習であり，自然に直接触れることから，そのような機会を増やす必要がある。例えば，児童が地域の自然に直接触れることは，自分の生活している地域を見直し理解を深め，地域の自然への関心を高めることにもなる。なお，こうした体験は，自然環境を大切にし，その保全に寄与しようとする態度の育成につながるものであり，持続可能な社会で重視される環境教育の基盤になるものである。

最後に個々の児童が主体的に問題解決活動を進め，学習の成果と日常生活との関連を図り，自然の事物・現象について実感を伴った理解ができるようにしなければならない。いずれにしても，問題解決のための時間と場面を効果的に設定すべきである。

「生活」の単元の具体的な作成について

1　単元のねらい

第1学年・単元名「はっぱのいろがかわったよ」を例に記す。

⑴秋の自然に興味をもって観察したり，遊ぶものを工夫したりして，友だちと楽しく遊ぶことができる。

⑵季節の変化や特徴を分かりやすく表現したり，遊びを工夫したりしながら，みんなで楽しむことができる。

⑶秋探しをしながら，春と夏と秋の様子の違いに気付くことができる。

2　単元構成の考え方

本単元では，児童が秋という季節の学習を通して，生活の中や自然の中に見られる季節の変化に気付き，自分たちの生活や遊びを，工夫して楽しむことができるようにしたい。

そのために，単元の基本的な指導過程を「つかむ」「はたらきかける」「発展する」の3段階で構成する。

「つかむ」段階では，児童が秋の自然に直接触れながら季節を感じ，体全体で遊ぶことができるようにする。

「はたらきかける」段階では，児童が自分で見つけた秋の素材を利用して，自分たちの手で遊びを計画し，作ることができるようにする。

「発展する」段階では，自分たちで作った，おもちゃや飾りなどで遊ぶためのルールにのっとって楽しく遊び，自分や友だちのよさに気付かせたい。

場の設定では，児童が季節の変化をできるだけ感じられるように，活動場所を春，夏と同じ公園にする。また，活動場面をできる範囲でビデオに撮り，振り返りの場面で活用する。

3　単元展開計画例（全19時間）

本単元の主な活動とそこで育てたいこと，及び場の構成や留意点等について述べる。

⑴「つかむ」段階（6時間）

①校庭や通学路などで身近な秋を見つける活動（2時間）

ここでの活動では，アメリカのジョセフ・コーネルが提唱するネイチャーゲームという自然体験プログラムを取り入れ，草木や落ち葉，虫などと触れ合い，秋を感じることへの意欲を高めるようにする。ここでは，目や耳なども働かせて，秋を感じさせるよう助言する。

②公園で木の実や落ち葉など秋の自然と楽しく遊ぶ活動（4時間）

ここでは学年単位で活動し，秋の自然と触れ合い，体全体で楽しく遊べるようにする。その時，採ってよいものやいけないものがあること，触ってはいけない植物や昆虫がいることにも留意させる。

見取りの観点としては，自然の特徴への興味・関心，自然のものを工夫した遊び，春や夏との違いへの気付きを大切にしたい。秋を見つけて楽しかったことは，カードに記録する。

(2)「はたらきかける」段階（8時間）

①秋の素材を利用して遊びを計画する（2時間）

ビデオ等で活動を振り返る中で，季節の変化に気付き，秋の素材を利用して遊びを考えてみたいという意欲をもたせ，自分たちで遊びを計画する。

計画を立てる際，自然を生活の中に取り入れたものや遊びを紹介し，児童の考えがまとまりやすくなるよう指導する。また，早く計画が立てられた児童が友だち同士アドバイスできるように，意見交換する場を設ける。

見取りの観点としては，秋の素材の生かし方，絵や文を使った表現，秋のものを生かした遊びへの気付きを大切にしたい。

②計画にそって材料を集め，遊ぶものを作る（6時間）

自分の計画にそって，必要な材料集めができるようにする。また，友だち同士助け合いながら，すすめるよう助言していく。危険な作業は場所を決め，安全を確保する。

(3)「発展する」段階（5時間）

①「あきのくにであそぼう」（4時間）

木の実や落ち葉などを使って作ったおもちゃや飾りなどで，児童が自ら遊びのルールを決めて遊ぶことができるようにする。

作ったものを試しながら改良するなど，自ら遊びを工夫している児童を賞賛することで，他の児童が意欲的に活動できるようにする。また，楽しく遊ぶためのルールを考える際，グループでの話し合いを十分にさせ，できるだけ詳しく決めるように助言する。

遊びを教える側と，教わる側の両方が経験できるように，グループで2つに分かれ，交代で遊べるようにする。

見取りの観点としては，遊びを楽しいものにするための，グループ内での協力や準備の様子，グループ内での意見交換，遊び方やルールの工夫への気付きを大切にしたい。

②遊んで楽しかったことをまとめる活動（1時間）

「がんばったよカード」に書くことで，友だちのよさと自分のよさに気付きやすくする。また，遊んで楽しかったことを手紙で知らせ合うことで，今後の活動に自信をもたせたい。

4　指導細案例（19時間中の7時間）

(1)　本時のねらい

春や夏，秋と季節が変化していることに気付き，秋の素材を生かした遊びの計画を立てようとする意欲をもつことができる。

(2)　準　備

VTR，実物投影機（OHC），活動場面の写真，秋のもの（具体物），お面，松ぼっくりのけん玉，ススキの飾

り物，遊びの計画カード

(3) 展　開

①春・夏・秋の公園で遊んだときのビデオを見て，活動を振り返る。

「春・夏・秋の公園や校庭でどんな遊びをしたり，どんなものを見つけたりしましたか」という問いに対して，それぞれ次のような反応が予想される。

春…シロツメグサの指輪を作ったよ。てんとうむしがいたよ。すなのケーキをつくったよ。おはなでかざりもつけたよ。

夏…トンボ（アキアカネ）をつかまえたよ。タコチュウ（ザクロの実）をあつめたよ。ささぶねをつくってあそんだよ。みどりのみかんがあったよ。むしがたくさんいたよ。

秋…どんぐりをひろったよ。バラのみをみつけたよ。あかいみがたくさんあったよ。きれいなはっぱをひろったよ。むしのようちゅうをさがしたよ。

ここでは，春・夏・秋と季節が変化したことを，それぞれの違いに着目した発言を取り上げながら気付かせていく。また，ビデオを見ている途中に，季節の特徴をとらえた児童のつぶやきも取り上げていく。バラの実を見つけたA子が，「あきさがしカード」に書いたものを，実物投影機（OHC）に映し出して紹介する。

見取りの観点としては，季節の変化に気付いた発言やつぶやきに着目していく。

②「秋の国の神様」から，秋の国で遊ぶことを知らされ，遊びたいことを書くための「あきのくにパスポート」を書く。

〈あきのくにのかみさまのことば〉

「あきのくにに，みなさんをしょうたいします。そこは，あきのものをりようしてあそんだり，つくったりできるところです。この『あきのくにパスポート』に，あきのどんなものをつかって，どんなあそびをしたいか，かいてください。それでは，みなさんがあそびにくるのをたのしみにまっています」。

秋の国の神様から招待の言葉を知らされた児童の，予想される反応は，「どんぐりゴマをつくってあそぼうかな」「かべかざりをつくろう」「おめんをつくろうかな」「ペンダントをつくろう」などが考えられる。

自分が遊びたいことをカードに書けない児童には，書き方が理解できないでつまずいているのか，今までの経験が少なく，どんな遊びをしたいか悩んでいるのかを見取り，その子にあった支援をする。経験の少ない子に対しては，教師の提示したものを見せたり，作り方の載った資料を用意したり，見るコーナーを作ったりして，できるだけ自分で考えられるようにする。

見取りの観点としては，秋の国で遊びたいという気持ちを表す発言，カードに書いた内容，分からない子への応援などを大切にしていく。

「生活」の目標・内容と単元構成との関連について

小学校学習指導要領における生活科の教科の目標は,「具体的な活動や体験を通して,自分と身近な人々,社会及び自然とのかかわりに関心をもち,自分自身や自分の生活について考えさせるとともに,その過程において生活上必要な習慣や技能を身に付けさせ,自立への基礎を養う」と示されている。上記の目標には5つのポイントがある。すなわち,①具体的な活動や体験を通すこと,②自分と身近な人々,社会及び自然との関わりに関心をもつこと,③自分自身や自分の生活について考えること,④生活上必要な習慣や技能を身に付けること,⑤自立への基礎を養うこと,である。

そして生活科の教科の目標を受けて,具体的な学年の目標が2学年に共通してかかげられている。そのポイントは,①自分と身近な人々や社会との関わり,②自分と身近な自然との関わり,③直接関わる活動や体験と表現である。

生活科の内容も2学年まとめて示されているが,それは①学校と生活,②家庭と生活,③地域と生活,④公共物や公共施設の利用,⑤季節の変化と生活,⑥自然やものを使った遊び,⑦動植物の飼育・栽培,⑧自分の成長の8項目である。

これら生活科の内容の構成に当たっては,その基本的な視点として,①自分と人や社会との関わり,②自分と自然との関わり,③自分自身,の3つをかかげている。生活科は,児童が自分自身との関わりで,社会や自然をとらえ,自立の基礎を養うことを目的としている。

生活科の単元構成にあたっては,まず,2年間を見通した指導計画を作成することによって,ゆとりある活動ができるようにすることが大切である。また,年間の授業時数の範囲内で,生活の目標が達成できるように,内容の重点化・弾力化など,単元構成にあたっての工夫が必要である。

例えば,大単元にして時間の融通性を生み出す方法や,年間を通して活動する動植物の世話などについては,その活動の特性を十分考慮して,あらかじめ学校の教育活動の中に,一定の時間を位置づけておく,などの工夫が考えられる。

このように,生活科の目標,内容と単元構成との関連を重視して,児童がゆとりある中で,身近な人や社会,自然に直接働きかける活動や体験を,意欲的にできるようにすることが大切である。

指導計画作成上の要点について

1998（平成10）年12月の教育課程の基準の改善により，内容の項目が第1学年，第2学年それぞれに6項目，合わせて12項目から8項目になった。このことは，生活科において児童自らが学び，自ら考え，主体的な学習を，ゆとりをもって展開する中で「生きる力」を育むことができる指導計画を作成することの大切さを意味する。ゆとりある指導計画の作成にあたっては，特に時間的なゆとり，空間的なゆとり，心理的なゆとりの3つを重視したい。

時間的なゆとりでは，8項目を順番に行うのでは時間的なゆとりは確保できない。児童や学校，地域の実態を考え，どの内容をどの学年で扱うか検討し，複数の内容を関連させて単元を構成するなどの工夫をする。

空間的なゆとりでは，活動の場を教室だけでなく，校内のあらゆる施設，さらには地域の川や林，公園，商店街，公共施設等を含めてさまざまな学習環境を生かした指導計画を作成していく。

心理的なゆとりでは，児童一人ひとりの経験や人間関係等に違いがあるため，教師主導の一斉指導では，児童に心理的なゆとりを保障できない。そこで，指導計画作成にあたっては，児童がすでに習った内容を生かして体験的な活動を取り入れるなどの工夫をする。

教育課程審議会の中間まとめ（1997（平成9）年11月）における生活科の課題として，活動の画一化と，単に活動するだけにとどまっている，と指摘されている。児童自らが学び，自ら考える力を育成する生活科においては，これまで以上に，児童が自らの思いや願いを大切にして主体的に活動できるよう工夫する必要がある。そのために必要な学習環境はあらかじめ指導計画に位置づけるなどの工夫が求められる。

また，生活科の授業においては，学級単位の指導だけでなく，学年や異学年，学校全体の教師の協力も重要になってくる。さらには校内の職員，保護者や地域の人々，公共機関や関係機関の人々などの協力を得ることによって，生活科の活動の展開は変わってくる。

生活科の年間授業時数は，第1学年102時間，第2学年105時間と定められている。指導計画の作成にあたっては，この年間授業時数を内容や活動に応じて適切に割り振ることが大切である。そのためには，内容の重点化・弾力化を考慮した単元構成の工夫，生活科の学習と関連の深い他教科等との関連，さらには「総合的な学習の時間」との関連も大切になる。

子どもの「思いや願い」と教師の指導意図との接近を図ることについて

生活科は，児童一人ひとりの思いや願いを大切にし，その思いや願いを児童自らの力で実現していく過程を重視している。

生活科において，児童が直接関わる活動や体験をする中で，自らの思いや願いを実現しようとする姿は，次のようであると考える。

○自分にとって対象のもつ意味に気付き，未知の世界に分け入り世界を広げたり，深めたりしている。

○自分に気付き，もっとよい自分になっていこうとしている。

○共に活動や体験をする他者とよい関係を作っていこうとしている。

児童は，こうして身近な環境とやりとりする中で，新たな思いや願いを生み出していく。それは，その児童にとって価値のある，どうにかして実現したい目当てである。児童はその実現に向かって調べ，試し，確かめたりなどして，一層関わりを深めたり広げたりして，さらに新たな目当てをもち，その実現をめざしていくのである。

こうした児童一人ひとりの思いや願いを実現するためには，教師による児童理解と，多様な活動や協力的な指導体制の工夫が何よりも大切である。

児童一人ひとりは，入学前の幼稚園や保育所をはじめ，家庭や地域での体験・経験等がそれぞれ異なっている。教師主導の指導が中心となる教科とは違い，児童理解が不可欠になる。

児童理解の方法としては，友だちとの会話やつぶやき，顔の表情や目の輝き，しぐさや動作などを読みとる必要がある。

教育課程審議会の中間まとめ（1997（平成９）年11月）においては，生活科の活動の画一化が指摘された。児童が自ら学び，自ら考える力を育成する生活科の学習においては，これまで以上に児童の思いや願いを大切にした多様な活動の工夫が求められる。例えば，生活科と他教科とを関連させることにより，一層多様な活動が期待できよう。

生活科の授業は，学級単位の指導が基本であるが，学年や異学年，学校全体の教師の協力を取り入れた指導形態も重要である。また，校内の職員，保護者や地域の人々，公共機関や関係機関の人々などの協力を得ることで，児童の思いや願いと，教師の指導意図との接近を図ることができると考えられる。これらの実現のためには，児童理解，多様な活動，協力的な指導体制があらかじめ指導計画に位置づけられていることが必要である。

家庭や地域及び幼保との連携を重視した指導について

1998（平成10）年７月の教育課程審議会の答申では，生活科の改善の基本方針として，各学校には，地域や学校，児童の実態に応じて，創意工夫を生かした特色ある教育を展開し，特色ある学校づくりを求めている。

生活科は，児童の生活する家庭を含めた地域に，学習の対象や場を求め，家族や地域の人々，社会，自然と関わり合うことによって学ぶ教科である。すなわち，地域に根ざし，子どもの生活に根ざす教科であるともいえる。

児童にとって，家庭や地域は生活の場であり，生きた教材を学ぶ学習の場でもある。児童が家庭や地域で行う，見る，聞く，触れる，作る，探す，育てる，遊ぶなどの活動や体験は，生活科の学習に生かされる。

また，生活科で学習したことは，家庭や地域社会での児童の生活に生かすことができる。そして，こうした活動を通して，児童は，自分の生活する家庭や地域に対する愛情も育むことができるのである。

こうした児童の活動の中で，地域にある幼稚園や保育園との連携に注目したい。社会の変化で，地域での子ども同士の縦のつながりが見られなくなったこと，少子化により異年齢の子どもとの交友の経験などが少なくなってきたことが挙げられる。また，幼稚園や保育園と小学校との学習の連続性と発展が途切れていることも見逃せない。幼稚園や保育園との交流を積極的に推進することは，児童の人との関わりの幅を広げ，深めることに意義があると思われる。

幼稚園や保育園と小学校との交流の意義を考えてみると，例えば，次のようなことが期待できるだろう。

小学校では，自分の発見や気付きを，年下である第三者に伝えたり，表現したりすることで，今までの気付きを，より確かなものにすることができる。また，年下の子どもたちと関わることで，協調性，主体性，指導性や相手の立場に立った思いやりの心が養える。

幼稚園や保育園では，小学校の学習活動に触れることで，遊びの広がりと深まりができる。また，知的好奇心や探究心が触発され，小学校の学びへの連続性が図れる。

新しい生活科は，このような考え方に立って，家庭や地域の環境や児童の実態に応じて，創意工夫を生かした教育活動や，家庭や地域社会との連携を図った教育を一層重視し，これを積極的に推進している。

「生活」科と他教科及び「総合的な学習の時間」との関連について

生活科の学習は，具体的な活動や体験を通して行われる。また，生活科は，児童の生活に根ざした教科であり，他の教科との関連づけにより，児童の興味・関心が高まり，双方の目標が同時に達成されることが期待できる。

生活科の学習は，教科の性質上，他教科等との関連が深い。生活科と他教科等との関連の図り方としては，次のようなことが考えられる。

1．生活科の学習の成果を他教科の学習に生かす。
2．他教科等の学習成果を生活科の学習に生かす。
3．教科の目標や内容の一部について，これを合科的に扱うことによって指導の効果を高める。

次に，総合的な学習との関連では，生活科で身に付けた学習の方法，学習の場，学習内容を総合的な学習の時間にどうつなげていくかが大切になる。

学習の方法では，①児童が自らの思いや願いを実現していく過程を重視すること，②具体的な活動や体験を重視すること，③人，社会，自然と関わる方法を重視することが挙げられる。これらは，総合的な学習の時間のねらいや学習活動を行うにあたっての配慮事項等で述べられていることと重なっている部分が大きい。

学習の場では，生活科の学習の主な活動場所である，身近な地域等が挙げられる。そこには，児童が繰り返し関わることができる人，社会，自然がある。学校の創意工夫を生かす，総合的な学習の時間の授業づくりのポイントの一つが，身近な地域等の実態を生かしていくことにある。

生活科の学習で発見した新しい課題や，これまでの課題を深めていったりすることが，総合的な学習の時間につながっていく。

学習内容では，生活科と総合的な学習との共通点は少ない。それは，生活科が一人ひとりの思いや願いの実現をめざす学習であるからである。しかし，総合的な学習の時間のねらいが，「児童自ら課題を見付け，自ら学び……」と述べていることから，生活科における児童の主体的な取り組みのよさが生かされると考える。

生活科は，各教科や領域のすべての学習を総合化した教科と言える。例えば国語での表現活動の成果や算数の計算する力を生かす場面は，あらゆる活動の中に出てくる。これを合科的・関連的に位置づけることにより，他教科や領域の学習が生きて働く力となる。

小学校における歌唱指導について

1　歌唱活動の特徴と役割

小学校音楽科では，「表現」「鑑賞」の２つの内容を中心に授業が展開されるが，歌唱活動は「表現」において支柱となる活動である。

歌唱の特徴としてまず，言葉と密接に結び付いていることが挙げられる。例えば，子どもが友だちと遊ぶ時に，「○○ちゃん，あそびましょう」など，言葉の抑揚に合わせて音程がつき，またそのリズムが，まるで歌のように感じる経験は誰しもあるであろう。つまり，歌うということは，言葉を伝えるためであり，またそのために生まれたともとらえられる。

また，歌唱は人間の最も原初的な活動であり，音楽活動においても基本的な活動といえる。歌唱はそれぞれの人の身体そのものが楽器である。大変身近な楽器であると同時に，器楽の演奏以上に，歌唱者本人の身体，精神面とも密接に関わってくる。

清水雅彦は，学校における歌唱の役割として，以下の点を挙げている。

- 歌は人のもつ心の自然な表れである。楽器としての身体を通した心の表現は，より直接的である。
- 歌うことから他人を思いやることができる。
- 豊かな情操を育て，自己表現をする手助けともなる。
- 歌唱は楽器等の準備がなくても，また場所を選ばずにできる。
- １人から大勢まで，いろいろな楽しみ方が可能。
- 学校行事で連帯感の高まりをつくるなど，よりよい状況に導くことができる。
- その他あらゆる実践の場において，歌唱が感動を演出する役割は大きい。節目節目でとりいれる斉唱，合唱は学校生活のリズムをつくるのに大きく役立つ。

小学校の６年間における児童の発達は，身体面，精神面ともに目覚ましいものである。その発達過程の中で，歌唱が児童の内面を成長させる活動であることが望ましい。その指導過程で重要となってくるのは，表現を工夫し自分の意図や思いをもって歌うということであろう。また，児童の発達と深く関わるからこそ，歌唱が苦手な児童に対する指導のあり方も問われる。そこでここでは，歌唱表現の工夫における指導と歌唱が苦手な児童への指導について述べる。

2　歌唱表現の工夫における指導

①　歌唱の表現の指導法

現行の学習指導要領では,「A表現」の「(1)歌唱の活動を通して,次の事項を指導する」の「事項(イ)」において,歌唱表現の工夫については,学年段階ごとに以下のように示されている。

・第1学年及び第2学年
「歌詞の表す情景や気持ちを想像したり,楽曲の気分を感じ取ったりし,思いをもって歌うこと」

・第3学年及び第4学年
「歌詞の内容,曲想にふさわしい表現を工夫し,思いや意図をもって歌うこと」

・第5学年及び第6学年
「歌詞の内容,曲想を生かした表現を工夫し,思いや意図をもって歌うこと」

まず低学年においては,自己表現の意欲が高いことから,ややもすると大声でどなって歌ったりする場面がみられる。この時期は,丁寧に歌い,自分の歌声にまず気をつけること,周囲の友だちの声にも注意を傾け,ともに歌えるようにしていく過程で歌うことへの関心を深めさせることが大切である。また,正しい発音,きれいな発音に気付いて歌えるようにすることも,歌唱表現につながるものである。

中・高学年においては,児童は今まで以上に表現する意欲が高まる。そのため,伝わる呼吸や発音の仕方に気を付けさせることが大切である。そして,思いや意図をもって歌うために,イメージをもつことが大切である。そのためにも体を動かす活動が有効であろう。子どもが自らの感性や創造性を発揮しながら主体的に歌唱に取り組む指導法の工夫が必要である。

② 歌い方の指導法

基礎的な歌い方については,「自然で無理のない声で歌うこと」とされている(「頭声的発声」とは,頭骨に響くような高音域の声で,「裏声」とは違い,自然にのびのびと発声されるもの。女子及び変声期前の男子には自然に発声できるとされている)。例えば,Jポップの曲をイタリアのベル・カント唱法(オペラ歌手などが用いるドラマティックで力強い唱法)で歌うことが不適切であるように,歌のジャンルにより,その歌によりどのように発声するかが異なるのがむしろ自然である。

しかしこれは,頭声的発声を否定するものでは決してない。頭声的発声を含めて,その曲種にあった発声,さらには,児童それぞれの声のよさを引き出せるような指導が求められる。そのためにはまず,指導者自らが歌うことについて日々の研鑽を積みながら歌い方の指導法について模索することが重要である。

3 歌唱が苦手な児童への指導

先に述べたように,歌唱は歌う本人の身体面,心理面ともに,密接に関わるものである。小学校においては,特に児童の発達に応じた丁寧な指導が必要である。小学校での指導で特に留意する点として,①変声期の児童の指導,

②いわゆる「音痴」の児童への指導を挙げる。

① 変声期の児童の指導

変声期の歌唱指導においては，かつては中学校において留意される点であったが，時代とともに子どもの早期発達と合わせ，小学校の特に高学年で考慮されるべき内容となった。この時期に，男子は話し声の高さが約1オクターブ低くなり，声だけでなく心身ともに著しい変化がみられる。そのため，無理に歌わせることを避けることも考慮に入れられてきた。しかしながら，過度に変声期を意識するのも適切な指導ではない。

岩崎洋一は，変声前から変声後まで一貫して指導している少年少女合唱団の指導者が，団員の変声期中にどのような指導を行っているかについて調べ，以下の点を挙げている。

・指導方法について，多くの指導者は，変声期だからといって特別な指導はしていない。変声前と同じように歌わせている。
・男子の場合，変声期に入ると声域が次第に低くなってくるので，歌いやすい音域で歌わせるようにしている。その結果，ボーイ・ソプラノだったのがメゾやアルトで歌うようになり，高音域を出す場合は裏声で，低い音域は表声（地声）で歌うようにする。
・精神面では，変声が特殊なことではなく，肉体の発達の過程で起こる自然な生理であることを説明して安心感をもたせ，歌唱時の歌い方を具体的に指示する。

以上のことは，変声期前後を含めた継続的な指導を行っている実践者の意見を集約したものであり，学校の音楽の授業実践においてぜひ活用すべきである。

② 「音痴」の児童の指導

声を出すことは，その人の心理面と密接に関わっている。しかしながら，音程が外れている子どもがいる時に，その子どもの心を傷つけないようにと指導を敬遠することが音楽教師の最善の行動ではない。子どもの歌声を尊重しながら，具体的な指導を行うことが，子どもにとって必要な指導である。

その際に教師として重要なのは，まず安心できる聴き手としての存在になることである。児童が歌いやすい授業の雰囲気づくり，つまり歌唱以前の教師と生徒との人間関係をきちんと築くことが不可欠である。

また，音程を合わせることができない場合，まず曲の音域と声域が合っていない場合が考えられる。それゆえ，まず個々の児童の声域に注意することが必要である。さらに，児童本人が自身の歌唱の音程が合っているかどうかについて，認知できていないケースも考えられる。

「音痴」については音程を正しく歌えない場合，その児童がどこでつまずいているかを調べ，そのつまずきに対する指導を行うことが重要である。

小学校における音楽科教育について

小学校における音楽科の目標は，「表現及び鑑賞の活動を通して，音楽を愛好する心情と音楽に対する感性を育てるとともに，音楽活動の基礎的な能力を培い，豊かな情操を養う」と学習指導要領にある。

初等教育の目的の一つは，知性と感性のバランスのとれた人間を形成することであり，小学校における音楽科教育は，いわゆる音楽の専門家を養成するものではない。

また，音楽科の指導においては，学校教育だけで完結するものではなく，生涯にわたって音楽と肯定的に関われる児童を育成することが求められている。

では，これらの目標にむけて指導する際に，音楽教員はどのような側面から音楽学習をとらえる必要があるだろうか。これに関して，山本文茂が示した「学習の総合化」「学習の本質化」「学習の継続化」「学習の共有化」の４つの観点は，これからの音楽教育の課題として極めて有効なものであるといえる。

第１の「学習の総合化」は音楽における創作（音楽づくり），歌唱，器楽，鑑賞などの音楽活動との関連，さらに他教科との関連を深めることである。〈生きる力〉の育成にむけて，細分化され続けてきた各教科等の知識・技能を統合することにも合致する。

第２の「学習の本質化」は，子どもの音楽的能力の発達，及び，子どもの音楽的感性の育成という２側面からなるべきだとしている。子どもたちが自分と音楽との関わりの意味を問う意識が重要である。

第３の「学習の継続化」は，生涯にわたって音楽を学び続けることができることを意味する。小学校においては，教師が音楽の学び方を児童に身に付けさせることが求められる。

第４の「学習の共有化」は，音楽の楽しさや喜びを他者と分かち合えるようになることである。小学校の学級，学年の枠をこえ，家庭，地域社会へと展開することを期待したい。

以上の４つの観点は，現在の音楽科教育において，どれも欠かすことのできない重要なものであり，指導者がこの４つの観点の意義を熟知したうえで指導を行うことが重要である。

音楽科における基礎・基本について

音楽の基礎・基本といった場合，当然ながらその受け取り方や考え方は千差万別である。しかし，小学校音楽科における基礎・基本という場合には話が異なる。

文部科学省において「基礎・基本」とは「基礎的・基本的な内容」の略語としてとらえられており，「基礎的・基本的な内容」とは，学習指導要領の総体を指すものとされている。つまり学習指導要領に示されている内容こそが音楽科における基礎・基本となる。各学年の目標を一部概観すると，低学年ではリズム，中学年では旋律，高学年では和声にそれぞれ重点を置いた活動が求められている。各学年で示された目標と内容を着実に定着させていくことの積み重ねが基礎・基本への定着につながるといえよう。

また基礎・基本と関連して考えていくべきことに「生きる力」の育成がある。これは，中央教育審議会「初等中等教育における当面の教育課程及び指導の充実・改善方策について（答申）」の中で次のように示されていることによる。「いまだかつてなかったような急速かつ激しい変化が進行する社会を一人一人の人間が主体的・創造的に生き抜いていくために，教育に求められているのは，子どもたちに，基礎的・基本的な内容を確実に身に付けさせ，自ら学び，自ら考え，主体的に判断し，行動し，よりよく問題を解決する資質や能力，自らを律しつつ，他人とともに協調し，他人を思いやる心や感動する心などの豊かな人間性，たくましく生きるための健康や体力などの「生きる力」をはぐくむことである」。

「生きる力」の重要性は音楽科においても例外ではない。例えば，楽曲の演奏にしても「このように演奏しなさい」と教師に言われるがままではなく，「どのように演奏したいか」「どのような楽器の音色がふさわしいか」などを自ら考え解決していこうとする力が大切だといえるだろう。そうなると教師の指導法もトップダウン式のものだけではなく，ともに考えていくというスタンスに立った指導・支援が必要となることが理解される。

冒頭でも述べたように音楽の基礎・基本の捉え方は千差万別であるが，小学校音楽科における基礎・基本を考える場合には，まず「学習指導要領」と「小学校学習指導要領解説　音楽編」を読み解き，小学校音楽科で身に付けさせるべき資質や能力について理解することが重要である。

リコーダーの指導について

1998（平成10）年以前の学習指導要領では，音楽科に関しては１学年においてハーモニカ，３学年においてリコーダーの取り扱いが示されるなど取り扱う楽器と学年が具体的に指定されていた。しかし，1998年の改定により，取り扱う楽器は例示的に示されるにとどまり，取り扱う学年についても柔軟に対応できることとなった。

これにより，器楽の学習で取り扱う楽器と学年は，学校の実態などによってより柔軟に選択できるようになったといえる。ここでは，多くの学校において中学年において導入されるソプラノリコーダーの指導について具体的に考察していく。

リコーダーを指導するにあたりまず知っておかなければならないのは，運指の方式によってバロック式（イギリス式）とジャーマン式（ドイツ式）の２種類の楽器が存在するということである。リコーダー本来の姿や響きなどを重視するのであれば，バロック式が望ましい。しかし，Ｆ音の運指の難しさから小学校音楽科の現場ではジャーマン式のリコーダーが好まれるケースが多いことも事実である。ここでどちらの方式がよいかを安易に断言することはできないが，両者の長所短所を踏まえ両者の区別を把握しておくことは非常に重要である。

次に，具体的な指導のポイントとしては，息の入れ方，タンギング，運指の３点が挙げられる。リコーダーは強い息では正しい音程がとれず美しい音色を出すこともできないため，優しい息で演奏させるのが基本である。また吹奏楽器であるため，音を切るための舌の動きであるタンギングは必要不可欠な技術である。そして，利き手に関係なく，左手を上方に右手を下方に構えての正確な運指を指導することが導入の第一歩となる。そしてまた，小学校音楽科においては，移動ドが基本であるが，器楽の学習においては混乱を避けるため固定ドを用いるのが一般的である。

リコーダーの学習をはじめとする器楽の学習をするうえで共通して大切なことは，楽器は丁寧に取り扱う，教師の合図があったら演奏をやめる，手入れをしっかりするなどのルールづくりである。ともすると器楽の学習は，音量の大きさも手伝って騒然とした状態を招きやすく，楽器の破損にもつながりやすい。集団の中で豊かな学びを生み出すためにも事前のルールづくりが重要となる。

鑑賞指導のあり方について

鑑賞とは，芸術作品の価値や意味を理解し味わうことであり，音楽活動すべての根源であるといわれる。歌うことや楽器演奏，音楽をつくって表現することなどの音楽活動の基盤となるのが鑑賞の能力だといえる。音楽を聴いた憧れや蓄積が表現活動につながっていくことは多くの人にとって体験的に理解できることだろう。鑑賞能力は個々人が普段の生活の中で音楽を聴くことによっても培われていくものだが，音楽科においてはそれを意図的・体系的に育てていくことが望まれる。

鑑賞能力は大きく分けて「曲想」「要素・構成」「表現媒体」という3つの観点から学習することによって身に付くとされる。

ここでは具体的に，1学年で扱われることの多い鑑賞教材曲であるケンウォール作曲『しろくまのジェンカ』を例にとって考えてみたい。この楽曲は，タイトルからも分かるようにジェンカという踊りの音楽をベースとして書かれている。このことから「曲想」については，踊りの軽快な気分や躍動感が感じられること，「要素・構成」については，この曲を特徴づけているジェンカのリズムフレーズ「タンウン・タンウン・タンタンタンウン」を感じ取れることを大切にしたい。「表現媒体」については，この楽曲がどのような楽器によって演奏されているか分かることが大切になってくる。1つの楽曲中に3つの観点すべてを盛り込む必要はないが，あえて書き出すと以上のようになるだろう。前述したように，鑑賞とは理解が伴うものである。鑑賞能力育成のためにも3つの観点の学習を通して，音楽的な理解及び知的な理解を深めることが重要である。

2008（平成20）年改訂の学習指導要領においては，鑑賞領域の各学年の内容に，感じ取ったことを言葉で表すなどの活動を位置づけ，楽曲や演奏の楽しさに気が付いたり，楽曲の特徴や演奏のよさに気が付いたり理解したりする能力が高まるよう改善が図られたことも，重要なポイントである。

音楽を聴くことは普段何気なく行われ，また鑑賞は個人内で行われる側面が強いことから評価が難しいともいわれる。しかし，教師がその鑑賞活動を通して何を理解させたいのか，感じさせたいのか，という指導目標を明確にするとともに，事前に具体的な評価基準を設定することによりこれらの課題は解消されるだろう。

音楽科における指導と評価の一体化について

教育現場における指導と評価の一体化が求められている。これは従来，指導後に行われる結果の判断のみが評価としてとらえられ，指導と評価が分離してとらえられる傾向があったことへの反省によるものである。

実際には，評価は授業の前に子どもの実態を把握するために行われるものであったり，授業中に子どもたちの活動する様子を見取り，何ができて何ができていないか，何につまずいているかを判断することであったり，授業後あるいは単元終了後に全体を省みて総括的に行われたりするものでもある。これらすべてが評価であり，指導前，指導中，指導後というように常に指導と不可分の関係にあるものである。

具体的に指導と評価の一体化を行うための1つの手立てとして，音楽科では4つの観点から子どもたちの学習状況をとらえ評価することが求められている。その4つの観点とは，小学校児童指導要録に示されている「音楽への関心・意欲・態度」「音楽表現の創意工夫」「音楽表現の技能」「鑑賞の能力」である。

これは1つの視点からのみ子どもたちをとらえるのではなく，4つの視点から子どもたちの学びや育ちを分析的に把握することを意図している。

4つの観点が子どもたちの何を評価しようとするものか，その趣旨についてまとめると以下のようになる。

「音楽への関心・意欲・態度」は，音楽に親しみ，音楽を進んで表現し，鑑賞しようとする姿勢を評価する観点であり，「音楽表現の創意工夫」は，音楽のよさや美しさを感じ取り，それらを音楽活動の中で創意工夫し，生かしているかを評価しようとする観点であり，「音楽表現の技能」は，音楽を表現するための基礎的な技能を身につけているかを評価する観点，そして「鑑賞の能力」は，音楽を楽しく聴取，鑑賞し，そのよさや美しさを味わっているかを評価する観点である。

それぞれの観点が何を把握しようとするものなのかについて教師は熟知したうえで評価基準を設定しなければならない。

指導と評価の一体化をめざすためにも指導計画と評価計画は指導前に同時に立てる必要がある。また，指導前に評価計画を明確化することは，その活動を通して子どもたちに何を感じさせたいか，理解させたいかという目標観をより明確にすることへとつながり，よりよい指導にもつながるものである。

「その子なりの多様な表現を保障する」教師の支援について

各学校には，学校の教育目標から学習活動，授業につながる年間計画があり，それに沿って各教科等の題材が配列されている。ここでは，４月にある学校に赴任し，学年配属され，図画工作科を担当することとなった授業者の視点で述べる。

授業を開始する前，子どもたち一人ひとりが抱くであろう，表現への思いを幅広く，深く感じ共感するため，感性を磨き，支援方法を考える教師の姿勢・教材研究は，以下のようなものになるであろう。

1　題材名「○○通りの街並みを描こう」（６年生，６月）

⑴　教材研究―子どもより多くのよさや美しさを知ろうと努力する

描こうとする街並みは学校から歩いて５分ほどの所にある。車が１台通れる幅で一方通行の通りである。教師はその場所を授業前何度か訪ね，街並みのよさや美しさ，特徴，題材の美的価値をあらかじめ知っておこうとした。

通りの様子を観察した。子どもは，この通りを絵として表す時，どんな感じを受けるだろうかと考えてみた。この通りには昔ながらの街並みが残っている。小さな商店と食堂が道の両側に並び，黒い瓦屋根に木枠のガラス窓，外壁は雨ざらしの杉板で，２階には風雨にさらされて白っぽくなった木製の物干し台と出窓が作られ，ひなびた感じである。店構えはそれぞれ異なり，特徴がある。住人の個性も感じられ，華やいだ明るい感じである。それは店先ののれんや，工夫された看板，商品の並べ方，店先に並んだ植木鉢の置き方から来る印象かもしれない。

次に，構図や配色を考えたとき，子どもたちは，どんなとらえ方をするだろうかと考えてみた。構図の中で屋根やひさしが，横や斜めの線として重要な位置を占めると感じた。

絵の具で表す配色では，特に雨上がりには板やガラスの質感や，日なたと日陰の違いがはっきり出る。濡れた板壁に日が当たり，軒先の陰はより濃く見え，窓に空が映り，屋根と半乾きのアスファルトが光ったりする。やわらかさと強さがある，まぶしそうに見上げる子どもの姿を思い浮かべた。

見つめて描く活動から，鉛筆で店先の様子や屋根瓦の特徴が描けそうだし，ひさしの角や路地を意識させることで，奥行きをとらえられる子どももいるかもしれない。

一軒の店で，この通りの名の由来や，何十年と変わらぬたたずまいを見せる街の歴史をご主人から聞く。「この人の話を導入に使おう。そうすることによって，子どもたちは，見慣れた通りや町を新たな気持ちで感じてくれるだろう」と学習過程を思い描く。

⑵　感動するところや困難点，子どもとの共有部分を探す

日曜日，授業と同じ時間帯にこの通りを訪ね制作してみる。画用紙を広げ，両手の指先でわくをつくり風景を切り取り，気に入った店を少し斜めから描くことにする。ここで大切なのは，全体の構図や配置は，子どもたちの自由な発想に任せ，教師はそれを引き出すようにすることである。最初に，鉛筆でうすく，屋根の先とひさしの横の線を入れる。「見つめて，それから描く」。投げかけの言葉を思い浮かべながら鉛筆を動かす。店の角と敷居を入れる。絵を道の反対側に置き，眺める。

店先，外壁，屋根の一部を描いて，着色する。子どもが出そうと試みる筆づかい，混色もやってみる。水替え，試し紙，タオルの必要をメモする。

⑶　新鮮な気持ちで，その子らしく

授業当日，通りの脇にある駐車場に子どもたちを集め，お店のご主人に話をしていただく。

銀行の駐車場が複数並んでいる所に，かつて多くの問屋さんが軒を連ね，その人たちのための商店，食堂，料亭が，この通りにあったこと。街並み保存のため，話し合いをしていること。通りに人を呼ぶため，祭りを年に何回か開催していることなど。

その後，子どもたちは，自分の気になる方向へ気に入った角へ，手の指のわくをつくって，風景を切り取りながら，描く対象を決めていく。二軒の店の違いを描きたい子。角の店から道の奥を描こうとする子。

場所が決まった時点で，教師は，その子の隣に座り，見上げ，どんな感じ方をしているか聞いてまわる。共感し，後で座っている場所と聞き取った言葉を記録し，今後の表現方法の相談メモとする。

そのつど対応した支援の記録もメモしておく。子どもの感じ方，とらえ方は，教師が教材研究したことをはるかに超えていることを認識する。

2　題材名「こんなおいもをほったよ」（2年生，秋）

ここでは，子どもたちが自らの思いや感じ方をその子なりにどうふくらませていくか。教師はどこにいて，どんな支援・言葉がけをするかを述べる。

⑴　さつまいもを育てる

2年生は，毎年，生活科で学校園のさつまいもを育て，収穫し，食べる。

春，畑のうねに，さつまいもの苗をさしていく。子どもたちは，不安げに苗の根元に，そっと土を寄せる。少ししおれた葉を持ち上げ，下から眺める。

教師は，そんな姿，頼りない苗がまずあることを，子どもたちと確認する。

夏休みに入る前，畑の草取りをし，長く伸びたつるを子どもの手で，うね

に戻させる。

「おいもさん，どこにできるの？」今までの経験から，土を指差し「この下に眠っているんだ」と教える子。すっかり色濃くなり，大きくなった葉を自分の手と比べている子。教師は，それぞれの子どもの関わりや期待する思いを，記憶・記録していく。

(2) 収　穫

秋，いもを収穫する。つるをグルグルと身体に巻きつける子，つるに夢中になる子もいる。子ども用のスコップでてんでに穴を掘り，掘り上げたいもの土を手で落とし，こすりあげる。

「一番気に入ったものを，クラスまではこぼう」教師の誘いの言葉に，2個はこぶ子も，大きさ，形（何に似ている），深いみぞが，お気に入りの子もいる。一人ひとりに教師は，歩きながらたずね，共感の言葉をかける。

(3) 自分らしさを認めてもらう

クラスのベランダでさつまいもは，日を浴びている。

授業が始まる。保護者を交えてのさつまいもパーティーに向けて展示する作品づくりに取り掛かる。

「この間，みんなで掘ってきたおいもさん，今何してる？」「おひるね」と答える子どもがいる。「みんな，おいもさんとどんな，あいさつしたのかな？絵にかいておうちの人に，おはなししよう」。

子どもたちは，いもとの出会い，会話，手，身体を通した関わりを，表現していく。友だちの前で，得意そうに話す子もいる。その話が，他の子への思いの刺激にもなる場合もある。

(4) 自分なりの表現をする

大きさが違う何種類かの色違いの画用紙を用意しておく。子どもたちは，机の上に，自分で選んだ画用紙を持ってくる。うすい色の紙は，パスで形をかき，絵の具の彩色をした時，発色効果がある。

教師は，画用紙選びをしている子，ベランダと教室を行き来している子に，眼を配りながら，思いをどうやって紙の上に表そうかと思案している子を見守っている。もちろん，教師の頭の中には，その子が，土といもと，友だちや外の風と，そして教師とどう関わってきたかが記憶されている。

子どもが，大きいいもを描いているのを見つけると，「○○ちゃんのように，みんな大きくかこう」，教師はとかくそんな言葉をかけないだろうか？しかし，小さいものが気に入っていた子もいれば，長く伸びたつるに不思議な力を感じた子，表面のひげ根に興味をもった子もいる。ずっしりとした重さのいも，ピンクや黄色の肌に眼を奪われた子もいる。

教師は，子どもの間を，夢中に取り組んでいる子の邪魔にならないように回り，「せんせい，あのね……」と話しかける子のそばに寄り添い，うなずきながら聞き入るなどして，子どもの発想や能力を伸ばす支援を心がけたい。

表現活動と鑑賞活動とのかかわりについて

中学年の表現「身近なものを使って表す・工作内容」で，鑑賞活動を取り扱いたいと考えている。どの段階で，どのような形の鑑賞活動を取り入れたらよいのだろうか。

素材集めと，発想の段階で鑑賞活動，自他の作品を見合う活動を取り入れることができる。教師が用意した素材や，互いに持ち寄った自然物，人工材料を，教室の一角に並べる。始めに，一人ひとりが気に入った材料を選び，手に取り，そのまま組み合わせて，素材の特性を探る。

曲がり具合，太さ，質感，形や色，大きさなどから，どの素材が土台や中心になるか，包み込み，中に入れられるかなど，手を動かしながら試す。ひもでしばるなど仮止めし，向きを考え，床の上においてみる。

次に，思い描いている形を互いに述べあい，他の考えをもらうなどして，個々のイメージを確かなものへ少し近づける。

のこぎりや小刀を使って切断し，次に釘，針金で接合，そして着色，とそれぞれの段階ごとに，自他の作品を一回りして鑑賞する。

これにより，互いのよさや，面白さ，工夫を見つけ，学び，自分の作品に取り入れることもできる。

また，教師の用意した接合の参考例を手にし，教師から，やり方を聞くことも鑑賞活動と言える。

完成した作品に，それぞれ名前をつけ，自分が気に入っていて，他の人に見てもらいたいところ，苦労したことなどをカードに記入する。互いに見合い，よいところを述べ合う展示会も当然，鑑賞活動である。

子どもの表現（製作）活動と，鑑賞活動は，このように表裏一体，つながっていることがよくわかる。

表現につながる鑑賞活動として，地域の美術館を利用して，その活動を行うことも可能である。館内で彫刻の作品を鑑賞できるし，また，多様な素材を使った現代アート，企画展などが開催されることもある。

そこで，子どもたちは，奇抜な素材の組み合わせ，思いをダイナミックに表す作者の意図を感じるし，意欲をかきたてられる。

また，美術館によっては，子どもミュージアム・スクール等と名づけ，子どもの制作活動と鑑賞活動を取り入れ，定期的に実施しているところもある。効果的な地域施設の利用法を考えることもよい。

造形遊びの価値について

6年生の造形遊びを，学校に隣接し傾斜地もある林で行いたいと考えている。雑木林が色づくころ，グループに分け行う。持ち寄る素材は，子どもたちと一緒に考える。この学習のねらい・価値は，どう考えたらよいのだろうか？

「材料や場所（環境）の特徴を生かして」と，5，6年生の教師用指導書の内容にある。

授業，子どもの活動を思い浮かべて考えてみよう。

林の散策が，一通り終わった後，教師から提供された大きなビニール袋（透明と色つき）と，拾った枯れ枝，木の葉などを使い，立ち並ぶ木々，ところどころにある茂み，林の向こうに見える土手や町並み，遠くの山々も一つの風景として取り入れ，造形遊びをしてみよう。そして，小高い丘の上から，自分たちが作った造形を見てみようと提案する。

子どもたちは，今までに積み上げてきた造形遊びの経験から，グループごとに，再度歩き回り，話し合いを途中に入れ，図に表したりしながら，活動が始まる。

ビニール袋をふくらまし，あるいは縛り，置き，並べ，透明なものに枝をいれ，変形させる。自分たちの身体も造形を構成する一部として配置するグループもある。

高学年の造形遊びのねらいは，一つに今までの学習体験から，自分たちで，より進んで，手や体を使い，材料のもつよさや面白さ，特徴を生かしながら，形や構成，配列の美しさを表現する，創造的な造形活動をすることである。

もう一つは，場所，環境をいかに利用し，再構成していくかである。

自分たちの体も使い，林に語りかけていく子どもたちの姿は，総合的な学習の時間において行われる環境教育につながる活動に発展する。

また，遊びの後，林を元の姿に戻すことは，美的環境の維持活動にも続いていくであろう。

活動途中，また，評価として行う教師の言葉がけから，子どもたちは地域の素材を見つけ，生かす目が大事なこと，地域・自然を愛しつづけることが必要なことを学び取っていく。

卒業に向かって，行事をいくつも乗り越えていく6年生が，校内から飛び出し，自然の中で，ダイナミックに活動することで，エネルギーの輝く時を子どもたちに与えることができるよさもある。

評価方法の工夫について

図画工作の評価というと，どうしてもできあがった作品を評価するようになってしまう。関心・意欲・態度など，制作途中の評価をしたいと考えているが，どこで，どのように評価したらよいのか。まず，評価規準として，①造形活動への関心・意欲・態度，②発想，構想の能力，③創造的技能，④鑑賞の能力がある。

関心・意欲・態度は，始めから終了まで，取り組む姿勢・動き，眼の輝きを追う，観察することである。

そのためには，発想・構想の段階で，問いかけ，子どもの思いを語らせ，把握しておく必要がある。

その子が，思い描いたイメージをどのように表現していくのか，製作過程で，形，色，構成などに，その子らしさをいかに出すか，思いに向かって，どのような表現方法を使い，意欲的に取り組んでいるかを観察する。

迷い，参考例を見て，友だちに聞き，教師に助言を求め，乗り越えようとしているか。その姿を，チェックカード・座席表に記号や言葉で簡潔に記入する。

日付，時間，教師がクラス全体，グループ別に関わりをもつ前か，後かも書き入れると積み重ねたときに，評価しやすくなる。

授業終了近くに，片づけと並行して自己評価カードを子どもに記入させることがある。項目や記入したカードの取り扱い，生かし方はどのようにしたらよいだろうか。

子どもにとって，自分を評価することは，表現活動を振り返り，次の時間，次の題材に向かって，課題を明らかにし，思いをふくらませ，考えを練るもとを与えてくれる。

項目数や記入箇所を簡潔にし，負担をかけないよう，進んで書き込めるよう，工夫が必要である。

つくっている途中で，鑑賞の時間があり，自他の作品をみて，よさや面白さを感じ取ることができたか。

自分なりの表現方法を出すのに，多くの材料や適切な用具が入手できたかなど，制作段階に応じて記入する項目を変えることもできる。

出されたカードに，その子の取り組みのよさや励ましの言葉を一言書き加えることも必要である。

また，子どもから出されたカードを読み取ると，授業への一つの提言として，指導法の改善資料となり，子どもとともによりよい授業を創り上げることができる。

教材研究の必要性について

教材とは何か考えてみよう。一つは，教師が子どもの実態を踏まえ，意図的に選択し，作成した指導内容であり，もう一つは，それぞれの学校の教育目標に結び付き，指導計画に位置づけられ，編成されたものでもある。

学校は，教育目標に近づく子どもを育成すると同時に，教師の子どもを育てる技術の研修を重ね，高めていく場所である。教材研究はその線上にある。

中学年，かきたいものをあらわす。画用紙やボール紙，貼り付ける紙や布など，素材集めから行う。立体で表す子もいる。紙粘土を使用する子もいるかもしれない。次に集めた素材から，一つの作品を作っていく。その中で，素材の持つ質感の違いを手で感じ，子どもの目線に立って，制作する際のつまずき，悩む姿を思い浮かべ，その折の助言，イメージをふくらませる導入の言葉も想定していく。

そして，特定の個や集団を思い浮かべる。あの子に，あのグループに，この場面で意欲的な取り組み（活動のねらい）をしてもらいたい。こんな力（能力・技術）をつけてもらいたい。そこにどのような言葉かけをするか，資料を提示するか，支援方法を考えるのが，教材研究である。

教材研究は子どもの姿を思い浮かべながら，過去の指導経験の場面をイメージして行うのが普通だが，授業中に教材研究を行うのもよいことである。子どもは目の前にいて，手を動かし，目は考えをめぐらし，時に伸び上がり，他からの資料を探し，刺激を得ようとしている。

途中で手が止まり，近くの別な紙で試し，自分の作品から少し離れ，眺めるなど，いろいろな動きをする。

教師を呼び，自分の表現の思いを語り，行き詰まっている様子を見てもらうこともある。教師は，参考例を提示し，他の子どもの構成を参考にするよう案を出す。

授業中，何人かの子どもに的をしぼると実に多くの支援方法が行え，見えてくる。子どもの興味関心の広がり，表現意欲の増減，題材のねらいと活動が結び付くかなど，実態が浮かび上がってくる。

授業中のメモをもとに，授業後，支援方法をまとめてみると，自分の指導法の分析にもなる。授業中の活動，子どもが，もの，人，時間，空間へどう関わるかを見つめること，実態を分析することは，生きた教材研究になるであろう。

図画工作科と他教科等との関連について

低学年の生活科で，季節ごとに近くの野原に行く。子どもは，気に入った草花を持ち帰り，カードにかく。教師は図画工作科と関連させ「その子らしい表現をさせたい」と考えている。

感じたことや驚きを，絵や文にして伝えたいと子どもは思う。その中で「自分なりの表現」，図画工作科の目標を大事にしたいと教師は考える。

関連する教科のねらいを，指導者が頭に入れておき，活動の際，言葉がけ等の支援をすることは必要である。

教師としては，図画工作の学習の発展として扱っていると感じ，子どもの立場に立つと，「あの授業で先生が言っていることを，こっちの授業でも言ってくれる。やっていいことなんだ」と，連続していることに気付き，うなずき，安心するものである。

図画工作科で与えられている，多様な表現方法が可能となり，認められる。鉛筆，ペン，クレヨン，時に絵の具も使用し，貼り絵にも発展することもよい。思い描くものは，より豊かになっていく。

中学年，共同制作の物語絵，ステンドグラスの効果的な展示方法は，環境整備も考え，どのようにしたらよいのだろうか。

大型の作品，紙版画なども，教室を飛び出し，校内展示で環境整備に役立つことが多くある。

また，始めから校内の一角を飾る空間デザインとして，子どもに意識させつくることもできる。広い廊下や集中玄関の壁面，また，天井からつり下げて，生活空間を豊かに変えていくこともできる。

黒い縁取りと色セロファンを通した外光が美しいステンドグラスは，学校行事に取り入れることもできる。

卒業式に6年生を祝う在校生の作品として，体育館の窓に木枠に取り付け，立てかけると，会場の雰囲気を，よりおごそかにすることもできる。

「適宜共同してつくりだす活動を取り上げるようにする」と指導書に書かれている。図画工作科で取り入れる低学年からの共同制作活動は，グループ活動で，互いの思いを，言葉や文，絵や図に表し，語り，聞き入れ，修正し，全体のイメージを描き，つくりあげていく過程である。一人ひとりの思いと表現活動が尊重されていく。

このような集団・グループ別学習形態の経験，積み重ねは，総合的な学習の時間や他の教科とも結び付いていくであろう。

家庭科における題材・教材選びの留意点と具体的な学習展開について

1 家庭科の題材観・教材観の転換

子どもたちが現代社会でよりよく生きていくためには，自ら学び，自ら考え，主体的に生活を創造する力が必要である。従来の教育は知識の習得に偏りがちであったが，上記の視点に立って教育の基調を転換することが求められている。小学校の家庭科においては，児童自らが課題を見いだし解決を図る問題解決的な学習の充実を図ることが求められており，児童の生活実態や興味・関心に応じて適切な題材・教材を選ぶことが大切である。

かつての学習指導要領では，学年ごとに題材や教材が指定されており，その範囲の中で基礎的・基本的な知識及び技能の習得を図ってきた。例えば布製品の製作の教材としては小物や袋，エプロンやカバー類，調理の教材としては卵，ジャガイモ料理，サンドイッチ，などが指定されていた。しかし平成20年に告示された現行の学習指導要領では，学習の内容は示されているが，「米飯及びみそ汁の調理ができること」（B(3)エ）という記述以外では題材や教材の指定はない。児童が自ら考え学び，主体的，創造的に生活を工夫していく力を育成するために適切な題材・教材は何か，教師一人ひとりの力量が問われることとなった。

2 題材・教材選びの視点

教材や題材を選ぶ際に留意すべき点は，第1に学習のねらいを明確にすることである。例えば以前は「簡単なエプロンやカバー類の製作」と教材が示されていた。そのため多くの場合，児童全員に自分の身長に合わせたエプロンを製作することにより，学習のねらいを達成したと考え，この教材を通してどのような資質や能力を育成するかということについてはほとんど関心が払われてこなかった。現行の学習指導要領では題材選びが弾力化されているため，より一層学習のねらいは何なのかを明確化する必要がある。そしてその視点に立って適切に題材・教材選びをすることにより，単なる作業にとどまらず，基礎的知識や技能の習得とともに児童の思考力，創造力なども育てる学習が可能となる。

第2に，児童の思いや願いが実現できることである。ひとは自分の思いや願いを実現したいという欲求をもっている。それらを実現するために，児童は自分の目標に向かって意欲的に学習に取り組むのである。児童の思いや願いを大切にし，一人ひとりが目的意識を明確にして学習に取り組めるようにするような題材・教材選びが求められている。そのためには教師が一方的に題材・教材を決定するのではなく，児童が主体的に学習できるように，児童とともに年間学習指導計画を立て，学習を進めていくことが考えられる。また，一人ひとりの学習への思いや目的を明確にし，その達成を支援することにより，一人ひとりに自分の考えが生かされた有用感をもたせる効果が期待できる。

第３に，児童の実態を的確に見極めることである。児童の思いや願いを大切にするとはいっても，配当できる時間には制約があり，無制限に児童の要望に任せて題材・教材を選ぶことは無理である。例えば「生活に役立つ物」の製作に際しては，製作するものの形や大きさは，児童の意欲の持続や製作時間も関係する。初めての製作の場合は，取り組みやすい簡単なものを選び，慣れてきた段階で多少複雑で大きなものを教材として選ぶなど，児童の思いや願いをくみ取りつつも，製作するために必要な知識や技能と児童の実態とを勘案し，配当時間の中で無理なく取り組むことができるように配慮することが大切である。

第４に，内容相互の関連性に配慮することである。1998（平成10）年告知の学習指導要領では８つの内容で示されていたが，現行の学習指導要領では「Ａ家庭生活と家族」「Ｂ日常の食事と調理の基礎」「Ｃ快適な衣服と住まい」「Ｄ身近な消費生活と環境」の４つの内容で構成されている。実際の生活は領域ごとに分化しているわけではないので，内容相互の関連性を適切に図りつつ題材を選ぶことにより，習得した技能を生かし，生活に役立てる実践力を育成することができる。

第５に，学習履歴の連続性を考え，児童の実態を考慮しながら系統的・発展的・創造的につくっていくためには，必要な技術や知識が確実に身に付いている必要がある。そのためには，前回学んだ内容を，次の学習に発展的に生かせるようにすることが大切である。例えば，「ミシンによる直線縫い」を学習した後，「生活に役立つ物を作ろう」の題材を設定し，クッションや袋類，ランチョンマットなど，ミシンの基礎的技術がより身に付く教材を準備し，児童に選択させる。また「好きな小物を作ろう」の題材を設定し，短時間でできる簡単な小物の製作を通して手縫いとミシン縫いの基礎を学習した後，「身近な人へのプレゼントを作ろう」の題材により，一人ひとりが創意工夫により身近な人に対する思い思いのプレゼントを製作するなどの工夫が考えられる。いずれにしても，２年間を見通した指導計画が必要である。

3　学習展開の構想

上記を踏まえ，以下ではＡ(2)家庭生活と仕事，Ｂ(1)食事の役割，(3)調理の基礎，Ｄ(2)環境に配慮した生活の工夫，を組み合わせた題材「私の作る家族の食事」を考える。

(1) 題材のねらいと目標

食べ物や食べることに関心をもつ児童は多いが，日常生活においては，家族の誰かが用意してくれたものを食べる，給食で出されたものを食べるなど，受身的に食事をしている場合が多い。そこで，この題材では毎日の生活に欠かすことのできない食事を取り上げ，児童が主体的に関わるようになることをねらう。目標は，①児童の関心が食べることだけでなく食事を用意する過程にも向き，毎日の食事は家族の誰かによって用意されていることや，食事を用意することは自分や家族の生活を支える大切な仕事であることに気付く，②簡単な調理ができるようになる，③後片付けのしかたを工夫し，環境にも配慮した生活のしかたが工夫できるようになること，である。

(2) 学習計画

上記のねらいに沿った学習として，次のような展開が考えられる。

①家庭にはどのような仕事があり，それを誰が行っているのか調べる。
②様々な仕事の中から食事作りに注目し，食事作りの学習計画を立てる。
③日本食の基本として，米飯とみそ汁を取り上げ，調理のしかたのポイントを調べる。
④米飯とみそ汁の調理実習を行う。
⑤家族の好きなおかずを調べ，栄養にも配慮して，米飯とみそ汁におかずを加えた1食分の献立を考える。
⑥調理の後片付けに目を向け，環境に配慮した後片付けのしかたを調べる。
⑦後片付けまで見通した調理計画を立てる。
⑧計画に従って，1食分の食事作りを実習する。
⑨実習を反省し，どのような改善点が考えられるか考察する。
⑩実習内容を家庭で実践する計画を立てる。

(3) 指導上の留意点

この題材のねらいは，単に料理の技能を身に付けるだけではなく，習得した調理の技術を家庭生活の中で生かすことができるよう，内容相互の関連性に配慮している。また家庭の仕事や家族の好みを調べる作業を取り入れることにより，食事が用意される過程にも目を向け，自分も家族のために食事を作ってあげたいという「思い」がもてるように工夫している。児童の思いを実現するためには，基礎的な技能の習得が不可欠である。米飯とみそ汁の調理実習により和食の基本を学習するとともに，学習履歴の連続性を考え2度目の調理実習で米飯とみそ汁の作り方を再度学習し，基本を確実に習得できるようにしている。さらに家族の嗜好と健康に配慮したおかずを考える際には，それぞれの思いを大切にしながら児童の実態を的確に見極め，配当時間や実習設備の範囲で無理なく実習ができるよう，適切に助言することが大切である。

家庭科における実践的な態度の育成について

2008（平成20）年の中央教育審議会の答申では，これからの社会に生きる子ども達のおかれる状況を鑑み，自分で課題を見つけ，自ら学び，考え，主体的に判断し，行動し，問題解決できる力が必要であると述べている。そして，こうした実践的な態度を育成するためには，多くの知識の習得に偏りがちな従来の学校教育の基調を，自ら学び，考える力を育成するものへと転換する必要があることを指摘している。

小学校の家庭科において実践的な態度を育成するために必要なことは，第1に，授業のねらいに沿った題材・教材を的確に見極めることである。かつての学習指導要領では「簡単なエプロンやカバー類の作成」「野菜や卵を用いた調理」など題材が指定されていた。しかし，現行の学習指導要領では「米飯及びみそ汁の調理」が題材として指定されたのみである。したがって，教師はその授業を通して育成したい資質・能力を明確にし，それに従い題材を吟味，厳選する必要がある。児童の実態に応じた適切な教材を選択し，実習計画にはゆとりをもたせながらも，児童一人ひとりが試行錯誤しながら学習できるよう工夫することが求められる。

第2には，具体的な活動を重視することである。家庭科の目標のひとつとして日常生活に必要な基礎的な技能の習得がある。小学校段階の家庭科における基礎的な技能とは，自分の生活的な自立を促し，家族などとともに協力しながら生活するために必要なものととらえることができる。こうした技能を子どもたちが習得し，実生活に活用するとともに，それを使って生活課題の解決に自ら取り組むことができるようになるためには，教師は実践的・体験的な学習活動を繰り返し行い，一人ひとりが自らの思考力や判断力を発揮しながら確実にそれらの技能を獲得できるよう配慮する必要がある。

第3に，家庭と連携し，継続的な実践の機会を確保することである。実践的・体験的な学習活動により獲得された資質や能力は，実践の繰り返しによって，より確かなものとなる。また獲得した能力を実生活で活用することは，実践することの喜びや意欲を高めることにつながり，一層効果的な学習を促すことにもなる。家庭科の学習内容を家庭に連絡したり，家庭での実践について協力依頼をしたりするなど，積極的に家庭と連携を図ることが必要である。

家庭科のＡＢＣＤの４つの内容と中学校家庭科との関連について

現行の学習指導要領では内容の整理が行われ，従来の８内容から４内容への整理統合が行われた。小学校家庭科と中学校技術・家庭科の内容との系統性や連続性を重視し，生涯にわたる家庭生活の基盤となる能力や，実践的な態度を育成する観点から行われたものであり，社会の変化に対応する視点からも各項目に改善が図られている。

具体的には，小学校家庭科の学習内容は「Ａ家庭生活と家族」「Ｂ日常の食事と調理の基礎」「Ｃ快適な衣服と住まい」「Ｄ身近な消費生活と環境」の４内容である。Ａは家族関係学分野，Ｂは食物学分野，Ｃは被服学分野及び住居学分野，Ｄは生活経済学分野と環境学に関する内容を含有している。

８内容から４内容に大綱化された背景として，われわれの日々の家庭生活の多様性が考えられる。生活とは多用な要素が相互に関連しあって成り立っており，家庭生活は総合的なものといえる。家庭科の学習活動の中で身に付けた知識や技能が実生活に活用されるためには，それらが日常生活と遊離しない状況で学習されることが必要である。この意味において，学習内容の枠が細かいものから大綱化されたことは，その運用の弾力化を容易にするため，児童の実態に応じた学習を展開しやすくするものであるといえよう。ＡからＣまでの内容が「自己と家庭」のつながり，Ｄが「家庭と社会とのつながり」ともいえる。ＡとＢ，Ｃ，Ｄの学習との関連や，Ｄの(2)とＢ，Ｃとの関連も踏まえたうえで，授業の計画をすることが大切である。

また，この４つの内容は中学校の技術・家庭の家庭分野でも用いられており，小学校２年間と中学校３年間の合計５年間が一貫して同じ枠組みで構成されることになった。これにより，小学校での指導が中学校までの内容を見通して行いやすくなり，小学校で培った基礎的・基本的な知識及び技能や，生活をよりよくしようとする実践的な態度が中学校でも着実にはぐくまれ定着することめざしている。小学校家庭科と中学校技術・家庭科の連続性を考えるときにはまず，この４つの内容がそれぞれどのように連続性をもっているのかを理解することが大切である。具体的には，地域の特性や児童の実態，発達段階を考慮しつつ，小中５年間で育てたい子ども像や，各学年での指導の重点の置き方などを共有し，共通の指導観や教材観をもつことができれば理想的である。

小学校の家庭科における基礎・基本について

児童の実践的な態度を育成するためには，知識の量を重視する従来の学力観を転換し，教育内容を厳選することにより，ゆとりの中で基礎や基本の着実な定着をはかることが求められている。家庭科における基礎・基本はこうした学力観の転換との関わりで把握される必要がある。

知識や技能を断片的にとりあげて教え込んでも実生活を豊かなものにする，生きた力とはなりにくい。日常生活と関わりのある学習場面で扱われ，さらに実践的・体験的な活動の中で，児童が試行錯誤しながら獲得した知識や技能こそが生きた力となるのである。この立場から，小学校の家庭科における基礎・基本は，児童の生活上の自立を促す知識及び技能とともに，その獲得の過程で展開される実践的・体験的な学習活動において発揮される子どもたちの関心や意欲，思考力，判断力，創造力などの資質及び能力をも含むものとしてとらえるべきである。

学習指導要領に示された家庭科の目標は，「基礎的・基本的」という言葉を用い上記の意味を集約的に表している。すなわち「衣食住などに関する実践的・体験的な活動を通して，日常生活に必要な基礎的・基本的な知識及び技能を身に付けるとともに，家庭生活を大切にする心情をはぐくみ，家族の一員として生活をよりよくしようとする実践的な態度を育てる」が教科の目標である。ここに示された「日常生活に必要な基礎的・基本的な知識及び技能」を獲得することは，家庭科の目標の一つである。しかし同時に，生活経験の乏しい現代の児童が実践的・体験的な活動を繰り返し行う中で，家庭生活は多様な要素が関わり合って構成されていること，家族の協力に支えられて成り立っていることなどにも気付き，家庭生活への関心をもつようになることも，家庭科で育成すべき基本的な資質であり能力であるといえる。児童が家族の一員としての自覚を高め，家庭生活におけるさまざまな課題を自ら見いだし，調べたり工夫したりして，生活をよりよいものにしようとする意欲や態度の育成も，家庭科の基礎であり基本であるともいえる。

以上を踏まえ，学習指導計画の作成に際しては単なる知識や技能の習得だけでなく，関心や意欲，工夫することなどの観点から目標を設定し，実践的・体験的な活動や問題解決的な学習を充実させるように留意する必要がある。

家庭科の学習方法の特質について

家庭科の学習方法の特質は，第1に「実践的・体験的な活動」を重視していることである。小学校家庭科の目標のひとつに，日常生活に必要な知識と技能を身に付けることがある。今日，児童の多くは家庭の仕事に関わることが少ないと考えられ，家庭科の学習活動において家庭生活に関わりのある内容を扱っていても，児童にとっては実感の伴わないものにとどまってしまう傾向がある。そこで家庭科では，実践的・体験的な活動を重視し，多様な直接体験を伴う具体的な学習活動により，児童が確かな知識や技能を身に付け，それらを活用して，家庭での実践が無理なく行われるようにすべきである。

家庭科の「実践的・体験的な活動」には被服製作や調理実習などの実技のほか，実験，観察，調査，見学など多様な活動が含まれる。これらの活動において，児童は見る・聞く・触れる・味わう・嗅ぐなどの直接的体験をすることになる。

第2に，問題解決型の学習を重視していることである。小学校の家庭科における最終的な目標は「生活をよりよくしようとする実践的な態度を育てる」ことにある。この目標を達成するためには，児童が自分の生活への関心を高めることが重要である。しかし，家庭での仕事に関わる経験が少ない児童は，普段の生活を無意識に過ごしがちである。そこで，家庭科の授業では「衣食住などに関する実践的・体験的な活動を通して」児童の生活への関心を高める。そして問題解決型の学習を重視することで日常生活における課題を自らの問題としてとらえ，授業で習得した知識や技能を用いて工夫したり改善したりして，意欲的に課題の解決を図ることのできる「実践的な態度」を育成しようとしているのである。

なお，こうした問題解決型の学習においては思考による問題解決過程とともに，行動による問題解決過程が重要となる。したがって学習活動の中で取り上げる問題は，抽象的なものではなく，具体的な家庭生活上の課題である必要がある。そのため，児童の生活実態にできるだけ近い状況を設定して学習活動を展開できるよう配慮し，児童が問題意識を高め，疑問や課題をもてるように工夫することが大切である。

普段何気なく送っている家庭生活をみつめ，生活上の課題を発見できるような体験の場を，授業で再現できるよう工夫する必要がある。

家庭科で実習指導を行う際に配慮すべき点について

家庭科は実践的・体験的な活動を重視する教科である。実践的・活動的な活動にはさまざまなものがあるが，被服製作や調理実習などの実習は家庭科の中心的な学習活動であり，指導に際して特に以下の点に配慮し，効果的に授業を進めることが大切である。

第1に，実習を通してどのような力を育てようとするのかを明確にすることである。調理実習や被服製作，洗濯の実習授業など，子どもは実習が大好きである。人間にとって本来的にものづくりは楽しく，達成感を感じることで自己効力感を得ることができる。しかし，楽しい実習だけでは安易な授業に陥ることになり，児童に楽しかったという思い出は残っても，実習を通して学んだ知識や技能が実生活に継続的に活用される生きた力として定着しないことになる。実習では「何を学んで欲しいか」を明確にする必要があり，何を重視するかで前後の授業の組み立て方が変わることになる。そして，教室で仲間と何かを一緒に体験する・共有する楽しさを体験し，それを家庭生活に生かすことができるよう，実習は計画され指導される必要がある。

第2に，準備のための十分な手立てが必要である。具体的には安全及び衛生に十二分に留意する必要がある。

衛生管理については，調理実習では①身支度を調える，②食品の衛生管理に留意する，③用具の手入れや保管に留意することである。①についてはエプロン，三角巾やマスクを身につけ，手を清潔に洗ってから調理実習を行う。②は，小学校では生の肉や魚を扱わないことになっており，他の食材もよく洗うか充分に加熱処理するようにする。③は，調理器具や実習室の引き出し・戸棚はきちんと整理整頓し，ふきんやまな板は直射日光に当てて乾燥させ収納するようにするなど，様々な配慮が必要である。

安全及び事故防止に関しては，調理実習時のガスこんろの取り扱い，包丁の使い方，受け渡し方を実習前に必ず指導する必要がある。また被服製作時には，はさみや針類の取り扱い方，アイロンやミシンの出し入れ，扱い方の指導を行う。事故防止のためにどのような配慮が必要なのかを学習する時間を設定することも大切であり，例えば安全・衛生点検ボードや，実習時の約束○カ条といったものを設定するなどして児童の安全及び衛生に対する意識を高め，習慣化させることも大切である。

体育の授業づくりの構造について

1　体育の授業づくりとは

よい体育の授業とは，授業の目標が十分に達成され，学習の成果が上がっている授業だと言える。現在，学校で実施されている体育の授業では，学習指導要領の改訂に伴い，年間授業時数は低中学年を中心に増加が図られたが（1学年：年間102時間，2～4学年：年間105時間），5，6学年の高学年においては従来のままであり（年間90時間），依然として子どもたちが学習に費やすことのできる時間は制約されているといえる。そうした中で学習成果をあげている教師は，授業前に周到な計画を立てるとともに，それに対応した，適切な教授方法を採用している。そのような教師のもとで学ぶ子どもたちは，質，量ともに豊かに学習していることが指摘されている。

よい授業づくりのための学習指導に効果的な教授技能として，次の7つの要点が挙げられる。

①計画
②時間と授業のマネージメント
③課題の提示と構造
④コミュニケーション
⑤学習指導に関する情報
⑥発問の活用
⑦総括，まとめ

2　授業づくりと教材

授業は意図的に学習を促進するために実施されるので，教える内容と方法，そして学習を規定する条件の明確化が必要である。そのため，教師は，学習の成果として子どもたちに何を期待するのか，どの程度達成することを求めるのかをあらかじめ決定すべきである。その際，教師は，運動学習（できる），認識学習（知的に分かる），社会的学習（関わる），そして情意的学習（好きになる）といった学習目標領域の違い，並びに，それらの関係を意識すべきである。また，これらの目標を授業中に達成していくには，学習課題を具体的に提示していく必要がある。これはいわゆる評価基準の認定及び計画の必要性を意味するもので，子どもたちの実態を十分に考慮した上で決定されるべきものである。その学習が成果を収めるようにするには，同時に，学習者が直接取り組むべき活動を含み込んだ教材を開発，設定することが必要になる。その際には次の4点への配慮が必要である。

①達成すべき課題の難度
②課題に取り組む環境（場所や組織）
③課題達成時に利用可能な器具や条件など（道具や時間）

④課題の意味（期待する行動，到達目標，課題と学習活動との関係）

3　よい体育授業のための基礎的条件

授業の「基礎的条件」とは，「授業のマネージメント」，「学習の規律」，「授業の雰囲気」など，体育授業を円滑に進めるための条件のことである。この条件は，特に広い空間で活発な身体活動を伴って行われる体育の授業では，教室で行われる他教科の授業以上に強く授業成果に影響するように思われる。また，これらの条件の適否は，教師の教授技能によるところが大きい。

子どもたちの評価が高い体育授業には次のような共通の特色が見られる。

(1)　学習従事時間が確保されている

学習従事時間が多いということは，具体的には次のような現象が生じることを意味する。

①体育的な「学習指導場面」の配当時間が多く，移動，準備などの「マネージメント場面」が少ない
②個々の児童生徒の「学習従事」，「運動学習従事」，「成功裡な運動学習従事」の割合が高い
③子どもが「待機」や「移動」などの意味のない活動に費やす時間が少ない，「課題から離れた行動」をとる子どもが少ない
④課題への取り組みにおいて「大きな困難や失敗」が少ない

(2)　学習の規律が確立している

よい授業には授業が滑らかに進行していく勢いがある。そこでは，マネージメントに関わった説明，指示，相互作用といった教師の行動がほとんど表面に現れてこない。大切なことは，体育の授業時間において子どもたちの取るべき行動が学期や単元のオリエンテーション時に確実に伝達され，これらの行動の実現に向けて教師も児童生徒も関心を持続させることである。

(3)　教師の肯定的な働きかけが見られる

教師の相互作用行動が授業の雰囲気を決定するということ，そして肯定的な相互作用（賞賛，助言，支援，励まし）は授業の雰囲気をよくし，学習成果にも肯定的に作用するということである。

(4)　児童生徒の情緒的解放や学習集団の肯定的関わりが見られる

子どもが高く評価する授業では，子どもたち同士の人間関係においても肯定的で協力的な関係（子ども同士の助言，励まし，補助，身体的な接触など）が見られる。学習活動に随伴して集団的な笑い，歓声，喜びの表現といった情緒的行動が生じる授業は，見ているものにも感動を与える。

4　よい体育授業のための内容的条件

授業づくりの論理や教授・学習活動の質的側面を意味する「内容的条件」についてみると，子どもが高く評価する授業には，ある共通性が認められる。それは具体的には，以下のようなものである。

(1)　学習目標がはっきりしている

授業のめあてが明確で，これを学習者がはっきりと理解しているということが重要である。どのような授業でも何らかの目標が設定されているはずであるが，同じ内容を指導しても，子どもたちが評価する授業とそうでない授業とがある。その差異は，その目標が明確で具体的になっているかどうか，それが子どもたちにはっきりと理解され，自覚的に学習されているかどうか，という点である。したがって，授業の進行中に適宜，本時のめあてにたち返らせることも必要になる。

⑵　教材や場づくりの工夫が見られる

学習する教材がおもしろくない授業を子どもたちが評価するはずがない。

また，体育授業では「素材」としての運動（スポーツ）をそのまま学習させるわけにはいかず，子どもの能力に応じて楽しむことができ，また子どもの技能や戦術能が高まっていくように，素材に修正を加えたり，それらの下位になる運動材（ゲームや練習の材料）が提供されなければならない。

⑶　学習方法の形式が多様である

子どもが評価する授業にも，一斉指導，グループ学習，個別化を志向しためあて学習など，さまざまな形態の授業が含まれている。

教授スタイルは，子どもの学習経験や単元の段階により，最も適切な方法があるという主張に真実性があり，事実や法則を究明する必要がある。

⑷　教師の指導性が明白である

学習効果に強く影響するのは，学習過程や学習形態の形式以上に，教師の指導性が重要であるように思われる。子どもが評価する教師の行動にはいくつかの特徴があり，主なものとしては以下の行動が考えられる。

①マネージメント行動が少ない
②説明，指示等直接的指導が少ない
③発問，応答，フィードバック，励まし，補助などの相互作用が多い
④相互作用につながる積極的な巡視が見られる
⑤全体や集団の関わりだけでなく，個々の子どもたちへの関わりが強い

これらの行動の質に注目すると，さらに次のような点が観察できる。

①教師の言葉が明確で逐語記録が容易にできる
②肯定的・矯正的フィードバックに関わって有効な指導言語が適用されている
③教材解釈が深く，特に運動技術についての要点を明確に理解している
④技術的な課題に対して，発問を投げかけ，子どもに思考させ，子どもに課題を見つけ出させるようなテクニックを用いる
⑤言葉に加えた非言語行動が肯定的で温かい
⑥スキル習得の困難さが予想される子どもたちへの関わりが多い

子どもたちが評価する「よい体育授業」とは「基礎的条件」と「内容的条件」が整ったところで実現される。

体育科の教科について

1　教科としての体育

体育科とは，学校教育における国語，社会，算数，理科などと並ぶ，１つの教科である。体育はphysical education（身体の教育）の翻訳語であり，明治10年前後から使用され始めた。明治５年の「学制」では「体術」と呼ばれ，その後「体操科」「体錬科」と変遷する。体錬科は体操と武道を合わせたもので，身体鍛錬や身体訓練の意味合いが強かった。そして戦後になって「体育科」が登場する。現在では「体育科」は，日本の小学校，中学校，高等学校において，教育課程を編成する１つの教科（中学校，高等学校では保健体育）として位置づけられている。

2　体育の定義

体育の定義は強靱な身体を形成することが役目である「身体の教育」であるという考え方から「身体運動を通しての教育」に移り変わってきた。

しかし，この定義も1960年代に入り，「身体活動を通しての教育」が挙げた役割が実際に達成されていないなどと批判されるようになった。そこで現在では，身体活動が本来的にもつ固有の内在的価値の獲得をめざすことを体育科の使命とする考えのもと，「運動・スポーツの教育」と定義されている。

3　手段論的体育と目的論的体育

「身体活動を通しての教育」は，何かを獲得するために手段的に身体活動，あるいは運動を行おうとするため，「運動手段論」的体育と呼ぶ。これに対して，運動自体の価値をめざして運動を行おうとする体育，つまり運動することを自体を目的とする体育を「運動目的論」的体育と呼ぶ。特に後者では，運動それ自体を目的として行うことで，競争・達成・表現といった運動の機能的特性に触れることが運動をする楽しさに通じ，身体活動が本来的にもつ固有の内在的価値に出会うことになる。

4　体育の目標

長年にわたって重視されてきた「身体の教育」,「運動活動を通しての教育」から，今日では,「運動・スポーツの教育」としての新しい方向が示されている。このことは，生涯スポーツをめざす体育科教育の方向として，運動やスポーツを手段として何かに役立てようというのでなく，生活を明るく楽しくする文化的行為（活動）としてとらえ，運動やスポーツのそれ自体を学習するのが「体育」であるとする立場の考え方である。

体育の学習効果について

1　体育における運動（遊び）の効果

現代社会においては，子どもの遊びは外での群れ遊びから室内での一人遊びへと変化しており，身体運動量は減少し，基礎体力や運動能力が低下しただけでなく，子どもの社会性や対人関係能力の発達が阻害されている。

体育における運動（遊び）は，子どもの身体的成長を促すだけでなく，その中で自他に対する気づきや仲間との交流を経験することによって，精神的成長や社会性の発達を促す働きをもつ。

スキャモンの発育曲線からも分かるように身体的成長について，神経系は10歳でほぼ発育が完了することから，５・６歳頃から小学校の中学年にかけて，身体運動を制御・調節する基礎体力・基礎的運動能力を養う多様な運動遊びをさせるのが効果的である。筋力や持久力を高める運動は，小学校の高学年から筋や骨格筋の発達がほぼ完了する15・16歳頃に行うのが効果的である。

2　体育が社会性に及ぼす効果

体育種目には仲間との関わり合いがなければ成立しにくいものと，仲間と関わることなく自分の運動技能を磨くものとがある。しかし，器械体操や陸上競技といった個人的な運動領域でも，まったく仲間との関わり合いを必要としないわけではなく，相手や状況に応じての心構えや行動の仕方を学ぶ必要がある。体育授業ではこれらを社会的な態度や行動と呼ぶ。

3　体育と社会的な態度・行動

①協力して組織的に活動する

運動の学習場面では，「個人と個人」「個人と集団」「集団と集団」のそれぞれが協力して組織的に活動することが必要である。誰とでも仲良く運動する，励まし合って運動をする，自己の役割を自覚して責任をもって行動する。

②勝敗に対する態度や行動

これは，勝敗を伴う競争やゲームで起こりがちな行動上の問題をどのように解決させるかという観点である。決まりやルールを守って運動する，負けたとしてもそれを素直に認める，最後まで努力する，相手を尊重し礼儀正しく行動する。

③自主的・計画的に活動する

生涯スポーツとの結び付きを重視していることから，運動を自主的・計画的に実践する態度や行動を取り上げなければならない。その内容は，運動する際のきまりやルールを自分たちで作る，練習やゲームの仕方を工夫する。

体育科の教材・教具論について

1　教材・教具の意義

体育の授業においては，近年の学力観や目標の変化から，学習に対する児童生徒の自主性や自発性が求められ，有効な教具としての「学習資料」や「教育機器」の開発や活用の必要性が高まっている。

「どんな課題を設定すればよいか」「活動をどのように工夫すればよいか」など，児童生徒一人ひとりの自発性，自主性が重視される学習指導では，自分にあった運動の課題や運動の行い方を決めることが必要となる。その手がかりとなるものが「学習資料」である。学習資料の機能は児童生徒の学習に対する興味，関心，意欲を高め，記録への挑戦や技能の向上を図ることである。また，教師の意図を具体化し，児童生徒との接点となる機能を果たす。

学習資料の種類には，児童生徒が学習の記録や達成の状況を記入していく学習カードをはじめとして，学習の課題や練習，ゲームの仕方に関する情報を提供する各種の資料，運動の連続性や技能のポイントを解説するための写真やイラスト，あるいは，スライドやVTRおよびDVDなどの教育機器（視聴覚機器）を利用するものなどさまざまなものが考えられる。

ただし，よい教材を選択し，それを用いれば自ずとよい授業が展開されるという訳ではない。その学習内容が子どもたちの実態に即していることが重要であり，合理的に習得されるための「教具」づくりや「教授行為」（教師の働きかけ）が求められる。

2　教具づくりの基本的視点

教具づくりとは，運動の課題性を学習者によりよくフィットさせる役割を果たす「モノ」の工夫であり，合理的な認識・運動学習を促進させる補助的・物的な場所や課題の条件づくりを意味する。また教具の機能としては，次に挙げるとおりである。

①運動の習得を容易にする（課題の困難度を緩和する）。
②運動の課題性を意識化させ，方向づける（運動の目標や目安を明確にする）。
③運動に制限を加える（空間・方向・位置などを条件付ける）。
④運動のできばえにフィードバックを与える（結果の判断を与える）。
⑤運動の原理・概念を直感的・視覚的に提示する（知的理解を促し，イメージを与える）。
⑥運動課題に対する心理的不安を取り除き，安全性を確保する。

15 1 ●授業研究（総合学習含む）レポート学習参考例

「確かな学力」を育てる授業の確立のために必要な基本的事項について

「確かな学力」について中央教育審議会は次のように説明している（2003（平成15）年答申）。「〔確かな学力〕とは，知識や技能はもちろんのこと，これに加えて，学ぶ意欲や自分で課題を見付け，自ら学び，主体的に判断し，行動し，よりよく問題を解決する資質や能力等までを含めたものであり，これを個性を生かす教育の中で育むことが肝要である」。すなわち，確かな学力とは，単に知識の量だけでなく，思考力，判断力，表現力や学ぶ意欲などまでを含めた総合的なものであることがわかる。

学校の主要な活動である授業は子どもたちに「確かな学力」を修得させるために行われる。授業では単に知識や技能を修得させるだけでなく，その過程を通して，学び取る力や学ぶ意欲などの「学ぶ力」を育成することが期待されているのである。

「確かな学力」を培うには，どのような授業が考えられるだろうか。まず，目の前の子どもの現状から出発し，子どもがよりよく育つための力を子どもの内に実現できる授業である。同時に，教師が教えようとする価値ある内容（基礎基本）が，子どもの内にしっかりと定着していく授業ということができる。授業づくりでは，子どもにとって興味ある活動と，教師が教えようとする内容が一体となることを重視する。

よい授業を実現するためには，多くのことを検討し研究する必要がある。子どもの理解をはじめとして，内容研究，教材研究，発問構成，板書計画などが考えられる。また，子どもが学ぶために必要な学習技能，そのための教師の指導技術などの検討・研究も欠かせないことになる。

しかし，これらは，それぞれが別々にあるものでないことは，例えば，発問構成が，教材研究や子ども理解に基づかないとできないことからも理解できる。授業づくりに必要な要素のすべてが関連しているのである。

したがって，ここでは，授業づくりに必要な要素の中から，基本となるいくつかの事項を選んで検討する。

1　子ども理解を深める

まず，授業の中で子どもを観察し，読みを深め，なぜそうなのか，それをどうすべきかを考える。その連続が子ども理解を深める。

次に，子どものよさに着目する。子どもが自信をもって自己を思いきりのばすようにする。ここでは，教師の視点を，子どもの欠点指摘から長所伸張に移動することが重要である。

また，教師は多様なものさしを用意して子ども理解に努める。1つのことによって子どもを決めつけてしまわないようにして，どの子も自分のよさが認められ自分を積極的に伸ばしていけるようにする。自分の子ども観を子どもに押しつけないようにすることである。同じ子どもの行為を，ある教師は「だらしない」ととらえ，別の教師は「屈託がない」と受け止めてしまうこともある。大切なことは，その子どもにとってある行動がどのような意味をもつか理解することである。

さらに，子どもの実態を教師の常識でとらえないようにする。謙虚に，子どもが学ぶ主体であることを認識し，子どもの側に立った理解に努める。

2　教材研究に努める

教材は，教科等の目標や内容を吟味して，「教科等の特性からみた価値」と「子どもにとっての教育的価値」から吟味して選び構成する。

魅力のある教材は，まず，教材自体が，学習の目標や内容をよく表現し子どもの思考を混乱させないものである。また，よい教材は子どもの学習活動を刺激し，子どもの疑問や挑戦意欲を引き出すことができる。教材の内容が正確で，子どもが今までの経験を生かして取り組めることも必要である。

学習内容が系統的に整理された教材であれば，すでに学習した内容を活用して新しい問題を解決していく授業が可能になる。

教師は，教科書や，教科ごとの研究会等で開発した教材，または各学校で準備されている教材をいきなり授業に用いるのでなく，前もって，その意味を読み取り，教材としての価値をつかんでおくことが大切である。それによって，授業の中での子どもの確かな学びを引き出すことができる。

魅力ある授業を行うために，既存の教材の使用にとどまらず，新たな教材の発掘にもチャレンジしたい。教材を生み出していく活動は，教師の主体性が最もよく発揮される。そこでは，教師が授業研究の過程で発掘した新たな素材や，教師自身が新たに発見した価値ある内容を，子どもに教えたい基礎基本と重ねて授業に臨むことができる。

3　学習技能を育てる

「確かな学力」を身に付けるためには，子どもの中に以下のような学習技能が育っていくことが欠かせない。

①書く技能が身に付いていなければ，何を調べ何が疑問で何が分かったのか明らかにならない。子どもは書く中で，次第にどのように書いたら分かりやすく理解しやすいかを考える。それを教師が認めほめる。それらを繰り返せば子どもは書く力を伸ばしていく。

②話し合う技能も必要である。課題をはっきり把握する，話し合いの共通基盤をもつ，それぞれの考えを尊重し，つなげ合うなどを大切にする。それらによって，新しい発見が生まれ，活発

な話し合いが可能となる。

③考える技能も欠かせない。「考えなさい」といわれても何をどのように考えてよいか分からないのでは学習にならない。自分の立場をはっきりしてその理由を考えることを身に付ける。自分の考えがはっきりしてくれば，子どもは発言しやすくなる。

④多様な表現方法があるが，やはり，授業では，文章表現ができるように指導を工夫したい。文章表現は，子どもの学習の跡が見える表現技能である。また，図やグラフなどの多様な視覚的表現技術は文章表現の補助として活用するように導きたい。

その他，調査の技能など多くのものが考えられる。上記の基本的な技能に加えて，教科等の特性に即した技能を修得することにより，子どもの学習は確かなものとなっていく。

4　指導技術を磨く

教育は意図的・計画的・継続的営みであるといわれている。授業は教師の力量が最大限に期待される営みである。以下に，教師の力量として見逃せない授業の指導技術について述べる。

授業において，子どもが学ぶ主体であることに違いはないが，それは子どもを放任して勝手にさせるということではない。子どもにとって，最善の学習成果が得られるように教師が最善の配慮をするのは当然であり，授業の指導技術もその方策の一つである。

まず，説明の技術がある。学習課題などを理解させる場合でも，教師がどのように説明するかによって子どもの理解に違いが生ずる。子どもの質問や疑問を受け入れる説明になっているか，言葉のレベル・話す速さ・用語などは適切か，例は適切かなどの要因が注意すべき視点である。

説明の技術に次いで，発問の技術も重要である。導入時の発問では，子どもの学習課題や学習材への興味関心を高めると同時に，学習課題を明らかにする発問が工夫されなければならない。学習過程における発問では，学習目標に即して効果的な発問を工夫すると同時に，子どもの個性的な一人ひとりの視点を活かす発問を工夫する。それによって，子どもたちの学び合いが可能になり活発な学習となる。学習のまとめでは，共通の学習の成果が確認できると同時に，子どもが自分でまとめられるように導く発問を用意したい。

その他，教師の指導技術には，板書計画，教材提示の技術など多くのものが考えられる。これらの技術が十分発揮されるためには，教師と子どもとの信頼関係が日常の学級生活などを通して構築されていることが必要である。

「確かな学力」は，「生きる力」の知的側面であるので，「豊かな心」と「たくましく生きるための健康と体力」と一体となって育成される。これらが一体となることで「確かな学力」は人間の力としてより確かなものとなるのである。

「確かな学力」と授業との関連について

学校教育の役割の中核は，授業を通して子どもに「確かな学力」を育むことにある。中央教育審議会では，2003（平成15）年の答申で「生きる力」の知的側面である「確かな学力」について次のように示している。「〔確かな学力〕とは，知識や技能はもちろんのこと，これに加えて，学ぶ意欲や自分で課題を見付け，自ら学び，主体的に判断し，行動し，よりよく問題を解決する資質や能力等までを含めたものであり，これを個性を生かす教育の中で育むことが肝要である」。

授業では，まず，自ら学び自ら考える力を育成する基盤として，一定の基本的な知識や技能を身に付けることが求められる。そして，それらの知識や技能が，自ら学び自ら考える力に結実していくように工夫していくことが重要である。

授業で求められる学力の「確かさ」は，第1に「反復練習」によって生み出される記憶の正確さであり，技能の正確さである。また「考える学習」を通して確かなものになっていく，思考の確かさや論理の確かさである。さらに，「判断する場面」を多く経験することによって育つ，判断する力，「手段を選ぶ場面」を多く経験することによって育つ，表現する力などである。

これらの「確かな力」が授業の中で一人ひとりの子どもの内面で有機的に関連づけられたときに「確かな学力」が子どものものになったといえる。すなわち，このようにして，知識や技能がしっかり学ばれることと，それらを応用し適用する確かさが一体となることによって，生きる力の中核としての「確かな学力」が個性的に子ども一人ひとりのものとなるのである。

「確かな学力」育成のための授業が成立するためには，前記の考えが理解されると同時に，教師の主体的な授業への取り組みが欠かせないのである。教師は，でき上がった教育課程に甘んずることなく，子どもに学ばせる教科等の目標や内容について深い洞察をもつとともに，内容の教材化のための研究や研修，子ども理解の研究や研修に力を注ぐことが重要である。

授業は，教師と教材と子どもの緊張関係によって成立する。教師の子どもに対する緊張関係の保持は教材が媒介することになる。したがって，教師によって主体的に吟味された教材による的確な授業の構成によって，子どもにとって消えることのない「確かな学力」が保障されるのである。

授業づくりにおける教材研究について

授業づくりの先達である斎藤喜博(きはく)は「授業は，教材のもっている本質とか矛盾とか，教師の願っているものと，子どもたちの思考・感じ方・考え方との三つの緊張関係の中に成立する」と述べている（『教育学のすすめ』筑摩書房）。

ここでは，授業づくりにおける教師の役割は，①教材のもっている本質や矛盾をとらえて明らかにすること，②教師の願っているもの，教えたいことを明らかにすること，③子どもの思考・感じ方・考え方を予測することの３点に集約される。以下に，その中の教材及び教材研究について考察する。

教科書の発行に関する臨時措置法第２条において「主たる教材」と規定される教科書は，教科課程の構成に応じて教材が組織的に配列されている。これを参考にすると，教材とは，科学の体系や芸術の基本について，科学的，文化的，芸術的素材の中から選ばれ，子どもが学習して一定の目標に到達するように組織されたものということができる。

したがって，教材研究では，教科書の内容のようにすでに教材のかたちをとっている場合は，その教材を教師が解釈して，具体的な授業で活用できるようにとらえ直すことが必要である。

教師が素材を発掘して新たな教材づくりをする場合もある。その際には，教師が教える目標や内容に即して発掘した素材の教材化を図る。どんな学習素材をどんな順序で学ばせるかということを指導計画に位置づける。

前者の場合は，授業に先立って作成された指導計画をどう展開していくかという授業の方法の問題に傾斜してしまうことに注意が必要である。

後者のような新たな教材の開発では，教材の発生基盤である科学や芸術から教材を生みだす段階が加わる。したがって，「内容」と「方法」が連続的に，しかも教師の主体的な研究として教材が生みだされる。

授業に用いられる教材の価値を十分に生かすためには，前者のような既存の教材による場合でも，そこで用いられる教材の価値を授業者が納得いくまでかみ砕いてみる段階が大切になる。それによって，子どもにとっても主体性の発揮できる授業の実現が可能となる。後者の場合は，内容の検討と同時に，実際の授業の展開を念頭に置いて授業を構想し，教材の価値や授業の目標をいかに子どもに学ばせるかを見極めることが大切になる。

学力の基礎・基本の確実な定着を図る授業づくりについて

子どもが身に付けることを期待されている学力の基礎基本とはどのようなものであろうか。よく指摘されるものとして「読み，書き，計算」がある。また，「知識，技能」「学び方」「生き方」それぞれの基礎基本が重要だと主張する場合もある。

いずれにしても，学校教育の場合にそれらの基礎基本を具体的に示したものが学習指導要領の目標や内容である。

しかし，学習指導要領に基づいて編成された教育課程をまんべんなく平均的に教えたからといって，子どもに基礎基本が確実に定着しないことは明らかである。それぞれの領域の厳選された知識や技能を学習の主体である子どもが必要に応じて活用できるように指導することが必要である。

基礎基本がしっかりと定着する授業を構築するためには各学年で用意されている単元を，例えば算数の「計算のしくみ」などの一定の視点で学年を追って系統性，重要性，関連性などを見極めていくことが重要である。

このようにして基礎基本を着実に身に付けるとともに，子どもが必要な内容を確実に繰り返し経験していく授業を構想することが可能になる。

また，指導者が学習内容の系統性・重要性・関連性を明確に意識することにより，重要な内容を活用しながら問題解決していく授業の工夫が可能になる。そこでは，教師は少なく教えて，子どもは多くを学ぶことが実現する。

次に，基礎基本の定着のためには，子どもの納得・実感する授業の工夫が必要になる。文部科学省の教育課程実施状況調査（平成13年度）によると算数における誤答の多くは画一的で一方的な授業による形式的な理解の結果であることが明らかにされている。

一方的に覚えさせる授業ではそれを忘れてしまうと何も残らない。獲得した基礎基本を活用して具体的な操作を交えたりしながら，それらの重要性・系統性に気付いていくように子どもを導くことが必要である。

また，授業では子どもが獲得した基礎基本を用いて納得し実感できる授業を展開するためには授業のスタイルも一斉指導だけに頼らずに，少人数指導，習熟度別グループ指導など多様化を工夫するべきである。

このような工夫によって，学習内容の形式的な伝達から脱却して，一人ひとりの子どもに分かる授業，基礎基本が着実に定着する授業，が具現化されていく。

子どもの学ぶ力をつける授業研究のあり方について

教師が教材研究を深め多様な指導技術を駆使して一見見事な授業を展開しても，子どもがその授業の中で学んでいなければ教育が成立しているとはいえない。子どもの学ぶ力を伸ばすために教師の意図と子どもの学習の状況を明らかにして，よりよい授業の実現をめざして行われるのが授業研究である。

望ましい授業研究とは，授業の中で教師が行ったことと授業の中に現れた子どもの具体的な様子とを関係づけて検討することである。

授業を行うにあたっては，まず，授業者の綿密な指導計画が必要になる。そこでは，内容研究，教材研究，子どもの実態調査などをもとにした学習展開計画，そして評価計画までを含めた指導案が共同研究者に提供される。

授業展開の様子は，授業記録にまとめられる。ビデオテープでも録音テープでもよいがそれを文字に起こしてみる。それらの記録を使って授業分析が行われる。

授業分析は，子どもたちの学ぶ力を高めるとともに，授業者の授業力を高めるために行うのである。まず１人か２人の子どもを中心にみていき，その子が何を経験しているか（どんな発言をし，どんなことにこだわり，他の子どもとどんな関係をもち，どのように思考を展開しているかなど）を整理する。そして，それに対する教師の発言や行動を検討する。それらの検討に基づき，他の子どもの学習の状況にも検討が及ぶことになる。

その中で，例えば教師の教材のとらえ方が問題になった場合は，あくまでも授業記録に現れた子どもの様子と関連づけて使用した教材の意味を検討する。このような検討を行うことによって，授業者は子どもについて新しい発見をしたり，子どもが学ぶ力をつける授業の進め方に新たなヒントを得ることができる。

しかし，授業研究で新しく得た認識はあくまでもその授業に属するものであり，他の授業にそのまま適用されるものではない。新しく授業を構想し展開する場合の，教材の見方や子どもの見方が鍛えられていくのである。その鍛えられた目で新たな内容を新たな子どもに対して適用することで，個が育ち合う授業の展開を行うことができるのである。

教師として子どもがよく見える，教材がよく見える力をつけることが，子ども一人ひとりの学ぶ力を保障するよい授業を展開する要（かなめ）となるのである。

「総合的な学習の時間」における授業（学習）づくりについて

教科の教育では基礎となる諸学問の内容が個別に学ばれる。これに対して「総合的な学習の時間」（以下，総合学習）では，さまざまな知識や経験をつないでまとめていく「知の総合化」が重視された教育になる。

また，教科の教育では，教科固有の系統的な問題に応じて，教科固有の知識・技能や学び方を学ぶが，総合学習では，解決すべき問題は子どもの身近な課題であり，その解決のために，教科の学習の枠を超えた探求型の学習となる。

したがって，総合学習では，学習と生活，知識と行動の一致をめざす問題解決学習を重視する。それは従来も社会科や理科などで方法論として用いられていた問題解決学習とはちがい，一人ひとりの子どもが，人間としての生き方を自分に問いながら「生きる力」を育んでいく人間教育としての問題解決学習である。

そのために，総合学習では体験を通して学ぶことが基本となる。直接人やものやことに関わりながら，頭，心，体のすべてを働かせた「全人的」な学びとなる。そこでは，子ども一人ひとりの個性が多様な感じ方や情緒や認識を生み出すので，個性に応じた課題の追求が重要な意味をもつことになる。

また，総合学習では，地域の現実的な課題を，子どもが自ら求め追求することになるので，地域の独自性が反映された学びとなる。

以上のことを踏まえると，総合学習の授業を構想するにあたっては，特に教師の創意工夫や主体性が欠かせないものとなる。

授業づくりにあたっては，第１に総合学習の目標や内容を子どもの実態や地域の実態，社会の課題などに即して選び出す。その際，学習材や課題の選定にあたっては，子どもたちが主役になることが大切である。

第２に，これらの目標や内容は実態に即して柔軟に修正しながら授業を構成し展開する。それによって「自ら課題を見付け，自ら学び，自ら考える」ことが可能となる。「自ら課題を見付け，自ら学び，自ら考える」ことが総合学習における教師の指導のねらいであることを意識して適切な指導や支援を行うべきである。

自ら課題を見いだし，主体的に問題を解決する学習と，基礎からきちんと学ぶ教科の学習とが相互に関連して相乗的な効果を発揮するような授業づくりが今後の課題となる。

16 1 ●道徳教育の研究 レポート学習参考例

「道徳の時間」のねらいを達成するために必要な学習指導の構想について

小学校学習指導要領「第1章総則」と「第3章道徳」に示されているように，学校における道徳教育の目標は，教育基本法及び学校教育法に定められた教育の根本精神に基づいて設定されている。

この目標は，教育全体の目標に通じるものでもあるため，道徳教育固有の目標として「その基盤としての道徳性を養うこととする」と規定し，道徳教育の役割が「道徳性の育成」にあることを明示している。そして，道徳の授業の目標は，道徳の時間以外における道徳教育と密接な関連を図りながら計画的，発展的な指導によって，それらを補充，深化，統合し，道徳的価値の自覚を深め，道徳的実践力を育成することとされている。

したがって，道徳の時間は，児童一人ひとりが一定の道徳的価値が含まれるねらいとの関わりにおいて自己を見つめ，道徳的価値を発達段階に応じて内面的に自覚し，主体的に道徳的実践力を身に付けていく時間である。

上記のように，児童一人ひとりに道徳的実践力を育成する授業にするために，下記の4点を学校全体の共通理解とすることが，週1時間ある道徳の授業の基盤になる。

1　計画的，発展的な指導を積み重ねる

教科や特別活動，総合的な学習の時間などにおいて人間的な成長を促す指導が，それぞれの教育活動の特質に応じて進められているが，それらは道徳教育として計画的に行われているものではない。

道徳の授業は，学校の全教育活動を通じて行われる道徳教育との関連を明確にし，児童の発達段階に即しながら学習指導要領に示されている内容項目の全体にわたって計画的，発展的な指導が行える時間にするべきである。

2　学校全体で行う道徳教育を補充，深化，統合する

道徳の時間は，各教科，特別活動，総合的な学習の授業などで行われる道徳教育の要（かなめ）としての役割を担っている。すなわち，各教育活動において行われる道徳教育を，全体にわたって調和的に補充，深化，統合する授業である。

このことを児童の立場から見ると，各教科や特別活動，総合的な学習の授業時間などで学習した道徳的諸価値を，人間としての在り方や生き方という視点から全体にわたってとらえなおし，自分のものとして発展させていくことができるような時間にすることである。

3　道徳的価値の自覚を深める

道徳的価値の自覚については，発達段階に応じて多様に考えられるが，次の３つの事柄を押さえておくことが重要である。

①　他者との関わりで道徳的価値を理解すること

道徳的価値は人間らしさを表すものであり，人間としての本来的な在り方やよりよい生き方をめざす道徳的行為を可能にする人格的特性である。したがって，一人の人間として，他者との関わりにおいて，よりよい生き方を求めること，人間への理解，他者への理解を深められるように指導することが大切である。

②　自分との関わりで道徳的価値を理解すること

「あいさつは，心を込めてしなければ。自分のあいさつは形だけだった」などのように，道徳的価値との関わりによって自己反省への理解を深めるようにする。

③　道徳的価値を自分自身で実践し向上させようとすること

「そのように，やってみよう。相手の人が驚くかな」，「恥ずかしいがやらないと」など，これからの自分の生き方や他者との関わりに思いや希望がもてるようにする。

道徳の時間においては，これらのことが児童の実態に応じて，主体的になされるようにさまざまに指導方法を工夫していく必要がある。

4　道徳的実践力を育成する

道徳的実践力について，『小学校学習指導要領解説　道徳編』（文部省刊）に次のように記述されている。

「道徳的実践力とは，人間としてよりよく生きていく力であり，一人ひとりの児童が道徳的価値を自分の内面から自覚し，将来出会うであろう様々な場面，状況においても，道徳的価値を実践するための適切な行為を主体的に選択し，実行することができるような内面的資質を意味している。それは主として，道徳的心情，道徳的判断力，道徳的実践意欲と態度を包括するものである」。

上記のような道徳的実践力を育成することが道徳の授業の目的である。その特質を十分に理解して，教師の一方通行な詰め込みなどの教育にならないようにしなければならない。道徳的実践力は，徐々に着実に育まれることによって，その人の心に染み込み内面化されて行為や人格に反映するものである。それだけに，学校全体で共通理解に立ち，児童一人ひとりが道徳的価値を得心することができるよう，６年間を見通した確かな計画作成と指導が進められる取り組みが必要である。

以上のことから，道徳の各授業時間においては，次のような観点から授業を構想し，実践していくとき，児童一人ひとりが道徳的実践力を身に付けるとともに，学びがいを実感して授業に取り組む。

①児童一人ひとりに道徳的実践力を身に付けさせる必須の要件である道徳的な自覚（自分や他者との関わりで道徳的価値を理解すること，道徳的価値を自分として実践し向上させようとの気持ちや自分の課題を理解すること）を促せること。

②児童一人ひとりが自ら追求し，自らの意志で判断し考えついた道徳的な内容を必ずもつことのできる学習活動を設定すること。

③児童一人ひとりが自分で考え解決した道徳的な内容を基に，相互交流の活動を通して一人ひとりが考えてきた内容を吟味・検討し，さらに価値追求を深め，その時間の目標に達成できる活動を設定すること。

④価値内容の分析・解釈をし，児童に追求させ，とらえさせたい価値内容を見いだすこと。

⑤児童の単なる日常の生活経験レベルで話し合いが進み，授業が終了するのでなく，『小学校学習指導要領解説道徳編』等を踏まえて，児童が気づいていない価値内容を見いだすこと。

以上①～⑤のような授業を構想し，児童の心に響き，主題のねらいを達成する授業を実現するために，次のことをフィルターとして授業の構想を具体化し，児童が学びがいのある実践になるよう工夫することが大切である。

a．1単位時間（45分間）で，児童一人ひとりが資料等の概要を把握できることと，児童の価値追求が深められる資料等であること。

b．学習過程は問題解決的な過程を基本とすること。

c．学習過程に，児童一人ひとりが自分の意志で課題を解決できる個別学習の場，次に個々で考え解決してきた内容を発表し合い，吟味・検討の相互交流を進め，価値の追求を深める集団学習の場を位置づけること。

d．「c」の学習を児童一人ひとりが自ら価値を追求する学習にするために次のような方法や配意を欠かせない。

1）原則的に，その時間に扱う資料等の内容と結び付けた，児童に追求させたい価値内容を課題として提示し，そのための資料を提示する。

2）提示された学習課題の解決に向けて，児童一人ひとりが自力で解決した内容をもつことができる時間と場所を保障する。

3）児童一人ひとりが解決してきた内容を発表し合い，道徳的な見方・考え方を広めるとともに，価値追求を深める活動の進め方及び時間と学習の場を保障する。

なお，この活動の場では，次のことにも配慮することも必要である。

・発表された内容と個々の児童が解決してきた内容を挙手等で結び付ける。

・児童が考えたことを互いに認め合い，次に内容の是非についても追求する。

「学習指導要領」(道徳教育)の改訂経緯について

昭和22年の学習指導要領(試案)の中で道徳教育は，新設教科(社会科)を中心に学校のあらゆる教育活動を通じて行われるべきと示された。そして，昭和26年の学習指導要領(試案)においては，社会科のみでなく，全教科，学校の全教育活動で道徳教育を推進することを明確に示した。

昭和33年の学習指導要領の改訂では，「総則」の「第３道徳教育」において，「学校の全教育活動を通じて行う」ことや，「道徳教育の目標は，教育基本法および学校教育法に定められた教育の根本精神に基づく」ことが示された。

そして，小中学校の全学年で，毎週１時間行う「道徳の時間」が定められ，目標として「道徳的実践力の向上を図る」ことが明記された。教科でない「道徳の時間」は，学校の全教育活動で行う道徳教育を補充，深化，統合するものとして位置づけられたのである。「道徳の時間」で学ぶ内容は36項目であった。

昭和43年の改訂では，「総則」において道徳教育の目標を教育全般の目標と区別するために「道徳性を養うこと」を加えた。また，「道徳の時間」については，４つの具体目標の記述を削除し，「児童の道徳的判断力を高め，道徳的心情を豊かにし，道徳的態度と実践意欲の向上を図るものとする」と明記した。内容項目も一部を整理・統合し，32項目とした。

昭和52年の改訂では，「道徳の時間」の目標として「道徳的実践力を育成するものとする」が加わり強調されてきた。内容は28項目となった。

平成元年に出された学習指導要領では，「総則」において，「豊かな経験」「主体性のある日本人の育成」などを強調した。また，内容についても小中学校とも共通の４つの視点で分類整理し，小学校低学年14，中学年18，高学年22，そして中学校22項目となった。改訂ごとに項目ごとの関連性，各発達段階において養うべき道徳性が整えられ，一貫性が示されてきた。

平成10年の改訂では，「第３章道徳」の目標に「道徳的な価値の自覚を深め」を加え，「道徳の時間」の役割と重要性を強調した。内容については，４つの視点はそのままである。

以上のような改訂の経緯があったが，教育基本法の精神に基づくこと，道徳性を養うことを目標として，学校の全教育活動で推進すること，その要(かなめ)になる道徳の時間の役割と重要性は一貫して強調されてきている。

道徳教育の基本的なあり方について

道徳教育の目的は，教育基本法第1条によれば，人格の完成をめざすところにある。児童・生徒の人格形成の基本に関わるものである。道徳教育のめざすところは人間の人間らしいよさを発揮することであり，学校は児童一人ひとりを教育することを目的とするので，道徳教育は学校教育を挙げての課題と見なすべき性質のものである。したがって，各教科，特別活動，総合的な学習の時間が，それぞれにめざすところを達成することが，同時に道徳教育の実現である，という考え方を確認できていることが大切である。

学習指導要領「総則」に，道徳教育の目標は「道徳性を養うこと」と示されている。この道徳性は『小学校学習指導要領解説　道徳編』に「人間としての本来的な在り方やよりよい生き方を目指してなされる道徳的行為を可能にする人格的特性であり，人格の基盤をなすものである」とある。道徳性には，次のような側面がある。

・社会の道徳規範やその基盤となっている道徳的価値が自覚的に内面化されたものである
・各自の自主的な価値選択能力である
・一定の段階を踏んで発達する

このような道徳性の発達を促すために，以下の3点に特に留意して道徳教育を推進すべきであると考える。

(1)　人間としてよりよく生きる力を引き出すこと

人間は本来人間としてよりよく生きたいという願いをもっている。このような願いやよりよい生き方を求め，実践する人間の育成をめざし，その基盤となる道徳性を育成する。

(2)　豊かな関わりと人間としての在り方や生き方の自覚を深めること

内なる自己との対話，他者との関わり，自然，社会集団や郷土，国家，国際社会との関わりなど，国民として望ましい道徳性を育成する。

(3)　小学校では，よりよく生きる基礎となる道徳性を確立すること

小学校では，よりよく生きるための共通の心構えや行動の仕方をさまざまな体験や学習を通して児童個々の基礎的な道徳性を確立する。

人間は生まれつき道徳性が備わっているわけではなく，社会においてさまざまな経験を通して形成する。したがって，各学校が，児童の実態，地域の実情，教職員・保護者の願いを共有化し，児童を取り巻く社会の動きなどを踏まえ，道徳教育の目標に即して指導にあたることが必要である。

道徳性と道徳的実践力について

小学校学習指導要領「第３章道徳」の「第１目標」に「道徳教育の目標は，（中略）学校の教育活動全体を通じて，道徳的な心情，判断力，実践意欲と態度などの道徳性を養うこととする。道徳の時間においては，以上の道徳教育の目標に基づき，（中略）道徳的価値の自覚を深め，道徳的実践力を育成するものとする」と示されている。

このように目標の中に，「道徳性」と「道徳的実践力」という言葉が用いられている。２つの言葉を『小学校学習指導要領解説　道徳編』では次のように解説している。

「道徳性とは，人間としての本来的な在り方やよりよい生き方を目指してなされる道徳的行為を可能にする人格的特性であり，人格の基盤をなすものである」。

「道徳的実践力とは，人間としてよりよく生きていく力であり，一人一人の児童が道徳的価値を自分の内面から自覚し，将来出会うであろう様々な場面，状況においても，道徳的価値を実現するための適切な行為を主体的に選択し，実践することができるような内面的資質を意味している。それは，主として，道徳的心情，道徳的判断力，道徳的実践意欲と態度を包括するものである」。

このような記述から，学校教育がめざす「人格の完成」，道徳教育の目標である「道徳性」，道徳の時間の目標である「道徳的実践力の育成」の３つを一体のものとしてとらえることができる。

したがって，道徳教育でめざす道徳性とは道徳の時間において系統的，発展的に育成される道徳的実践力を要（かなめ）として育まれると考えられる。また，道徳性を構成している諸様相（道徳的心情，道徳的判断力，道徳的実践意欲・態度，道徳的習慣や行為）は，それぞれが独立した特性ではなく，相互に深く関連し合いながら全体を構成している。

さらに，道徳の時間に育む道徳的実践力は，上記の諸様相が一体となって身に付いていくものであり，道徳的価値を実現する内面的資質を意味している。

道徳性と道徳的実践力の関わりをこのようにとらえてくると，道徳性を育むために，学校の全教育活動で推進する道徳教育への理解と，道徳の時間にはぐくむ内面的資質である道徳的実践力の重要性を学校全体で認識することが必要である。

道徳の指導内容について

小学校学習指導要領「第３章道徳」の「第２内容」に，道徳教育の目標を達成するための指導すべき内容項目が４つの視点から分類されている。

①主として自分自身に関すること。

②主として他の人との関わりに関すること。

③主として自然や崇高なものとの関わりに関すること。

④主として集団や社会との関わりに関すること。

低学年15項目，中学年18項目，高学年22項目が示されている。これらは，道徳の時間の目標を達成するための内容であるとともに，全教育活動を通じて行う道徳教育の内容項目でもある。

これらの内容項目は，小学校の６年間で児童が自覚を深め，自分のものとして身に付け発展させていく必要がある道徳的価値を含む内容を文章で表現したものである。またこれらは，人間としてあるべき姿・道徳的に善いと肯定したり感じたりするものであり，児童自らが道徳性を発展させていくための１つの視点というべきものでもある。

さらに，人間として生きるうえでの基本的なことがらとして，小学校６年間に児童に身に付けさせることが強く望まれるものである。特に，道徳の時間では，これらの内容項目を系統的，発展的に直接指導することになる。

この指導すべき内容項目は，児童の道徳性を前述の４つの視点からとらえ，分類整理し，内容の全体構成及び相互の関連性と発展性が明確に示されている。また，各内容項目の視点を踏まえ，児童の理解を深めることなどを通して，道徳的実践力を育み，道徳性を養うことができるように構成されている。

各学年段階の各内容は，小学校６年間及び中学校の３年間を視野に入れ，児童の道徳的心情の発達，道徳的価値を認識できる能力の程度や社会認識の広がり，生活技術の習熟度及び発達段階などを考慮し，最も指導の適時性のある内容項目が学年段階ごとに精選され，重点的に示されている。

各学年段階の指導においては，常に全体の構成や相互の関連性，そして系統性・発展性を考慮して指導を進めなければならない。各項目とも価値内容は，４つの視点にまたがって関連しあい，全体的・統一的に価値の構造が作られていることの把握が必要である。したがって，指導する各内容の価値分析を適切に進め，体系的に把握し，児童の実態に応じて指導を進め，道徳性を高める創意工夫が必要である。

道徳の指導計画について

道徳の指導計画について，小学校学習指導要領「第３章道徳」は，学校においては「道徳教育の全体計画と道徳の時間の年間指導計画を作成するものとする」と示している。さらに，指導計画には学級における指導計画と，道徳の時間１時間分の学習指導案がある。

道徳教育の全体指導計画は，学校における道徳教育の基本的な方針を示すとともに，学校の教育活動全体を通して，道徳教育の目標を達成するための方策を総合的に示した教育計画である。道徳教育は学校の全教育活動を通して推進されるため，家庭や地域社会との連携を図りつつ，各教科等の教育活動と有機的な関連を図り，全教師による一貫性のある道徳教育指導の共通基盤となる機能が必要である。作成にあたっては，校長の指導のもと，全教師による協力・作成が必要である。

年間指導計画は，道徳の時間の指導が，道徳教育の全体計画に基づき，児童の発達に即して計画的発展的に行われるよう組織された全学年にわたる年間の指導計画である。

具体的には，道徳の時間に指導しようとする内容項目を学校の重点項目，体験活動，児童の実態等に即して，多様な指導方法等を考慮して学年段階に応じた主題を構成する。その主題を学年別にわたって適切に位置づけ，配列し，展開の大要等を示した各学年35時間（１年生は34時間）分の指導計画である。作成に当たっては，道徳の時間の役割を実現できる計画にする必要がある。また，全教師の総意を結集し一貫性のある年間指導計画を作成しなければならない。

学級における指導計画は，全体・年間指導計画に基づき，学級や児童個々の実態に，さらには児童，保護者，学級担任の願いなどを踏まえた具体的な構想である。学級担任や児童の個性を生かした道徳教育推進の指針であり，学校における道徳教育を充実させるのに必要な計画である。

学習指導案は，学級担任や協力者が，学年の年間指導計画に基づいた主題を指導するにあたって，児童や学級の実態を踏まえて作成する道徳の時間の計画案である。これは，主題のねらいの達成計画案であり，学習指導の構想を一定の形式に表現した計画である。

児童と児童，児童と教師がともに学び合い，存在感と自己実現の喜びが実感できる学校にするために，計画の作成とともに計画に基づいて学校全体で道徳教育にあたることが重要である。

17 1 ●特別活動の指導法（レポート学習参考例）

特別活動の教育的意義とその特質

中央教育審議会答申の提言の多くは，心豊かな人間形成をめざす特別活動と関連が深い事柄が多い。特別活動が，学校教育の基盤をなす教育活動として重要な役割を担っている証である。

特別活動は，生徒各人がさまざまな集団に所属しながら，そこでの集団活動を通して，自らの個性の伸長を図ったり，社会生活において生きて働く社会性を身に付けたりするなど，生徒の人間形成を図る教育活動である。このような資質・能力・態度は，本来，学校の教育活動全体を通じて育成されるものである。しかし，望ましい集団活動や体験的な活動を重視し，さまざまな人間関係を大切にする特別活動が，その育成にあたって大きな役割を担っていることを明記しておく必要がある。

つまり，特別活動は，望ましい集団活動を通して，個人的な資質の育成をはじめとして，多様な人間関係を構築する能力・態度，集団や社会の一員としての自覚のもとに，所属集団や社会の充実・発展に努める態度，人間としての生き方を探求し，自己を生かす能力や態度などの育成をめざしており，このような特色は，学校教育活動の中でも特別活動がとりわけ顕著である。

次に，特別活動の特色である「為すことによって学ぶ」ことも留意したい。文字や言葉だけによる理解とは異なり，生徒が毎日の生活体験，社会体験など実践的な理解に基づく学習（為すことによって学ぶ）を通して，全人的な人間形成を図ることもできるのである。つまり，自分の五感を総動員して何かを実感することである。

1　特別活動の今日的意義

児童生徒の問題行動等生徒指導上の諸問題に関しては，暴力行為，いじめ，不登校，児童生徒の自殺等深刻な状況にある。生徒がよりよい生活や人間関係を築こうとする自主的，実践的な態度を育てる特別活動の重要度は，ますます高まっている。

特別活動の目標（中学校）は，“望ましい人間関係を通して，心身の調和のとれた発達と個性の伸長を図り，集団や社会の一員としてよりよい生活や人間関係を築こうとする自主的，実践的な態度を育てるとともに，人間としての生き方についての自覚を深め，自己を生かす能力を養う。”

新たに加わった“人間関係”は，今日的な課題を踏まえて，豊かな人間性や社会性，自立性を備えた生徒の育成をめざしたためである。

“人間関係”は，集団や組織内にお

ける成員相互の間の関係のことであり，このような社会的資質を高める社会性指導は，安心して学べる学校をつくり，問題行動等生徒指導上の諸問題の予防的作用である。

この目標を達成するため，集団や社会の一員としてよりよい生活や人間関係を築くことへの関心や意欲，諸問題の解決に向けての思考や判断，実践を通して集団活動を行うのに必要な知識や技能の指導が行われる。このことにより，特別活動が学校教育の集団活動としての基盤を築くこととなる。

その内容は，小学校では“学級活動，児童会活動，クラブ活動，学校行事”中学校では“学級活動，生徒会活動，学校行事”，高等学校では“ホームルーム活動，生徒会活動，学校行事”である。以上の内容を通して人間形成に重要な役割を果たすのが特別活動である。

特別活動は，従来同様に，あるいはそれ以上に教育課程を構成する教育活動の一つとして重視されている。

2　特別活動の教育的意義

特別活動の特質は，一人で行う活動ではないこと，抽象的な言葉や記号を介して行われる学習活動ではないことである。“為すことによって学ぶ”ことが指導上の基本原理である。学習指導要領解説「特別活動編」によれば

(1)　集団の一員としてなすこと学ぶ活動を通して，自主的，実践的な態度を身に付ける活動である。

(2)　教師と生徒及び生徒相互の人間的なふれあいを基盤とする活動である。

(3)　生徒の個性や能力の伸長，協力の精神等の育成を図る活動である。

(4)　各教科，道徳，総合的な学習の時間などの学習に対して，興味や関心を高める活動である。また，逆に，各教科等で培われた能力などが総合・発展される活動である。

(5)　知，徳，体の調和の取れた豊かな人間性や社会性の育成を図る活動である。

3　特別活動の基本的性格

(1)　人間形成と特別活動

文部科学省『中学校学習指導要領解説　特別活動編』（平成20年7月）によれば，特別活動の基本的性格は，「特別活動は，その重要な場や機会として，学校教育において，望ましい集団活動や体験的な活動を通して，実際の社会に生きて働く社会性を身に付けるなど，生徒の人間形成を図る教育活動である。」と示されている。

(2)　学校における集団活動や体験的な活動の一層の充実

人間関係の希薄化，間接体験や疑似体験の増大など望ましい人間関係を築く力など社会性が身に付く機会を少なくし，その働きを弱めている現状を踏まえた内容である。望ましい集団活動や豊かで体験的な活動の実現を図ることが人間形成に資する特別活動を展開するうえで極めて重要である。

(3)　発達の段階を踏まえた指導の充実

中学生の時期を従前の“青年期前期”に代えて「思春期」ととらえる立場に立っている。小学校高学年に始まるといわれている「思春期」とのつながり，小中教育の接続，義務教育としての完結性など，発達的な特質を踏まえた指導の在り方の探求が義務教育全体の系統性とまとまりを見直すという改訂の趣旨と結び付いている。

中学校段階は，『学習指導要領解説　特別活動編』によれば“他の人と異なる自分独自の内面的な世界があることに気付き，友だちとの関係が自分にとって大切な意味を持つことを自覚するようになる。また，周りの大人や社会の人たちが果たしている役割を理解するようになり，それとのかかわりで自分の生き方を考えるようになる。さらに，自我の目覚めや心身の発達により自主独立への志向が強くなる。異性への関心が高まることも，この時期の子どもの大きな特色である。”こうした中学生の発達の段階と特徴を踏まえ，この時期の子どもの人間形成に重要な意味をもつ社会性の発達を支え，促すことができる活動を提供することに特別活動の基本的な役割がある。その際，教師の適切な指導や個別的な支援が不可欠である。中学生は，生活体験や社会体験はまだ十分でなく，自分の考えにも自信がもてないという段階にあること，自我の形成や社会性の発達にも大きな個人差がみられ，自己を見失う生徒も少なくないからである。

4　指導の形態・方法に関する原則

特別活動がめざす能力等の育成には，各教科や道徳とは異なり，望ましい集団活動を通してはじめてその目標が達成されていくという指導の基本的な特質がある。

(1)　弾力的な指導

指導は，学校や生徒の実態に応じ，弾力的に行うことが大切である。

(2)　自主的，実践的な活動の助長と充実を図る指導

「為すことによって学ぶ」という原則が常に強調されてきており，すべての内容にわたって，生徒の手による活動計画の作成と実施を大原則にし，教師はそれが可能となるように指導する。

(3)　自発的，自治的な活動の助長と充実を図る指導

「自発的」とは，他から強制されたり，指示されたり，操作されたりすることなく，主として自分自身の欲求や考えによって行動が行われることであり，「自治的」とは，教師の適切な指導の下に，集団を組織したり，それらに積極的参加したりするとともに，集団の運営についても，自らの判断や選択に基づき活動できるよう，生徒の意思決定が尊重されることである。

そのためには，各活動の事前の指導と生徒の活動を大切にすることである。

特別活動における指導の原理について

特別活動がめざす能力等の育成は，“望ましい集団活動を通して”はじめて，その目標が達成されていく指導に基本的な特質がある。“望ましい集団活動を通して”は，方法的にも目的的にも特別活動固有の指導の原理である。

1　指導の形態・方法に関する原則

⑴　弾力的な指導

特別活動の特質から，教師の指導は学校や生徒の実態に応じ，弾力的に行われることが大切である。

⑵　自主的，実践的な活動

“為すことによって学ぶ”が原則である。すべての内容にわたって，“生徒の手による活動計画の作成と実施”を基盤とし，教師はそれが可能になるような支援をする。

⑶　自発的，自治的な活動

“自発的”とは，主として自らの欲求や考えによって行動が行われることであり，“自治的”とは，教師の適切な指導の下に，集団を組織したり，それらに積極的に参加したりするとともに，集団の運営についても，自らの判断や選択に基づき活動できるよう，生徒の意思決定が尊重されることである。そのためにも，各活動の“事前の指導と生徒の活動”が大切である。

2　指導の対象に応じた基本的原則

⑴　集団に対する指導

教師が必要に応じて指導・援助を行うか，問題提示を教師が行い，その解決方法を生徒が話し合い，教師はその過程で指導援助を行う。

⑵　個人に対する集団場面での指導

生徒各人の抱える問題の解決に必要な情報を提供したり，その情報を自分がどう活用していけばよいか話し合わせたりして，生徒の問題解決への動機付けや問題解決の方法の理解を進めるようにする。なお，社会的スキル等を身に付ける活動を取り入れる場合は「どんなねらいを達成するために取り入れるか」を明確にする必要がある。

よりよい学校生活づくりに参画させ協力して学校生活上の諸問題を解決しようとする自主的，実践的な態度を育てることにある。

さらに，校内の異年齢集団による交流にとどまらず，異校種間の交流や地域における多様な世代の人々との交流体験を進め，見聞を広めるとともに，コミュニケーション能力などを養い，望ましい人間関係を形成する自主的，実践的な態度や豊かな社会性の育成を図ることにある。

17 3 ●特別活動の指導法（試験問題学習参考例）

特別活動における“言語活動の充実”について

中央教育審議会答申（平成20年1月）では，“言語活動の充実”について，次のように示された。「それぞれの教科等で具体的にどのような言語活動に取り組むかは8．各教科・科目の内容で示しているが，国語をはじめとする言語は，知的活動（論理や思考）だけでなく，（中略）コミュニケーションや感性・情緒の基盤でもある。」

特別活動において“コミュニケーション”は，その特質である。今回の改訂で特別活動の目標に新たに“人間関係を築こうとする自主的，実践的な態度”が加わった。人間関係をつくるのは，“コミュニケーション”である。国語科等で培った言語能力を特別活動の場で発揮し，向上させるのである。

児童会活動やクラブ活動の内容にはその「計画や運営」がある。文化的行事である学芸会における企画，健康安全・体育的行事である運動会における参加の仕方などは，“話し合う場”を設定できる。一方，学級活動では(1)学級や学校の生活づくりでの話し合いを計画し，運営する「計画委員会」の活動がある。これらの活動は，コミュニケーション能力を向上させるために重要な活動である。

1 “集団決定”にいたる過程を重視

中央教育審議会の答申では特別活動における“言語活動の充実”について「討論・討議などにより意見の異なる人を説得したり，協同的に議論して集団としての意見をまとめたりする。」と記している。

集団決定に至るには必ず「話し合い」が必要になる。意見が対立した時にどうするかを決定する方法は，話し合いによる。つまり，コミュニケーション能力の問題である。学級会において話し合って「折り合いをつける」ことを学ぶことは，民主的な社会の形成者として求められる能力である。集団決定をしなければならないのは，学級活動の内容「(1)学級や学校の生活づくり」ばかりではない。児童会においても，クラブにおいても同様である。

2 言語活動の充実につながる話し合いにする留意事項

(1) 相手の意見をよく聞く。

(2) 話し合いのめあて，話し合う理由に沿った意見を述べる。

(3) 妥協することが折り合いをつけることではないことを理解する。

(4) 身にかかる内容を本気で話し合う。

小学校学級活動における集団決定と自己決定について

学級活動⑴「学級や学校の生活づくり」は「集団討議による集団目標の集団決定」を，学級活動⑵「日常の生活や学習への適応及び健康安全」は「集団思考による個人目標の自己決定」が重要である。特に「自己決定」においては，児童一人一人が「いつ，どこで，何を，どのように努力するのか」等を具体的に決めることが大切である。また，学級活動⑴の学級会では，話し合いによって「折り合うこと」を実感させる。児童に「学級会は一人でも多くの人が納得したり，一人でも多くの人の考えが生かされて答えを見つける時間」という認識をもたせる。

1　集団討議で集団目標の集団決定

〈本時の活動の展開〉

○はじめの言葉○議題の確認と役割の紹介○活動のめあての確認○提案理由の発表・確認○話し合いの内容の確認○話し合い○決まったことの発表○教師の話（ねらいに沿った，実践への意欲づけとなる評価）○児童による自己評価・相互評価○終わりの言葉

〈事後の活動〉

○決まったことを基に実践活動計画を作成○全員が手分けして事前準備等の役割を遂行○協力して集団としての実践活動を実施○実践活動をふり返り，相互評価，自己評価を行い次の活動に生きる態度や意欲を育成

2　集団思考による個人目標の個人決定例

〈導入〉○意識化：取り上げた問題の状況などを明確にする。○共通化：児童の実態に即した共通の内容。

〈展開〉○原因追求：問題の原因の明確化。○解決策：集団思考を通して，実践的な解決策を探る。

〈終末〉○個別化：自分なりの実践方法を自己決定する。○実践化：一人一人が強い実践的意欲をもつ。

〈事後指導〉

○自己決定に基づき個人としての実践○個々の取り組みを発表する場を設け，反省・評価を繰り返しながら，自主的，実践的な態度を育成○家庭と協力し，一人一人のがんばりを評価

3　教師の支援

話し合った内容が形になっていく姿を体感させることが重要である。

○話し合いの技術指導や環境整備などを行う。○課題を自分の問題としてとらえさせる。○自分の意見と友だちの意見との考えの違いに気付かせ，よさを認め合って話し合いを進める。○出し合い→比べ合い→折り合い→決定といった一連の流れを大切にする。

生徒会活動の目標とその教育的意義について

1 目 標

学習指導要領には，生徒会活動の目標を，「生徒会活動を通して，望ましい人間関係を形成し，集団や社会の一員としてよりよい学校生活づくりに参画し，協力して諸問題を解決しようとする自主的，実践的な態度を育てる。」と示してある。

生徒会活動は，全校の生徒を会員として組織し，学校における自分たちの生活の充実発展や学校生活の改善向上をめざすために，生徒の立場から自発的・自治的に行われる活動である。

2 生徒会活動の教育的意義や役割

学年や学校の枠を越えた望ましい人間関係を形成する能力を養うことや，よりよい学校生活づくりに参画させ協力して諸問題を解決しようとする自主的，実践的な態度を育てることにある。さらに，校内の異年齢集団による交流や異校種間の交流，地域における多様な世代との交流体験を進め，見聞を広めるとともに，コミュニケーション能力等を養い，望ましい人間関係を形成する自主的，実践的な態度や豊かな社会性の育成を図ることにある。

3 具体的な意義や役割について

①生徒集会や各種の委員会活動などの定期的な集会活動や生徒総会などは，生徒一人一人が課題に正対し誠実に考え，自分の意見として発表する力や自分たちで話し合って決めたことを協力して実践する力を養える。

②生徒の連絡調整に関する活動や学校行事の企画・運営に協力する活動は，よりよい校風や学校の特色づくりの重要な役割を果たす。

③地域におけるボランティア活動等は，地域の人々との幅広い交流や，異年齢集団との交流の機会を広げ，豊かな社会性を培う。

④集団生活の規律を生徒の力で遵守させる活動は自律的，自治的な生活態度を育てるとともに，規範意識の向上を図ることができる。

⑤集会活動や学校行事などの企画・運営に関する活動を通して，生徒会組織におけるリーダーの資質や能力の伸長を図るとともに，愛校心や所属感を深め，よりよい校風の確立と学校の伝統を継承し，それを発展させることで，学校の特色づくりに大いに役立つ。

⑥いじめや学校秩序の改善向上等，多様な話し合い活動の実践を通し，意見発表力などのコミュニケーション能力を養うことができる。

17 6 ……………………●特別活動の指導法 試験問題学習参考例

特別活動の全体計画

全体計画とは，特別活動の目標を調和的，効果的に達成するために各学校が作成する全体の指導計画である。

全体計画の作成にあたっては，学校の実態や児童の発達段階，特性などを考慮し，学校の創意工夫を生かし，各学校が特別活動で児童にどんな力をつけたいか明確にし，全体計画に盛り込むことが大切である。

1　全体計画に示す内容

①特別活動の重点目標
②学級活動，生徒会活動，学校行事の目標とその全体的内容
③特別活動に当てる授業時数や設置する校務分掌
④学級活動に充てる授業時数と各教科の関連とその評価など

2　手　順

①前年度の全体計画を見直す。
②学校の教育目標を具現化する全体計画作成の基本方針を決める。
③学校の特別活動の重点目標及び各内容のねらいを決める。
④家庭や地域との連携，各内容の関連，教科等との関連を図りながら構造を決める。
⑤全教職員で共通理解を図る。

3　留意点

①学校教育目標の具現化を図る。
②地域の実態，児童の発達段階や特性を生かす。
③全教職員の協力の下で作成する。
④各内容相互の関連を図る。
⑤教育活動全体を考え，授業時数を確保する。
⑥地域の人材や施設を積極的に活動する。

4　全体計画の位置づけ

①各教科等のそれぞれの役割を明確にしたうえで相互の関連を効果的に図る。例えば，特別活動の話し合い活動では，相手に自分の考えを伝えたり，相手の意見を受け入れ理解する能力が求められ，国語科における表現や理解の能力との関わり合いが深いので，国語科で身に付けた能力を基盤として，特別活動で生きて働くことと合わせて，特別活動で積み重ねられた話し合いの経験や活動意欲は，国語科の学習においても生きて働くこととなる。
②道徳的実践の場として，他者や社会，自然・環境との関係の中で自らをふり返るという自己との対話は，道徳性の育成に重要である。
③学年の発達段階，課題に即した内容点的に指導する。

小学校学校行事の目標・内容と留意事項

1 学校行事の目標について

学校行事は，全校または学年を単位として行われる。このような大きな集団における望ましい集団活動や感動体験などを通して，望ましい人間関係を形成し，集団の所属感や連帯感を深め，公共の精神を養い，協力してよりよい学校生活を築こうとする自主的，実践的な態度を育成することである。

2 学校行事で育てたい態度や能力

①学校生活を豊かで実りあるものにするという共通の目標に向かって，自らを律し，協力し，信頼し，励まし合い，切磋琢磨し，喜びや苦労を分かち合うような人間関係を築こうとする態度。

②学校への愛着，学校の一員としての自覚や仲間意識などの集団への所属感や連帯感。

③郷土の伝統や文化，地域社会の生活や人々と積極的に関わり，自らの役割を自覚するとともに，自己を生かし，協力しながら進んで役に立とうとする公共の精神。

④学校生活の充実と向上のため，協力して互いに役割や責任を果たして，児童自身が意識して努力するなど，自らが主体的に取り組むなどの自主的，実践的な態度。

3 年間の活動計画に示す内容

①行事ごとのねらい

②５種類ごとの各行事を実施する時期と内容及び授業時数

③各教科等との関連

④評価の観点など

4 授業時間数に関する留意点

①学校行事の内容に応じ，年間，学期ごと，月ごとなどに適切な授業時数を充てる。

②各学校や地域社会の実態に即して重点化され，行事間の関連や統合を図って精選された適切な年間指導計画を作成して実施するので，必要と考える行事を計画し，その実施に要する時数を配当する。

③年間の総授業時数を調べ，その予定時数と，各教科，道徳，外国語活動，総合的な学習の時間及び特別活動における他の内容に充てる時数を考慮して決める。

④学校教育法施行規則第61条１項ただし書きによって，国民の祝日，日曜日，休業日となる土曜日などにも授業を行うことができる。必要に応じて日曜日などに学校行事を実施することができる。

⑤学校行事の充実こそ，学校を意識できる唯一の活動である。

学習指導案の意義と作成の留意点について

1 学習指導案とは

学習指導案とは，授業の展開を予想して作成された授業計画書のことである。広義には年間学習計画，月・週ごとの学習計画，単元ごとの学習計画，1単位時間の学習計画等を含めた学習指導のための計画書である。狭義には年間，月，週の学習計画等をもとにして作られる1単位時間の学習計画書をいう。一般に学習指導案というときは狭義で使う場合が多い。ここでも狭義の学習指導案について述べる。

学習指導案は大きく分けると「細案」と「略案」がある。

「細案」とは，学習指導案に必要と思われる項目が詳細に書かれているものである。すなわち，そこには単元名（または主題，題材），単元設定の理由（または単元の考察，教材観），単元の目標，指導計画（または単元の計画，評価計画），児童・生徒の実態，本時の目標，本時の展開などはもとより，1単位時間の授業過程における教師の発問や手だて，予想される児童・生徒の反応などが書いてある。

一方,「略案」は授業者の自由な様式により，上に掲げた項目の中で最低限必要と思われる項目のみを書いたものである。

2 学習指導案作成の目的

1単位時間の授業を行うに際して，学習指導案を作成する理由は以下のとおりである。

① 効果的に学習目標を達成するため

効果的に学習目標を達成させるには授業の目標を明確にしておかなければならない。本時の授業で児童・生徒に何を理解させるのか，そのためにはどのような問題を考えさせるのか，何ができるようになれば学習目標を達成したといえるのかなどを押さえておかなければならない。

② 教師自らが自己の学習指導法を評価し，改善するため

学習指導案はそれを書くことによって，授業のイメージが具体的に見え始め，明確になっていくものである。しかし，授業は生き物である。どんなに綿密に教材研究を行い，児童・生徒の学習状況について，詳細に実態を把握し，作成した学習指導案であっても，実際の授業では，予想したことと児童・生徒の反応等に違いが生じることがしばしば見られる。その結果，授業の流れは当初の予定とは大きく異なることになる。

なぜそのような食い違いが生じたのかを反省・評価することは次の授業を

よりよいものとするために欠かせない。学習指導案が存在しなければ，予想と実際の授業の食い違いに気付くことは少なく，授業改善の手掛かりを失うのである。

③ 授業研究のために参観者の閲覧に供し，批評してもらうため

毎時の授業の質を高めるため教師はさまざまな努力を重ねるものである。その一つに授業研究がある。

授業研究で参観者に自分の授業を見てもらうために学習指導案は大切な資料である。学習指導案によって参観者は授業者の教材観や教材分析などについての考え方が分かる。また，授業者が予想した展開と実際の授業とではどのような理由で食い違いを生じたのかを知る手掛かりともなる。授業はそれを受ける者がその内容を理解でき，目標を達成できてよい授業と言えるのである。

学習指導案自体が不明確，不正確であったり，授業自体が何をどう理解させたいのか分かりにくかったりしていたのでは授業とは言えないのである。その点についての良し悪しを評価する資料としても学習指導案を作成する意味がある。

3 学習指導案作成上の留意点

学習指導の効果を上げるためには，児童・生徒の学習活動と教師の指導（支援活動）がうまくかみ合うような指導案を作成することが大切である。

そこで，学習指導案の意義を踏まえ，また，その作成目的を達成するためにどのようなことに留意して指導案を作成すべきかについて以下に述べる。

まず，教えるべき内容（教材）を教師自身が十分に研究し，理解していることが重要である。

「教師は教材研究の深さだけの授業しかできない」という言葉がある。

十分に検討された学習指導案を作成することがよい授業を生み出す大きな条件である。そのためには十分な教材研究のもとに学習指導案は作成されなければならない。教材研究を進めるということは学習内容の研究はもとより学習目標や学習方法等についても十分な研究がなされなければならない。以下，学習の内容，目標，方法等について述べる。

① 学習内容の研究について

学習内容の研究は，教材のもつ本質をとらえることである。そのためには，教科書の単元内容に関するさまざまな文献に当たる必要がある。教科書だけを検討すれば済むというものではない。学習内容については教科書を手掛かりとしながらも，教師はその教材について深く幅広い知識をもつように努めなくてはならない。

そして，当該単元の学習内容について多く研究を重ね，その内容を咀嚼（そしゃく）し，学習指導要領の目標に合わせ，児童や生徒に教材として提示していくことになるのである。

② 学習目標の研究について

学習目標の研究は，本単元の学習を通して児童・生徒に達成させたい目標や本単元のもつ教育的な価値を明らかにすることである。各教科の学習目標については学習指導要領に書かれていることが元となる。

例えば，算数科における教科の目標は「数量や図形についての算数的活動を通して，基礎的な知識と技能を身に付け，日常の事象について見通しをもち筋道を立てて考える能力を育てるとともに，活動の楽しさや数理的な処理のよさに気付き，進んで生活に生かそうとする態度を育てる」であり，生活科における教科の目標は「具体的な活動や体験を通して，自分と身近な人々，社会及び自然との関わりに関心をもち，自分自身や自分の生活について考えさせるとともに，その過程において生活上必要な習慣や技能を身に付けさせ，自立への基礎を養う」である。

このように教科の目標は，教科全体を貫く指導の方向性を示しており，その科におけるすべての学習活動を通して，実現しようとするねらいを総括的に示すものである。教科の目標を受けて学年の目標がある。これは各学年のねらいを明確化するとともに，教科全体の指導内容に対する各学年の位置づけを分かりやすくするという立場から，それぞれの学年の指導内容に即して，指導の中心的なねらいを示したものである。

この学年の目標を，さらに具体化したものとして各学年に示した内容がある。学習指導案を作成するには，この学習指導要領に書かれてある，目標や内容との整合性を図ることに留意しなければならない。

③　学習方法の研究について

学習方法の研究の内容として，教材・教具の工夫，課題提示の工夫，発問の工夫，学習形態の工夫などがある。

上記の内容についての工夫が十分であるかどうかによって授業が効果的に進められるかどうかの分かれ道ともなるものである。

教師がどのような教材や教具を用いるかで児童・生徒の興味や関心等は異なってくる。また，同じような課題にしてもそれをどのような形で提示するかによって，児童・生徒の受け止め方は違ってくるものである。それに教師の問いかけ一つで授業自体が大きく異なる方向に進むことを考えれば発問の重要性については論を待たない。いつも一方通行の一斉授業だけをやればいいものではないことを教師は分かっている。しかし，どのような授業のときに，どのような学習形態をとることが一番効果的に学習を進められるかについて十分研究して，学習指導案を作成することが大切である。すなわち，この場面ではなぜグループ学習をするのか，ここでのグループの人数は何人が適当なのかなどについて研究したうえで，それを学習指導案に反映しなければならない。

教育方法及び教育方法の原理について

教育方法とは何かと問われても，その意味は必ずしも1つでなく，様々なとらえ方がある。

狭義では教育方法を教授法や学習指導法の領域に限定して用いる。

一方，広義ではかつてヘルバルトによって教育作用を管理，教授，訓練の3つの分野に区分することが行われたが，これらの各分野を包括した概念として，教授ないし学習指導を中心として学級経営といい，教科・道徳・特別活動等の各領域の指導及び生活指導など学校教育に関する技術的問題を含めて教育方法という。

簡単に言えば，教育方法とは教育の目的や目標を実現する手段を言うのである。教育という営みは目的や目標として掲げられた価値の実現をめざして実践されるものである。その実践を支えるものとして方法や技術が意味をもつのである。すなわち卵1個をゆでるにも最上の方法があるように教育の目的や内容が児童・生徒に生かされ成長の力となるためには教育の方法が効果的で適切でなければならない。

効果的で適切な方法や技術がなければどんなに立派な目標や理念を掲げても教育効果を上げることはできない。

次に，教育方法の原理であるがこれは教育の目的と不可分のものである。

なぜならば教育の目的を極めるための手段として教育方法があるからである。目的と手段はどちらか一方を欠いても成立しないものであり，目的を達成・実現するためには何らかの手段が必要であり，また，手段は目的なくしては意味をもたないからである。したがって教育方法の原理と教育の目的とは不可分なのである。

そこで教育の目的を考えることによって教育方法の原理を導き出すことになるが，教育の目的も教育方法と同様に1つではなく様々なとらえ方がある。

なぜならば，教育の目的は現実の人間をよりよくすることである。自己実現度の高い人間像をめざすという言い方もできる。このよりよい人間像は時代により，社会情勢により，個人の嗜好（しこう）によって変化もし，異なるものである。したがって，教育方法の原理はこの目的に応じて適切な手段を講じることであるとしか言えないのである。教育における普遍性という観点から，教育方法の原理を述べれば，いかなる手段，方法，技術を駆使しようとも教師，児童・生徒間に愛と信頼関係がなければ教育効果は上がりにくいということである。

教育指導と支援について

学校における教育指導とは教科指導や教科外指導を含め，教育的な働きかけ一般を意味する。簡単に言えば，教え導くことである。

教育指導において働きかける側と働きかけられる側との位置関係は，必ずしも一方が優位に立ったり，上下関係になったりするわけではない。例えば集団の中にあって指導者が代表として集団全体を組織・統率する場合と，単なる相談役である場合とがあるが，いずれも指導の範疇(はんちゅう)に入るからである。

教師と子どもの関係で見た場合，教師の指導内容は教科の知識・技能をはじめ進学・健康指導等にまで及ぶ。それらを指導する場合，前述したようにすべて子どもより優位に立つことを必要としない。むしろ，指導と言えるためには教師がきちんとした手だてをもっていることが大切である。すなわち，どのような方法で，学ばせたり教えたりすれば，子どもは分かったり，できたりするようになるのかを教師が熟知していることが重要である。そのためには教師の知識や技能がよく整理され体系的であることが前提となる。

また，子ども自らが問を発して主体的・発見的に学べるような働きかけも指導の大切な内容である。

次に支援であるが，支援とは教師による一方的な教え込みではなく，子どもの考え方や発想を肯定的にとらえる中で，その思いや願いが実現できるように援助することである。小学校で生活科が導入された頃「新しい学力観」の考え方とともに学校教育における支援の大切さが主張された。「これからの学校は誰が生徒か先生か分からないような『めだかの学校』を目指すべきです。今までは先生が鞭を振り振り教える『雀の学校』でした」などという言葉とともに支援（当時は支持や援助という言葉も使われていた）が学校教育を席巻した。一部の教師は指導より支援の方が大切であるかのように曲解したようである。

本来，指導と支援とは，相反するものではない。指導や支援という言葉の吟味をきちんと行い，教えるべきことはきちんと教え指導し，支援が必要な場合には支援する，ということが大切である。

ホワイトヘッドの言葉「あまりに多くのことを教えることなかれ。しかし，教えるべきことは徹底して教えるべし」を吟味することで，教育活動には指導も支援もともに欠かせないものであるということを理解したい。

「ティーム・ティーチング」の内容と実施上の留意点について

「ティーム・ティーチング」とは複数の教師（必ずしも教師だけとは限らないが）が協力して指導にあたり授業を行う方法の総称である。

ティーム・ティーチングは1950年代にアメリカで開発され，教授組織の一種として提唱されたのが始まりとされる。日本ではTT（Team Teaching）は協力教授と訳されて，昭和40年代にその研究実践が行われた。

一口にティーム・ティーチングと言ってもさまざまな方式が工夫され今日に至っている。その方式の中で役割分担からティーム・ティーチングをみると大きく5つの方式が考えられる。この5つの方式にもさまざまなバリエーションがあり，一概にこれら5つの方式をもってティーム・ティーチングのすべてであるということはできない。

① 主従という関係ではなく，一般的に協力し合う方式。

小学校で担任同士が合同の授業を行う場合に見られる。

② 主たる教師に対して，アシスタントがいる方式。

新任教師と，その教師を補佐（場合によっては指導）しながら協力する新規採用教員担当教師の関係や，担任とAET（Assistant English Teacher）の関係などである。

③ 一斉指導の中で，全体を掌握しながら授業を進める教師とその中で個別に対応する教師の役割分担がある方式。

④ 習熟度に応じて役割を分担する方式。

⑤ 学習課題に応じて役割を分担する方式。

ティーム・ティーチングを実施する際の留意点は以下の通りである。

① 担当者同士の事前の入念な打ち合わせが大切である。どのように授業を進め，それぞれがどのような役割をもつのかをはっきりさせる必要がある。打ち合わせのない授業は時として子どもに混乱を招くもととなる。事前の準備では担当者同士による教材研究も欠かせない。

ゲストティーチャーやAETとのティーム・ティーチングでは，お任せの授業になっている場合があるので気を付けたい。

② 事前の準備も大切であるが，事後の反省・評価も欠かせない。次の授業の充実を期すために改善点をはっきりさせる必要がある。その中で指導計画の練り直しや教材・教具等の整備を図りたい。

教育評価の役割と方法について

①「相対評価」は，集団の中での相対的な位置づけによって児童・生徒等の学習に関する状況を評価する方法である。集団の中での自分の相対的な位置づけを知ることは，自分が他人と比較して優れているところ，すなわち適性を知る手掛かりともなる。これにより自分の目標を定め，学習に取り組む動機や励みとしたり，将来を考える際の情報として活用できたりする長所がある。しかし，相対的な位置づけのため学習目標を実現しているかどうか直接把握できないことが短所である。

②「絶対評価」は，学習に関する目標や内容がどの程度達成されたかを示す評価基準をもとに，一人ひとりの児童・生徒が目標を実現しているのかどうか，その目標の達成度はどの程度なのかを明らかにする評価方法である。

達成目標に対してどの程度の状況にあるかを評価するものであるから，個々の努力の成果が評価に反映する長所がある。しかし，評価基準や評価者の評価方法に信頼性がないと客観的な評価となり得ないという課題がある。

③「自己評価」は，評価の対象となる者自身が自分の（学習）活動を評価する方法である。自己を「振り返る」行為自体が効果的な学習である（メタ認知能力の育成）。また，教師による評価の限界と不足を補ったり，評価されることの他律性や受動性を免れたりする長所がある。しかし，自己評価は独善的になりがちである。そのため，往々にして特別な指導を要しない児童・生徒は厳しく自己評価しがちであるのに対し，もっと努力して欲しいと思う子どもが甘い自己評価をしがちであるという短所がある。

④「相互評価」は，児童・生徒同士が相互に評価しあう方法のことである。同格の者からの評価は，自分の思いこみを打ち破り，自己認知の発達を促し，自己をより客観的に評価できる力となる可能性が高い。クラスの人間関係がうまくいっている場合は相互評価のもつ役割は大きいが，そうでない場合は差別や人権侵害を招いたり，助長したりしないとも限らない。

⑤「個人内評価」は，自己の（学習）状況を自分自身のものとの比較によって示す評価の方法である。

個人として努力したことを時間の経過を追って端的に示すことができ，達成感や自尊感情を醸成するのに意味がある。しかし，評価としては絶対評価の補完的な役割の中でその価値を見いだしていく評価法と考える。

「指導要録」記入上の留意点について

1 指導要録とは

「指導要録」は，幼児・児童・生徒の学籍並びに指導の過程及び結果を記録した学校における公簿である。学校教育法施行規則によってその作成を義務づけられており，作成義務のない，いわゆる通知表とは異なる。指導要録は一人ひとりの子どもの継続的な観察，評価を記録し，それを指導及び外部に対する証明等のために役立たせる原簿としての性格をもつ重要な公簿であるから，正確な資料に基づき，厳正な態度で吟味し，明確に記録しなければならない。

2 プライバシーへの配慮

「指導要録」は，学籍，出欠席，各教科の学習，総合的な学習の時間，特別活動，総合所見及び指導上参考となる諸事項など，多岐にわたる個人情報が記録されている。したがって，プライバシーの侵害や漏洩(ろうえい)については十分な配慮が必要である。このような重要な内容を含んだ指導要録はあくまでも指導の経過や結果だけを記録するとの観点からだけでなく，今後の指導にも生かすという視点からも記入することが大切である。

また，情報公開条例等に基づき自分の指導要録の開示を求めてくるケースが多くなっている。このことからも記録されている内容は妥当性や信頼性の高いものでなければならない。教育的な配慮に欠け主観的で不正確な指導要録が開示された場合は，本人に失望感を与えるとともに教師や学校教育への不信感を招くのである。

3 記入上の注意

公簿であることの性格上，以下のような技術的な事項にも留意して記入しなければならない。

原則として常用漢字及び現代仮名づかいで記入すること。ただし固有名詞はその限りではない。数字は算用数字を用いること。楷書で正確に記入すること。

黒または青インクを用い，不鮮明なものや変色するものは避けること。学校名・所在地等にゴム印を使用するのは差し支えないが，その場合は，明瞭な印を用い，スタンプインクの質も20年間の保存に耐えるものを用いること。

記入事項に変更があった場合には，そのつど記入すること。「学校名及び所在地」「校長氏名印」「学級担任氏名印」「児童」及び「保護者」の現住所など，変更または並記する必要の生じ得る欄については，あらかじめその欄の上部に寄せて記入すること。

19 1 ●教育情報機器演習 レポート学習参考例

コンピュータなどの視聴覚メディアを学校教育において活用することの利点および留意点

1 「教科書と黒板とチョーク」の教育と視聴覚教育

学習の過程や指導法に対する研究，考察が体系的に行われ始めたのは16世紀後半といえる。ベーコン（1561-1626，イギリス）やコメニウス（1592-1670，チェコ）はその中心者であったが，コメニウスは「視聴覚教育の始祖」とも呼ばれる。学習方法は大きく2種類に分けることができる。ひとつは言語を通しての代理学習で，その代表的な道具は「教科書と黒板とチョーク」であり，もうひとつは，道具や地域経験などを通した学習，つまり，学外活動で「見る」「聞く」「触れる」「嗅ぐ」「味わう」という五感を通して学ぶ方法である。視聴覚教育は後者に分類されるが，視聴覚教育の定義は複数の観点から挙げられる。狭い意味では視覚・聴覚に直接訴えることにより教育の効果を高めようとする教育方法をいうが，広い意味では，実験や実習，体験学習等を含む。19世紀中頃からの近代的コミュニケーション技術と新しい視聴覚メディアの発明が教育に大きな変化をもたらした。視聴覚教育は「教科書と黒板とチョークからの脱出」と言われた時代もあった。

2 視聴覚メディアの種類と機能

20世紀中頃から目覚ましい進化を遂げた視聴覚メディアは視聴覚教育の飛躍の大きな要因である。まず，「メディア」という用語は多義的であることをいう必要がある。日本語では，「メディア」に一番近い意味をもつ用語は「媒体」だとされるが，場合によって，コミュニケーションに用いられる物理的材料（媒体）と，その材料に載せられた記号（音，画像，文字，動画等）を合わせて「メディア」ということもある。ここでは，「メディア」は「媒体」と同じ意味で使うことにする。

メディアは視覚メディアと音声メディアに分類できる。まず視覚メディアを解説する。

(1) 非投映系視覚メディア

静止画，絵・図類，模型と実物のことをいう。これは最も古い視覚メディアの種類で，教師が自作したものや，雑誌，教材から切り抜いた静止画，絵・図類や，マンガもその分類に入る。教育において，いまだに重要なメディアの種類である。表計算ソフトやプレゼンテーションソフトなどで作成された材料の印刷もその分類である。

(2) 投映系視覚メディア

比較的新しいメディアで，オーバー

ヘッド投映（OHP），書画カメラ（OHC），スライド，データ・プロジェクタを含む。

①OHP はトランスペアレンシー（TP）とよばれる投映用の透明シートを白い壁やスクリーンに投映する。TP の作成は，手書きによる方法とプリンタやコピー機を使う方法があるし，投映中のシートに別のシートを重ねたり，マーカーで追加の図や記号を描いたりできるので，OHP は柔軟性の高いメディアである。しかし，現在プレゼンテーションソフトとプロジェクタ（後述）で同様の効果を得られるので，OHP は利用が減退しつつある。

②OHC は，主に平面の資料をビデオカメラで撮影して映像信号に変換する装置である。教育界ではよく使用されており，「何でも映せる」仕組みとなっている。OHP と比べて表示できる教材の選択範囲は広い。

③データ・プロジェクタ（略してプロジェクタ）にはいくつかのテクノロジーがあるが，仕組みは，映像を投映可能な信号に変換し，壁やスクリーンに投映する。デジタル化が進んでおりアナログ出力のプロジェクタ（CRT 方式）は衰退の方向にあるが，いまだにアナログ入力が整備されているプロジェクタが多い。プロジェクタを使用するには，OHP と同様に自作の資料作成が必要だが，コンピュータディスプレイに表示可能な映像であればプロジェクタでも表示できる。

3　コンピュータと情報ネットワーク

コンピュータと情報ネットワークの発展は2つの要素によって教育界へ影響を与えた。より有力で使いやすいソフトウェアの登場と，電子情報通信技術の普及である。

(1)　ソフトウェア

①一般ソフトウェア

表計算ソフトと個人向けのデータベース管理システム，ワードプロセッサ，プレゼンテーションソフトによって，教材作成や児童・生徒データの管理が昔に比べて容易になった。またウェブブラウザの進化により，ネット上の情報検索及び検索結果の整理整頓は便利になった。

②学習支援，教育支援ソフトウェア

コンピュータのキーボードの使い方の学習を支援するタイピングソフトのような，ひとつの学習テーマに絞った単純なものから，幅広い機能を提供する Moodle のようなグローバル教育支援ソフト（オンライン模擬試験作成・実施システム，レポート提出システム，電子フォーラムなど）がある。

(2)　電子情報通信技術

インターネットの登場と発展，携帯端末の機能向上，電子メール，電子掲示板，電子フォーラムの登場は，児童・生徒同士，また教師と児童・生徒間や，その他の教育に関わっている者（保護者，学校関係者）同士のコミュニケーションに対する意識と感覚を変えた。

4 事　例

事例1：授業にプレゼンテーションソフトを使用する。

現在，特に大学ではよく行う授業形態である。メリットは，教師自身が作成する資料で，教科書にない情報や，授業に関係している最新の情報を提供できることである。授業運営では，アニメーションを使って児童・生徒の集中力を促すことができ，映画や教育ドキュメンタリーも投映できるので，教材の選択範囲は幅広くなる。また，現在の若者は「文字」より「映像」に慣れているので，現在の社会に合った授業形式であるといえる。留意点は，他の視聴覚教材と共通であるが，授業運営を正しく行えるかどうかである。内容中心より媒体中心の授業にならないように，教師は努める必要がある。また「文字離れ」の現象を学校で深刻化させないように，映画や教育ドキュメンタリー閲覧の場合，内容に対してレポートを書かせたり，ディベートを設けたりする必要がある。

事例2：テーマを提示して情報収集させ，発表させる。

現在，どの分野も，インターネットには十分な情報が存在し，児童・生徒にとって将来大変役立つ技術を学ぶ機会にもなる。また，一部の児童・生徒にとって，自分で検索して新しい知識を得る喜び，学ぶ喜びを覚えるきっかけにもなる。留意点は，児童・生徒は情報をみつけるだけではなく，その情報を提供した人の意見や考え方もそのまま写し，自分の思考力や判断力を働かせない恐れがある。また，インターネットには信頼性の低い情報があることに対して十分注意する必要がある。

事例3：電子媒体を使ってコミュニケーションをとる。

Moodleのような教育支援ソフトのフォーラム，電子メールなどを使って授業時間外でも児童・生徒とコミュニケーションをとる教育機関もある。そうすることによって教師と児童・生徒間の距離を縮めることが大きなメリットで，特に担任制度を設けている教育機関はそのメリットが著しい。また，電子コミュニケーションのマナーと倫理も児童・生徒に学習させる機会である。留意点は，教師はコミュニケーションの枠（時間帯，対象児童・生徒など）をしっかり管理し，過度な負担にならないように，また特定の児童・生徒と近すぎる距離感を作らないように注意が必要である。

現在，教育には情報機器は欠かせないサポートの道具であるとはいえ，言うまでもなく大切なのは伝えるべき内容である。教育に携わる人は，限定したメディアや機器を選択し，次々と出現する新しい機器を試すより，教育の内容の充実に力を向けるべきである。

情報教育の内容と方法について

1996（平成８）年に，中央教育審議会は，「21世紀を展望した我が国の教育の在り方について」と題する答申を行った。この答申の中で，情報化と教育について推進すべきことが示された。この答申を受けて，1997（平成９）年には，「情報化の進展に対応した初等中等教育における情報教育の推進等に関する調査研究協力者会議」において，体系的な情報教育について提言された。

そこでは，情報教育の目標として，情報活用能力を伸ばすことが提唱され，特に「情報活用の実践力」，「情報の科学的な理解」，「情報社会に参画する態度」という３つの観点からまとめられた。以下に，これらの目標について述べる。

1　情報活用の実践力

ここでは，「課題や目的に応じて情報手段を適切に活用することを含めて，必要な情報を主体的に収集・判断・表現・処理・創造し，受け手の状況などを踏まえて発信・伝達できる能力」の育成を目標にしている。

例えば，旅行計画を立てる際は，旅行先や旅館，予算，日程など，さまざまなことを決めなければならない。これらの決定の材料になるのが情報である。すなわち，実際の文脈の中で，どのように情報を集め，どの情報が重要かを選択でき，その計画書を作成するなどの，情報を扱う能力やスキルが情報活用能力である。

2　情報の科学的な理解

ここでは，「情報活用の基礎となる情報手段の特性の理解と，情報を適切に扱ったり，自らの情報活用を評価・改善するための基礎的な理論や方法の理解」の育成を目標にしている。

例えば，コンピュータは高速な処理のできる反面，人間にとって単純な処理が，コンピュータでは難しいことがある。このようなコンピュータと人間の情報処理能力の違いを，両者の仕組みを通して科学的に理解することが大切である。

3　情報社会に参画する態度

ここでは，「社会生活の中で情報や情報技術が果たしている役割や及ぼしている影響を理解し，情報モラルの必要性や情報に対する責任について考え，望ましい情報社会の創造に参画しようとする態度」の育成を目標にしている。例えば，現代の情報社会の問題の一つであるインターネットにおける法規制について，授業の中で討論や議論を行うことによって，情報社会に参画する態度を育成する。

コンピュータを使用した教育支援について

教育の情報化が進む現代にあって，教育場面におけるコンピュータの使用は，学習者だけではなく，当然，教員にも求められている。ここでは，教員を対象としたコンピュータによる教育支援について述べる。

1　児童生徒の情報の管理

教員は，授業を行うだけではなく，さまざまな事務作業も行わなければならない。中でも，最も重要な事務作業は，児童生徒の情報の管理である。児童生徒の情報は，出席状況やテストの成績，平常点，健康診断記録，家庭環境などさまざまであり，従来は，これらを個々の紙の表（ひょう）で管理していた。人間は，真剣に作業をしてもミスを起こすことがあり，複数の表が別々にあればミスもより生じやすい。しかし，この作業をコンピュータで行うことにより，人的なミスを大幅に減らして，効率的な管理が可能になる。コンピュータでは，この作業をリレーショナルデータベースと呼ばれる機能を利用して行うことが多い。

例えば，すべての表が，共通する児童生徒の識別番号をインデックスとして持っていれば，インデックスを介してそれらの表が関連づけられ，1つのデータベースとなる。

2　ネットワークを利用した共有

コンピュータを使用することで，児童生徒の情報の管理を効率的に行うことができる。しかし，データベースが教員一人ひとりのパソコンに保存されていたならば，誰かがデータの編集を行うと，教員間でデータベースの内容が変わってしまう。この問題を解決する方法として，ネットワークの利用がある。コンピュータ同士がネットワークを介してつながっていれば，どのコンピュータからでもファイルを参照することができる。したがって，複数の教員が同一のデータベースにアクセスすることで，上記の問題を回避できる。

3　ネットワークの問題と対策

ネットワークを利用すると，さまざまなリスクも生まれる。例えば，第三者が，学内のネットワークに不正に侵入する可能性がある。この対策として，ファイアウォールと呼ばれる，外部からの不正な侵入を制御するシステムが重要になる。一方，学内からの侵入もまったくないとは言えない。例えば，児童生徒が，学内のパソコンから成績表のファイルにアクセスし，成績を書き換えるかもしれない。この対策には事務用と教育用のネットワークを別個にする方法があるだろう。

20 1 ……●児童生徒指導論（進路指導含む）（レポート学習参考例）

生徒指導の意義と今後のあり方について

1　生徒指導の意義

生徒指導は，学校の教育目標を達成するために重要な機能の一つであり，生徒一人ひとりの人格を尊重し，個性の伸長を図りながら，社会的資質や行動力を高めるよう指導援助するものである。生徒指導の果たす役割の重要性については，小学校・中学校・高等学校の学習指導要領や，文部科学省作成の「生徒指導資料」に明確に示されている。

(1)　学習指導要領

①小学校における生徒指導については，小学校学習指導要領総則第３章５節「教育課程実施上の配慮事項」に次のように示されている。

「日ごろから学級経営の充実を図り，教師と児童の信頼関係及び児童相互の好ましい人間関係を育てるとともに児童理解を深め，生徒指導の充実を図ること」。

②中学校・高等学校における生徒指導については，中学校学習指導要領総則第３章５節「教育課程実施上の配慮事項」及び高等学校学習指導要領総則第３章５節「教育課程の実施等に当たって配慮すべき事項」に次のように示されている。

「教師と生徒の信頼関係及び生徒相互の好ましい人間関係を育てるとともに生徒理解を深め，生徒が自主的（主体的）に判断，行動し積極的に自己を生かしていくことができるよう，生徒指導の充実を図ること」。

これらの規定から生徒指導を進めるうえでの前提条件は，①教師と児童生徒の信頼関係，②生徒相互の良好な人間関係づくり，③生徒理解であり，この３つが生徒指導を進めるうえで必要不可欠であることを示している。

最近では児童生徒の孤立化やいじめ，それに伴う不登校など対人関係の希薄化などを背景に，良好な人間関係づくりの重要性が強調され，集団の中で，他の子どものよさを認めあい，互いによさや可能性を高め，豊かにするためにも児童生徒相互の良好な人間関係の育成がますます重要になってきている。

こうした状況の中で，先に引用した中学校学習指導要領に「生徒が自主的に判断，行動し積極的に自己を生かしていくことができるよう」とあるように，生徒指導の究極のねらいは自己指導能力（自主的に判断，行動し，積極的に自己を生かしていくことのできる資質や能力，態度）の育成であることが明らかである。

また，生徒指導は，学校教育の全領

域，すなわち各教科，道徳，特別活動，総合的な学習の時間のすべての授業を通して，すべての教師によって行われるべきであることが示されている。

⑵「生徒指導資料」

1988（昭和63）年，文部省作成の「生徒指導資料」（教師用手引）には，生徒指導について次のように述べられている。

「生徒指導とは，本来一人ひとりの生徒の個性の伸長を図りながら，同時に社会的な資質や能力・態度を育成し，さらに将来において社会的に自己実現ができるような資質・態度を形成していくための指導・援助であり，個々の生徒の自己指導能力の育成を目指すものである」。

このことからも，生徒指導のねらいは，生徒の個性の伸長，社会性の育成，自己実現能力の育成，自己指導能力の育成をめざすものであることが明らかである。また，ここでは自己指導能力を育成するための指導上の留意点として，次の３点が挙げられている。

①生徒に自己存在感を与えること。

生徒が学校生活の中で己の存在感を見いだせるような集団作りをすることの援助として，問題の多い子，不登校の子などでも，生徒一人ひとりの存在をかけがえのない学校の一員として大切にする姿勢が教師に求められる。

②共感的人間関係を育成すること。

教師と生徒，生徒同士が，年齢の上下や貧富，経験の違いなどを超えて，相互に人間として無条件に尊重し合う態度で，ありのままの自分を語り，共感的に理解し，良好な人間関係を育てることが大切である。

③自己決定の場を与え自己の可能性の開発を援助すること。

教師や親に依存し，自信がないか，甘えで指示を求める生徒に対しても，できるだけ自己決定をできるようにヒントを与えたりすること，あるいは，生徒に自己決定の機会や場をできるだけ多く用意し，生徒がより適切に自ら決断し，責任のある行動をとれるように指導援助する必要がある。

2　生徒指導のあり方

⑴　ガイダンス機能の充実

学習指導要領の「総則」と「特別活動」において「ガイダンスの機能の充実」が新設されたが，これは従前の生徒指導を改善・充実させ，今後のあり方を示すものである。

ガイダンスの機能の充実について，中学校学習指導要領の「総則」の中に「生徒が学校や学級での生活によりよく適応するとともに，現在及び将来の生き方を考え行動する態度や能力を育成することができるよう，学校の教育活動全体を通じ，ガイダンスの機能の充実を図ること」とある。

また，それを受けて「特別活動」には「学校生活への適応や人間関係の形成，選択教科や進路の選択などの指導に当たっては，ガイダンスの機能を充実するよう学級活動等の指導を工夫すること」と示されている。

このことから，ガイダンスに求められている役割として，次の4点が挙げられる。

①学校生活・学級生活などの集団生活に適応する能力の育成。

②人間関係の形成能力の育成。

③現在及び将来において，人間としての在り方・生き方を考え，行動する能力，態度の育成。

④選択教科や進路の選択など自分で選択決定できる能力，態度の育成。

この背景には，不登校や学校不適応生徒に代表される学級や学校の生活になじめない子ども，友人との人間関係がうまく取り結べない子ども，無気力や孤立感の深まり，さらには，選択教科の拡大や総合的な学習科目の新設などの学級の多様化にうまく適応できず自分の将来展望をもてない生徒の存在などといった指導するうえでの今日的な問題がある。

これらは，集団場面や個別の形態をとりながら行う生徒指導の重要な課題であるが，同時にガイダンスに期待されている内容でもある。したがって，ガイダンスの機能の充実は，学校としての指導・援助のあり方，特に生徒指導や特別活動と深く関わるものである。

(2)　これからの生徒指導

生徒指導は，生徒が自らをよく理解し，自らを生かしつつよき社会人に成長していくことを援助することを重要な目標とする積極的な生徒指導と生徒の非行対策とがある。

すべての生徒のそれぞれの人格のよりよき発達をめざしつつ，生徒一人ひとりにとっても学級や学校集団が居心地のよい，生き甲斐のある，充実したものとなることをめざすことが，自然と非行化の防止としての効果を挙げることになると考えられる。

したがって，学級担任はまず，学級の生徒一人ひとりの学力，性格，個性，生いたち，友人関係，家族関係，身体の健康状況などを調査・観察することを通し，共感的で，しかも正確な生徒理解を図っていく必要がある。そして，親和的でありながらも，適度の生徒間の競争心をそそるような学級集団を醸成していくことが必要である。

このことは，集団への適応能力の育成，人間関係を上手に結ぶ能力の育成，人間としてのあり方・生き方を考え，行動する能力・態度の育成などの指導，つまりガイダンスの機能の充実を図ることに重なってくる。担任教師の深い教育的な愛と正義感をもって，生徒のさまざまな可能性や潜在能力を正しく引き出していくときにガイダンスの機能の充実が図られ，生徒指導の目標が達成されるはずである。

また，不幸にして，非行に走る生徒が出た場合には，必要に応じて，児童相談所や警察などの関係機関と連携を図りながら，学校の組織を挙げて，根気よく指導を続けていくことが大切である。

ガイダンスの機能の充実とこれからの生徒指導について

生徒指導のねらいは，児童生徒が自主的・主体的に判断，行動し，積極的に自己を生かしていくことのできる資質や能力，態度を育成し援助することである。また，児童生徒のよりよい適応や選択に関わる能力，現在及び将来にわたる自らのあり方，生き方を考え行動する態度や能力の育成である。これは，学習指導要領の改訂で新設された「ガイダンスの機能の充実」の視点による生徒指導の新しい方向である。

ガイダンスの機能の充実は，学校の教育活動のすべての領域において図られるべきであるが，特に生徒指導については，学習指導要領の改訂により改善が図られており，今後より一層充実させるための努力が必要である。

なお，生徒指導で取り扱う活動内容は，次のとおりである。

①学業指導，②個人的適応指導，③社会性・公民性指導，④道徳的指導，⑤進路指導，⑥健康・安全指導，⑦余暇指導。

これからの生徒指導は，ガイダンス機能の充実を図る方向として，次のような展開が考えられる。

⑴学校全体の生徒を対象にした生徒指導の授業時間の確保と指導援助計画の作成・実施である。授業の場や形態は，学級活動・ホームルーム活動の時間とそれ以外に利用できる教育課程内で実施される心理教育としての指導である。

⑵個別の生徒指導の指導計画を生徒の実態や能力に応じて作成し，それに基づいて担任や教育相談担当などが指導援助を展開する。

⑶児童生徒の当面する問題に対応して，カウンセリング的，あるいはガイダンス的な指導援助を行う。

⑷生徒指導主事や教育相談主任が中心になり，学級担任や養護教諭などが効果的に生徒指導を進めることができるように，必要な情報を提供し，相談に応じるなどの援助をしたり，関係機関・団体や保護者との連携を進めるためのつなぎ役をする。

⑸指導援助の成否の程度をきちんと評価し，個別指導援助に役立てるケースマネジメントを行うことである。

生徒指導は，教師の個別的な対応に委ねられる部分が多いが，常に学校全体の共通的理解を図りながら行われることが重要である。また，教師は日常的に生徒を正しく観察し，生徒との人間的な触れ合いを通して多面的な理解を図り，生徒指導を行うことが大切である。

ガイダンスの機能の充実と進路指導について

進路指導とは，直接的には生徒の能力・適性，将来の希望などが生かせるように進学・就職の指導及び助言を行うことである。

中学校及び高等学校の学習指導要領総則では，「生徒が自らの（在り方）生き方を考え，主体的に進路を選択できるよう学校の教育活動全体を通じ計画的・組織的な進路指導を行うこと」と明示されている。

したがって進路指導の教育的意義は，単なる進学指導や就職指導にとどまらず，生徒の自主性や主体的な意思決定能力を高めるとともに社会性や職業観を育て，将来社会人として一層進歩発展できるよう援助することである。

また，ガイダンスの機能の充実と進路指導に関わる規定としては，学習指導要領の総則の中で「生徒が学校や学級での生活によりよく適応するとともに，現在及び将来の生き方を考え行動する態度や能力を育成することができるよう，……ガイダンスの機能の充実を図ること」とあり，これを受けて，学習指導要領第５章「特別活動」には，「学校生活への適応や人間関係の形成，選択教科や進路の選択などの指導にあたっては，ガイダンスの機能を充実するよう学級活動等の指導を工夫すること」と，より具体的に示されている。

また，「特別活動」の内容として「学級活動」の中で，「生徒が当面する諸課題への対応に資する活動を行うこと」とされ，その具体的な内容として，①進路適性の吟味と進路情報の活用，②望ましい職業観・勤労観の形成，③主体的な進路の選択と将来設計などが明確に示されている。

このことは，生徒一人ひとりが将来の生き方や進路を視野に，いま学校で何のために，何を学ぶのかを考えること，そのうえで，適切に教科を選択し，主体的に学習に参加させるよう指導することを意味している。これに沿って，生徒が多様な進路の選択，将来の生き方，あるいは各教科の学習内容を理解できるように工夫し，ガイダンスの機能の充実が図られるようにしなければならない。

就業構造の変化が激しい現代にあって，進学・就職先などの進路の選択肢が多様化する中で，中学校や高等学校では，ガイダンスも単発的・集中的に行うのでなく，進路指導は生徒の進路希望や計画に沿って，入学から卒業までを通して，計画的・組織的・継続的に実践することが大切である。

生徒指導の実践にあたって考慮すべき基本事項について

生徒指導の究極の目標は，自己指導能力の育成である。自己指導能力は，学習指導要領の総則の「生徒指導」に示されているように「自主的に判断，行動し積極的に自己を生かしていく」ことである。文部省作成の「生徒指導の手引」（教師指導手引）では，自己指導能力を育成するための留意事項として，次の３点を挙げている。

①生徒に自己存在感を与えること。

生徒指導は，生徒一人ひとりの存在をかけがえのないものとして大切にすることを指導の基本とする。

人間は，他者との関わりの中で生きており，その関わりの中で自己の存在感を見いだせるとき，いきいきと活動できる。生徒が自己存在感を得ることなしにその自己実現は図れない。

②共感的な人間関係を育成する。

自分の目標達成の過程において，人間的な弱さや不安をもった人間同士が出会い，それぞれの経験をありのままに語り合うことは，自分の経験をはっきりと意識化し，現実に向かって心を開放する役割を果たす。教師と生徒が人間として無条件に尊重し合う態度でありのままに自分を語り，共感的に理解し合う人間関係を育てることが大切なのである。

③できるだけ多く自己決定の場を与え，自己の可能性を援助すること。

自己決定の場で自ら決断・実行し，責任をもつ経験を何度も積み重ねることによって自己指導能力の育成は図られる。生徒は，自らの行動の選択を迫られるとき，自分自身を見つめ，自己受容・自己理解が進められる。

ところで，生徒指導を行うための前提条件は，教師と生徒の信頼関係である。このため教師は，常に児童生徒の表情や態度，言動に関心をもち，子どもの気持ちや感情を察知し，それに応えることが必要である。これによって生徒は自分に関心をもち援助してくれることを理解し，教師を信頼するようになる。

また，生徒指導を効果的に行うために，教師は児童生徒の行動や背景を正しく，客観的に理解する必要がある。このためには，授業やその他の教育活動中における観察に加えて，知能検査や性格検査なども合わせて活用することが望ましい。

このようにすれば，教師が日常知り得なかった児童生徒についての実状が判明することもある。常に教師は事実に合った適切な指導を推進するよう心がけなければならない。

いじめ，不登校，校内暴力等の指導及び LD・ADHD 児の理解について

いじめや不登校，校内暴力は，学校教育の根幹を揺るがす重大な問題であり，学校関係者は，日頃から家庭をはじめ，地域の民生・児童委員や児童相談所，警察などの関係機関との連携を密にして，速やかな解決に努めなければならない。

いじめは，児童生徒の心身の発達に大きな影響を与え，人権に関わる重大な問題でもある。学校は，いじめを発見しやすい立場にあることから学校生活のみならず，児童生徒の日常生活面についても十分に注意を払い，早期発見とその解決に努めなければならない。いじめの早期発見とその解決にあたっては，学級担任の責任ある指導が重要であるが，全校的な組織を設けたり，生徒指導に関わる校内研修を定期的に行うなど不断の努力が必要である。

不登校問題の対応にあたって最も大切なことは，「不登校は，誰にも起こり得る」という認識である。したがって，学校や家庭では不登校の子どもが再登校することだけに目的を置くのではなく，児童の自主性や社会性の伸長，登校意欲の回復，家庭機能の回復といった対応をとることが特に大切である。そのためには，学校や家庭が「心の居場所」になるよう日常の教育活動を展開することや家族愛に満ちた家庭の構築に心がけなければならない。

また校内暴力は，対教師暴力，生徒間暴力，器物損壊のことで，他の生徒や地域社会にも影響を及ぼす問題である。学校では，学校生活に不満や不安をもつ生徒には常に心理的にも相談相手になれるような指導体制が必要である。

次に，LD（学習障害）児，ADHD（注意欠如多動性障害）児は，中枢神経系の何らかの機能障害などにより学習上困難を有する児童である。

「個性」を重視する教育においては，教師に学習障害児に対する正しい理解と専門的な知識をもつことが求められている。

LD 児，ADHD 児の治療教育は，未だ確立されていない現状の中で，障害をもたない児童生徒とともに指導する教師の責任は重く困難も大きい。

現段階で何よりも大切なのは，こうした児童を早期に発見するとともに，専門機関とも相談し，その助言を得て適切な対応をとることである。

LD 児や ADHD 児の特性を異状と見るのではなく，「個性」としてとらえ他の児童たちとともに温かく受容するクラスづくりをめざすことが大切である。

若者の孤立感，孤独感と生徒指導の役割について

いつも一人でいたい。友だちは要らない。友だちはほしいが無理をしてまで相手の気持ちに合わせるのはいや，などという中学生や高校生が増えつつある。また，生徒の「集団離れ」や「学校離れ」は年齢が増すにつれて増加の傾向にあると言われている。

さらに最近は，全国に60万人以上いるという「ニート」と呼ばれる若者の存在が社会問題になっている。これは，就職意欲がなく働かない若者たちのことで学校卒業時点で就職も進学もしていない学卒無業者を指している。ニートには，自信喪失や行き詰まりから働く意欲を失った若者や反社会的・享楽的あるいは社会との関係が築けないといったタイプの若者が含まれる。

こうした若者の孤立感・孤独感を解消するためには，児童の人格発達や家族への援助といった子どもを取り巻く環境への総合的な援助が必要であるが，とりわけ教育サイドからの取り組みが重要である。したがって教師は，「集団離れ」や「学校離れ」を克服する生徒指導に全力を傾ける必要がある。

生徒指導の果たす役割は，学習指導要領に示されているように，「生徒一人ひとりの個性の伸長を図りながら，社会的な資質や能力・態度を育成し，さらに将来において社会的に自己実現できるような資質・態度を形成していくための指導・援助であり，個々の生徒の自己指導能力の育成を目指す」ものである。

また生徒指導は，各教科，道徳，特別活動，総合的な学習の時間のすべての教育活動の中で展開されるが，特に集中して行われる場としては，特別活動の学級活動や学校行事などがある。そして特別活動は，望ましい「集団」をめざして教師の適切な指導のもとにすべての生徒によって活動が行われる。教師によって意図的に作られた集団であっても，自然発生した小集団も，「集団」の中から学習する意義は大きい。それは，講義や読書だけでは得られない生きるための知識や技能，礼儀，リーダーシップ，仲間意識，競争意識，思いやりや忍耐などを人との関わりの中で学習することができる。

生徒指導の教育的な意義を理解し，発達段階に沿った適切な指導を行うことによって，孤立しがちな生徒にも集団生活の心地よい体験をさせることができる。温かで親和的な集団生活の中から，個々の生徒に「生きる力」が育ち，不安な孤立感から解放されることになるのである。

来談者中心カウンセリングと行動療法カウンセリングについて

1 来談者中心カウンセリング

来談者中心カウンセリングは，かつて非指示的療法といわれ，アメリカの心理学者ロジャーズによって提唱された心理療法の１つである。その基本的立場は，１人の人間として生きる来談者の主体性を終始徹底して尊重・共感し，交流し合うことにある。

カウンセラーとの関わりを重視し，来談者の自己実現と成長を最大限に可能にすることをめざすという原理に基づいている。

それまで中心的であった診断や指示指導に重点の置かれたカウンセリングから，カウンセラーの態度やあり方，来談者への関わり方を中心に据えることでカウンセリングの流れを大きく変えたものである。ロジャーズは，カウンセラーに次の要素を指摘している。

①来談者との関係のなかでカウンセラーの気持ちが真実に基づき純粋で一致することが肝要である。

②カウンセラーが来談者に対して受容と好感，積極的関心（無条件の肯定的配慮）を感じることが来談者の個人的成長の促進に効果的であることを理解する。つまり，来談者に人間として温かな配慮と受容で対応するということである。

③カウンセラーは，「感情の反射」と呼ばれるように，その瞬間瞬間に来談者の感情やコミュニケーションのすべてに敏感に共感的な理解をすることである。それは来談者の内的世界に焦点を合わせて，所有欲のない愛情を込めたカウンセリングをするためである。

(1) 基本的な態度

カウンセラーは，相手を説得するという姿勢ではなく，言葉を引き出し，心を込めて聴くこと（傾聴）に努めることが大切である。

①「共感的理解」：相手の立場や気持ちに立って，悩みや苦しみ，その人の心情，言葉の意味を理解しようと努める。

②「受容」：相手の考え，行動を評価したり批判したりしないで，まず，相手の言葉に耳を傾け，受け入れる。

③「自己の可能性発揮への援助」：相手の自己決定，自己選択を信じ，それを促す。

(2) 来談者中心カウンセリングの技法

①「受容」：受容の技術は，ロジャーズ派に限らず，あらゆるカウンセリングに活用できる。具体的には，来談者の語る言葉に，「そう」，「うん」などとうなずきながら，評価的，批判的

言葉を控えて，まず，相手の気持ちをあるがままに受け入れ，心から聴くように努力することが大切である。

②「繰り返し」：相手の話したポイントをつかまえて，それを相手に返すことである。「私はあなたの話をこういうふうに理解しましたが，私の理解に間違いはないでしょうか」と確認する意味をこめて，ポイントを復唱するのである。

来談者は，自分の話したことが言葉になって戻ってくることで，自分の気持ちや受け取り方を客観的にとらえることができる。このことにより，自己を振り返り，洞察が深まって自己解決の見通しをたてることができる。

③「感情の明確化」：来談者がなんとなく気づいてはいるが，まだはっきりと意識化していないところをカウンセラーが短く，的確な言葉で返す技術である。

例えば，「先生，今日，お時間ありますか」に対し，「私と何か話したいことがあるのですか」，あるいは「先生，他の人でもたまには来室するんですか？」に対し「同じような悩みをかかえている人は他にも多くいますよ」などは「明確化」である。このことにより，来談者は自分自身の感情を整理することができる。

④「質問」：相手を助けるために質問をして，必要な情報を集めなければならないことがある。質問しないで受動的に聴くだけでは，相手は物足りないことがある。

その他，来談者の発言内容を，「つまりあなたの考えはこういうことでしょうか」のように「要約」して返したり，来談者が黙り込んでしまった場合には，静かに見守っていく「沈黙」場面への対応もある。

2　行動療法カウンセリング

行動療法カウンセリングは，学習理論によるさまざまな成果を実際のカウンセリングに適応して，行動の変容などに活用するものである。現状不満の認識・解決のための目標設定，目標達成のための必要技能の教授と学習，そして目標達成という順序で相談活動を展開し，問題解決を援助するものである。

(1)　オペラント条件づけ法

これは，よい行動を自発的に行ったことを条件にしてその結果が生じるようにして，その行動が再び起こるよう奨励したり（正の強化），それまで存在していた不快な刺激を取り除いてやることによって，よい行動が再び起こるように奨励することである（負の強化）。また，うまくいった時を点数で表して点数カードや星印などでよい行動を奨励する方法もある。

(2)　系統的脱感作法

不登校児童・生徒の指導などで，学校という不安が喚起される場面に段階的・系統的に直面していくイメージを思い浮かばせ，段階的に恐怖や刺激への過敏性などを減らしていく。この他，子どもに自己制御の技能を身に付けさせて，自律化を促進する手法として，自己制御法などが活用されている。

(3)　自律訓練法

自律訓練法は，通称AT（autogenic training）といわれ，1932年，ドイツの心理学者シュルツによって体系化された心身の安定や機能回復を主目的とした自己訓練法である。

その特徴は，①自己催眠法を用いた自己弛緩法の一つであること。②自己暗示を利用した自律神経の調整を目的としていること。③それにより感情の鎮静化も得られると考えられ，ストレスの緩和にも役立つこと等である。

一般的効果として，①過敏状態が鎮静化する。②自己統制力が増し衝動行動が少なくなる。③身体的な疼痛や精神的な苦痛が緩和される。④内省力がつき，自己向上性が増す。⑤自律神経機能が安定する。⑥自己決定力がつく，などがあると考えられている。

自律訓練法の標準公式（標準的な方法）とは，重量感（手足が重たい），温感（手足が温かい），心臓調整（心臓が静かに規則正しく打っている），呼吸調整（楽に息をしている），腹部温感（胃のあたりが温かい），額部（がくぶ）冷涼感（額が涼しい）を順に行うことである。なお，１つの公式が十分できるようになってから次の公式に進むことが大切である。

適応範囲は広く，心身症や神経症などの医学的効果のみならず，教育現場においても注意力や忍耐力の向上，対人関係の改善などの効果も報告されている。ただし，脳障害や，偏頭痛をもつ人には適用すべきでない。

3　カウンセリングの適用

「来談者中心療法」は，心理療法の基礎になっており，あらゆる問題行動や不適応行動に対応できる。特に，不登校や集団不適応などの問題行動は，対象児童の年齢が低いほど効果的であり，場合によっては保護者のみのカウンセリングでも大きな効果が表れる。校内暴力やいじめなどの問題行動のある児童・生徒やその被害者に対してもこの手法が有効である。しかし，重い神経症的な症状を併せもつ場合は，来談者中心療法だけでは，不十分と考えられることがある。強迫行動や，学校に強い恐怖感をもつ児童・生徒への対応は，とにかく「受容」し，「明確化」などの技法を駆使して「傾聴」に努めることが重要である。

数回のカウンセリングで情緒の安定が感じられたら，相手の状況に適合すると思われる「行動療法」の手法を導入していくことも考えるとよい。相手に受け入れの意欲が見えれば，家庭での実施を約束する。行動療法の手法に拒否反応があった場合はすみやかに中止するという判断も大切である。

いずれにせよ，カウンセリング療法を行うにあたっては，カウンセラーの優れた人間的資質と，専門的知識，経験が大切である。

来談者中心カウンセリングについて

「来談者中心カウンセリング」は，1940年代に，アメリカの心理学者，ロジャーズによって創始された心理療法で，その理論は現在行われている多種多様な心理療法の基礎となっている。

ロジャーズは，「人は誰でも自分の内的な資質を発見し，発展させる生来的な能力をもっている。また，われわれはその資質を身体・精神ともに健康な人として成長・完熟するために活用することができる」と提唱した。

来談者中心カウンセリングは，当初は，「非指示的カウンセリング」といわれ，ウイリアムソンの提唱した「指示的カウンセリング」といわれた手法に対して，クライエントの感情を受容し理解することに重点を置き，解釈や助言を与えることは避けるべきと提唱し，発展してきた療法である。

1950年代になると，非指示型の発展の中で，クライエントを中心に考える態度が最も重要であり，クライエントの自己成長力を信頼することが基本とされるようになった。カウンセラーは，来談者の内的世界の理解に努め，思いやりのある寛大な心で受け止め，理解することにより，クライエントの変化や成長を確認できると考える。来談者中心カウンセリングは，ロジャーズのいう，受容，共感的理解，自己一致の理念に支えられている。「受容」とは，無条件の自己価値をもった人間として，クライエントに温かな配慮をもっているということである。相手の語る言葉に，「うん」，「そう」などとうなずきながら，評価的，批判的な言葉は控えて，まずは気持ちをあるがままに受け入れ，心から聴くことである。次に，「共感的理解」とは，カウンセラーが絶えず理解しようとしていることのなかで，クライエントの感情やコミュニケーションのすべてに敏感に共感することである。

この結果，クライエントが自分の存在する世界と同じ世界にカウンセラーが在ることを認め，相互理解が成り立っていく。また，「自己一致」とは，カウンセラーは，純粋，全体的であること，または自己一致していることで，クライエントとの接触の中でありのままの自分であることである。内面では，あるいは無意識の水準では別の感情をもっているのに，外面にある態度または感情が見せかけを示しても意味はない。これらの考え方に即して，「傾聴」「繰り返し」「感情の明確化」などの手法が用いられ現在に至っている。

行動療法・行動カウンセリングについて

「行動療法」とは，心理学の学習理論を人間の行動の変容に適用する方法であり，創始者の一人であるウォルピは，「行動療法は条件づけ療法ともいい，不適応行動を変革する目的で，実験上確認された学習諸原理を適用し，不適応行動を減弱したり除去するとともに，適応行動を触発・強化する方法でもある」と定義している。

つまり行動療法は，学習理論，特に条件づけ理論を基礎とした治療方法である。行動療法は「オペラント条件づけ技法」の研究をしたスキナー説や，精神分析的な考え方を打破するために，「行動療法」という言葉を古典的条件づけを主張したアイゼンク説などを起源としている。

行動療法は，個人ないし同一問題をもつ集団の行動，思考や態度を変える直接的な試みである。この方法は，特定のクライエントに個別に適応できるよう高度に分けられており，問題行動を除去して，これを適応行動に変化させるというような臨床上の質的な内容に重点を置いている。

行動療法はロシアの生理学者パブロフの条件づけ（刺激—反応）を基礎としている。

1　古典的条件づけ

空腹な犬にベルを鳴らして，数秒後食物を与えると，犬はこの食物によって当然のことながら唾液分泌反射が起きる。

パブロフは，このようにしてベルの音と食物を一対として反復的に与えていると，犬はベルを聞いただけで，食物を与えられる前でも唾液分泌反射が起きることを発見した。

現在多くのカウンセラーが神経症的行動で悩むクライエントに適用しているこれは，学校という不安が喚起される場面に，段階的，系統的に直面していくイメージを思い浮かばせ，段階的に恐怖や刺激への過敏性や，頭痛・腹痛などが起きるのを減らしていく手法である。

2　オペラント条件づけ

これは，反応と強化との繰り返しによって既存の反応を変容させることをめざしている。ある行動に対して，正の強化としての「報酬をあたえる」，「除外する」，負の強化として「処罰する」，「回避する」などの刺激を繰り返し与え，症状を除去する方法である。

強い不安に悩むクライエントの問題解決を援助するうえでこの方法は効果的である。

「心理劇（サイコドラマ）」について

「心理劇（サイコドラマ）」は，モレノによって創始された即興劇を用いた集団心理療法である。心理劇は，一連の場面構成のなかで，改善すべき問題などを劇の主題として，自発的，即興的に演じさせることにより指導者はその問題を診断することができ，参加者は演じたり観たり話し合ったりすることによって何が問題か気付く事ができる。治療者は問題解決の糸口を見つけたり，自信や自己主張を強めることができ，全体の情緒的雰囲気を改善する効果もある。

1　心理劇を通して期待できる効果

⑴　自発性や社会的技能を育てる

場面は架空の場面なので，実際の生活場面での危機や心理的圧迫を感じることなく，自由に表現することが許される。したがって，治療者は自分の判断で即興的にさまざまな場面を演じ，その経験を通して自発性を高め，望ましい社会的な技能を修得することが可能になる。

⑵　相手の立場や価値観を理解する

普段体験できない他人の役割を演じたり観たりすることにより，相手の立場や価値観を理解することができる。

⑶　自分自身を客観的に見つめることができる

他人の演技を観たり，自分で演じることにより，自分の普段の考え方や行動の仕方を客観的に具体的に見つめ直すことができる。

⑷　全員で活発に話し合い，考えることができる

演技者だけでなく世論の役割をもつ観客や教師も一緒にそれぞれの立場から話し合いに参加し，自由な討論を通して自分の考えを深める。

2　心理劇の進め方

①「ウォーミングアップ」：心理劇を円滑に行うための橋渡しをする機能をもつ。具体的には，じゃんけん遊びや挨拶（あいさつ）遊びなどにより，リラックスさせ，相互の親密性を高めイメージをふくらませてドラマの主題性を探す。

②「ドラマ」：主として問題場面を再現して問題の解決を行わせる。子どもが現実に抱えている問題をそのまま取り上げて劇で再現させたり，問題を解決する劇を演じさせる。

③「シェアリング」：メンバーは，随時ドラマに参加し，演者となったり観客になったりする。最後にメンバーがこの一連の時間を共有する中で，個々の問題に対する内面を洞察したり他者との共感などを体験することができる。

学校における教育相談の進め方について

学校において教育相談は「いつでも，どこでも，誰にでも」の考え方を基本とする担任による生活相談や，相談室などで一定の時間内に行うスクールカウンセラーによる相談，その他がある。

1 相談室の整備

相談指導の効果を十分に発揮するためには，一定の広さと備品の整った相談室を整備することが重要である。位置は，保健室の近くか，職員室の付近が望ましいが，大切なことは児童・生徒が安心できること，秘密が保たれることである。

2 教育相談の態様

(1) 定期的に行う相談

教師が児童・生徒全員に実施する方法である。多くの学校では夏休みなどに相談期間を設定して相談活動を推進している。進路や学習問題に的を絞って行う場合と，児童・生徒との相互理解や親近感を育てるための相談がある。

(2) 呼び出し相談

教師が児童・生徒を計画的に呼び出して行う相談方法である。学習態度や行動などで気掛かりな者に対し，教師の方から積極的に働きかけ，個別的に話し合う方法である。

(3) 偶然の機会をとらえての相談

学校では児童・生徒と接するあらゆる場面で相談活動を展開することができる。掃除や登下校，廊下ですれ違った時などにその機会を意図的にとらえて相談を進める方法でもある。

(4) 自主来談による相談

児童・生徒が自発的に相談を求めてくる場合の相談である。この場合，表面的には些細な問題に見えても実際には深刻な問題が潜んでいることもあるので，共感的な態度に徹して児童・生徒が自らの力で克服するよう援助していくことが大切である。

3 教育相談の進め方

(1) 秘密の保持

児童・生徒が教師を信頼して自己の心を開き，悩みを打ち明けることは重大なことである。したがって，信頼関係の維持，相談活動の効果や継続のためにも教師は秘密を厳守する必要がある。ただし，重大な問題に対しては，職員間で協議することもあり，最近では集団の守秘義務の考え方もある。

(2) 相談中の記録

特に必要と思われること以外は記録をとらず，終了後に語られた事実を中心に記録しておく。また，受容，共感，明確化などカウンセリングの技法を取り入れることが必要である。

面接以外の教育相談的技法について

カウンセリングの基本は対面であるが，不登校や引きこもりなどクライエントと対面できない場合に，対面カウンセリングの補助として利用されるのが通信カウンセリングである。通信カウセリングの方法は，大別して「電話によるカウンセリング」と「文章によるカウンセリング」とがある。

電話によるカウンセリングは，顔の見えないカウンセリングといえるが，表情や仕草など非言語な情報が入らない。そのため，不用意な一言を言ってしまうことでかえって相手を追い詰める危険性があり，話すことばには十分な注意が必要である。その欠点は，ことばの調子やことばの間(ま)などで補うことができる。また，電話で相手が無言であっても電話を切らない時は，つながっていたいという意思表示なので，切らないで相手が話し出すまで待つことも必要である。

文章によるカウンセリングは，クライエントが書く手紙や日記などに返答する形式で行われる。文章は，自分を正直に表せる反面，自分を飾ることもできる。だが，飾っていたとしても文章には自己が出やすいと言われているので，文章の行間を読むことが大切となる。

また，文章は，「○○死ね！」「死んでやる」など感情的・攻撃的な表現が多くなる傾向がある。その感情的な表現に反応するのではなく，どのような文脈の中で使われているかを考えることが重要である。手紙や日記への返答はあくまでもカウンセリングの一環であり，カウンセリング場面での発言を文章化していると考えて実施するべきである。

ところで，近年重要性を増してきているのが，「メールによるカウンセリング」である。現在，多くの児童・生徒がスマートフォンなどを所持し，メールを中心に利用しており，またインターネットの利用も当たり前となってきている。このメールによるカウンセリングの基本も，文章によるカウンセリングと同じであるが，大きな違いとして，メールには絵文字が含まれることがある(手紙や日記にも見られるが，頻度が少ない)。絵文字には，子どもの心の中が表現されていると考えられる。もちろん，言葉から子どもの心を読み取ることも重要であるが，現在の子どもたちは絵文字に特別な意味をもたせているため，どのような意味をこめて使用されているか読み解いたうえで対応する必要がある。

22 1 ……………………●総合演習(環境と健康) レポート学習参考例

自動車の普及が健康に及ぼす影響とその対策について

自動車の普及は，人々の行動範囲を広げ，生活を便利で豊かなものにしたが，その反面，健康への悪影響が懸念されている。

健康への悪影響を考えるには，排気ガスの問題と自動車利用による運動特に歩行不足の問題の両面から見る必要がある。その他にも，騒音，交通事故などの健康障害も問題である。

1　排気ガスの影響

(1)　有害物質と健康障害

排気ガスの中には，直接健康に障害を及ぼす有害物質と環境汚染を通して健康に障害を及ぼす物質がある。

ディーゼル車排気ガス中に特に多く含まれる粒径10μm 以下の浮遊粒子状物質（SPM）は，微小なため，大気中に長時間滞留する。肺や気管に沈着して，呼吸器疾患特に花粉症や喘息（ぜんそく）などのアレルギー反応を促進したり，肺がんを誘発したりする。また，植物の気孔を塞いで光合成を抑制することで植物を枯死させ，食物への被害を通して健康に影響を及ぼす。

硫黄酸化物（SOx）は燃料中の硫黄分が燃焼することによって，空気中の酸素と結合して発生する。呼吸器に悪影響を及ぼし，喘息の原因ともなる。また，空気中の水蒸気粒子に解けて酸性雨の原因となる。酸性雨は，植物を枯死させ，自然環境の大規模破壊を介して，健康に影響を及ぼす。

窒素酸化物（NOx）は，燃焼温度が高くなると空気中の窒素が反応して発生する。SOx と同様に呼吸器障害を起こしたり，酸性雨の原因となるばかりでなく，光化学スモッグの原因ともなる。光化学スモッグは，NOx や燃料の不完全燃焼によって発生する炭化水素（HC）などが空気中の酸素によって酸化されたり太陽光線中の紫外線によって光化学反応を起こした結果，産生されたオゾンがスモッグ状になることで，呼吸器障害，のどや眼の痛みを引き起こす。

一酸化炭素は，燃料の不完全燃焼が原因で発生するが，ヘモグロビンとの親和性が酸素よりはるかに高いことで，酸素不足を招き，一酸化炭素中毒による死の危険もある。

二酸化炭素（CO_2）は，燃料の燃焼によって発生し，温室効果を発揮することで地球温暖化を招く。気候変動に関する政府間パネルの報告によるとこのままでは，2100年には1.4～5.8℃の平均気温上昇が起こり，マラリアなどの動物媒介感染症の分布地域の拡大が危惧されている。

(2) 排気ガス対策

日本政府は，環境基本法，地球温暖化防止京都議定書，オゾン層保護法，自動車 NOx 法，排気ガス規制などの法に従った規制を強化しているが，根本的に排気ガスによる大気汚染や健康障害を防ぐためには，有害物質排出を抑制する装置の開発，低公害車の開発，低公害燃料の開発などが積極的に進められなければならない。

2 運動不足の影響

(1) 健康日本21

日本人の平均寿命は，生活環境の改善や，医学の進歩などにより急速に延び，世界でトップクラスの長寿国となった。

しかしその一方で，食生活や運動習慣の変化が原因となる生活習慣病や，認知症や寝たきりなどの高齢者の増加が社会的にも深刻な問題となりつつある。日本人の死亡原因の第１位はがん，第２位は虚血性心疾患，第３位は脳卒中であり，これらの三大死因で全死亡数の約60％を占める。これらの疾患はいずれもいわゆる生活習慣病と呼ばれる疾患で，生活習慣を改善することで予防可能な疾患ともいえる。

厚生労働省は，2000（平成12）年に「高齢化の進行」，それに伴う「寝たきり」・「認知症」などの増加及び「生活習慣病の増加」を21世紀における保健医療政策の重要課題とした。そして，「生活習慣の改善」，「健康の増進」，「疾病の予防」などによる一次予防を重点対策課題とする「21世紀における国民健康づくり運動（健康日本21）」を推し進めることとした。

「健康日本21」では，①「栄養・食生活」，②「身体活動・運動」，③「休養・こころの健康づくり」，④「たばこ」，⑤「アルコール」などの生活習慣の改善と，⑥「歯の健康」，⑦「糖尿病」や⑧高コレステロール血症による「循環器病」や⑨「がん」などの生活習慣病予防のための国民運動の目標が設定されている。ここでは，食生活の改善に次ぐ重要目標として適当な運動習慣の導入が取り上げられている。自動車の発達により，以前なら歩いて行ったところにも，自動車を利用するなど，歩く機会が減った。

それに反比例して生活習慣病が増加しており，自動車の普及が運動不足を招き，生活習慣病の誘因となっていると考えられている。

(2) 運動（歩行）の効果

誰でもベッドに１週間寝たきりで運動をしないでいると，呼吸や血液循環・代謝の機能が10％前後衰えるといわれており，栄養・食生活に気をつけていても，運動をせずに体の機能を使わなければ，健康な体は維持できない。

健康を維持するための運動の基本は，歩くことである。歩くことの効果は，①酸素を消費するために心臓や肺の働きを強める，②エネルギーを消費するので，肥満を予防する，③血液循環が良くなり，血管の弾力が増し，血圧が安定する，④血流が良くなって脳を活性化するため，老化を防止する，⑤血液中の善玉（HDL）コレステロールを上昇させて，悪玉（LDL）コレステロールを低下させるため，動脈硬化を防ぎ，虚血性心疾患（心筋梗塞）や虚血性脳疾患（脳梗塞）を予防する，⑥中性脂肪の代謝を活発にしてインスリン耐性を改善するとともに筋肉中のインスリンの作用が高まり，糖尿病を予防する，⑦免疫系を活性化して，がん細胞の増殖を防ぐ，⑧骨や筋力を強くして，骨粗しょう症を防ぎ体力を向上させることで寝たきりを予防する，⑨ストレスを解消して，精神的疲労を回復させる，などの効果があるといわれている。

⑶　生活習慣病予防のための運動量

体力を維持し，健康を保つには，1日200～300kcalを運動で消費する必要があるといわれている。

運動の基本である歩行の場合，速足で歩いて30～40分間，普通の歩きで40～60分間を週に2～3回以上行うと効果が上がる。

3　その他の健康への影響

⑴　騒音・振動の影響

車の大型化に伴う振動や夜中の騒音は，聴覚障害，睡眠障害などの他に自律神経障害やホルモン異常を引き起こす原因となる。特に高速道路近くの住民や暴走族の溜まり場となっている地域の住民にとっては深刻な問題となっている。

対策として，高速道路沿いに防音壁を設置したり，深夜の住宅街への車やオートバイの乗り入れ規制などが行われている他に，アイドリングストップ運動なども行われているが，発生音や振動を低減させるための車の改良や道路の整備なども必要である。

⑵　交通事故による健康障害

厚生労働省の「人口動態統計」によれば，2013（平成25）年1年間の不慮の事故での死亡者は，3万9000人余で，死因順位の第6位となっている。その中で，交通事故による死亡者が最も多く，6000人余（不慮の事故による死亡の15.4％）を占めている。死に至らないが，健康障害を引き起こす事故はかなりの件数になる。

死亡事故につながる飲酒運転等の厳罰化が進められているが，交通マナー向上の一層の徹底が求められる。

⑶　狭い空間の健康への影響

狭い車内で長時間同じ姿勢で運転していると，いわゆる「エコノミークラス症候群」を引き起こす危険がある。大腿部の静脈が圧迫されて血流が悪くなった結果，血液の凝固が起こり，立ち上がった際に凝固血が移動して肺動脈を詰まらせることによって起こる肺塞栓症である。実際に大阪でタクシー運転手がエコノミークラス症候群で死亡したとして労災認定されている。

長時間運転の場合は，水分の補給と一定時間ごとに外に出て体を動かして凝血を防ぐ必要がある。

食環境と健康について

日本をはじめとする先進諸国においては，食べ物に恵まれ，食べたいときに食べたいものが何でも食べられる食環境が整っているが，同じ地球上には食べるものがなく飢えに苦しんでいる人々が多数いる。

食環境と健康について考える場合，あふれるほどに豊富な食環境に住む人々と飢えに苦しむ食環境に住む人々の両極における健康事情を考える必要がある。

1　豊富な食環境における健康問題

(1)　健康日本21

日本をはじめとする先進諸国では，食環境を含む生活環境の改善や医学医療の発展によって，平均寿命が急速に延びた。

日本は，先進国の中でも類をみない長寿国となったが，食習慣の欧米化や交通手段の発達による運動不足が原因となる生活習慣病や寝たきり高齢者の増大が深刻な社会問題となっている。

日本人の死亡原因の第1位はがん，第2位は虚血性心疾患，第3位は脳卒中であり，これらの三大死因による死者数は毎年全死亡の60%を超えている。これらの疾患はいずれも生活習慣病と呼ばれる疾患であり，生活習慣の改善によって予防できる。

厚生労働省は，2001年より，生活習慣病予防を柱として，「生活習慣の改善」,「健康の増進」,「疾病の予防」などによる一次予防を保健医療政策の最重要課題と位置づけた「21世紀における国民健康づくり運動（健康日本21)」を推し進めている。

「健康日本21」では，①「栄養・食生活」，②「身体活動・運動」，③「休息・こころの健康づくり」，④「たばこ」，⑤「アルコール」などの生活習慣改善と，⑥「歯の健康」，⑦「糖尿病」や⑧「動脈硬化による循環器病（虚血性心疾患と虚血性脳疾患)」や⑨「がん」などの生活習慣病予防などの9領域に国民運動のための70項目の目標を定めている。①，②および③を運動の3本柱とし，その中で「食習慣の改善」を第1位に位置づけている。

食物があふれ，いつでも好きな物を選んで食べることのできる食環境においては，健康に留意した食習慣を自分で選んで，健康を保持する必要があるということである。

(2)　がんと食環境

①食塩と胃がん：日本人男性のがん死の第1位である肺がんは喫煙との関係が深く，食物とは直接関係ないが，胃がんは1995年までは男性がん死の第

1位であり，現在は第2位である。女性では今でも第1位である。胃がんの原因は，塩分の取り過ぎによることが疫学調査の結果，明らかになっている。第二次大戦後，高血圧性脳出血の予防を目的とした減塩運動が広がり，その結果として脳出血死が減少するのに平行して胃がん死が減少している。しかし，現在でも日本人は塩分の多い食事を好む傾向があり，胃がんは多い。

②動物性脂肪とがん：従来の日本型食習慣では少なかったにもかかわらず，食習慣の欧米化によって増えてきたがんとされているのは，男性特有のがんである前立腺がん，女性に多い乳がん，男女ともに増えつつある大腸がんである。ともに，近年急速に増加しており，動物性脂肪の摂取が原因と考えられており，食習慣の改善が望まれる。

③食品添加物とがん：ある種の農薬やさまざまな食品添加物の発がん性が指摘されており，使用禁止処置がとられている。食品の鮮度を保つために添加される亜硝酸塩類が消化管内で胃酸などと化学変化を起こして発がん物質に変化するという研究報告もある。

④がんを予防する食習慣：緑黄色野菜に多く含まれる各種カロテン（ビタミンA類），ビタミンCやビタミンEなどが，発がん物質のがん遺伝子への働きかけを阻止して発がん予防効果を発揮するといわれている。

(3) 動脈硬化と食環境

日本人の死亡原因の第2位である心疾患の主な疾患である虚血性心疾患（心筋梗塞），第3位である脳卒中の主な疾患である脳梗塞は，いずれも動脈硬化によって動脈の血液の流れが止まることによって起こる。すなわち，動脈硬化が引き金となっている。

①コレステロールの役割：動脈硬化は，動脈の壁に血液中を流れている脂質の一種であるコレステロールが付着して起こる。血液中を流れる脂質は，大きくコレステロールとトリグリセライド（中性脂肪）の2種類の脂質に分けられる。コレステロールは，私たちのからだをつくっている細胞の膜の成分として血管壁を柔らかくしたり，女性ホルモンや男性ホルモンのもとになったりする重要な成分である。コレステロールの3分の2は肝臓でつくられ，残りの3分の1が食物から取られる。

②コレステロールと動脈硬化：コレステロールには，いわゆる善玉（HDL）コレステロールと悪玉（LDL）コレステロールの2種が存在している。過剰なLDLコレステロールが活性酸素によって酸化されてできた変性コレステロールが動脈壁に結合して動脈硬化を起こす。硬化が起こった血管壁は一般にざらざらした状態で狭くなっていて，そのざらざらに血液中の血小板が結合して血液を固め（血液凝固という）て，血管をふさいでしまう（血栓）とその血管の血液から栄養や酸素を受け取っていた組織が死んで障害が発生する。それが心臓に

起これば心筋梗塞，脳に起これば脳梗塞と呼ぶ。

③高コレステロール血症の改善：コレステロールはからだに有用な成分で血中コレステロールの３分の２は肝臓でつくられており，食物として余分なコレステロールが摂取された場合には肝臓でつくる量を調節している。したがって，多量のコレステロールを含む食物の摂取を控えると同時に，肝臓のコレステロール産生量の調節作用を改善することが必要であり，それには適度な運動が重要である。

(4) 飽食と糖尿病

食物の過剰摂取と交通手段の利便性による運動不足があいまってII型糖尿病と呼ばれる糖尿病が増加している。

過食によって余ったエネルギー源が中性脂肪として体内に蓄積されることによって，からだ中の細胞に血液中のブドウ糖を取り込ませるインスリンと呼ばれるホルモンの働きを鈍らせることで全細胞の機能低下を起こす。血液中のブドウ糖は利用されないために血液中に残り，高血糖値を示し，結果的に尿中に排泄される（尿糖陽性）。

II型糖尿病は，心筋梗塞や脳卒中の発生を促す危険因子とされるのみでなく，腎障害，神経障害，網膜障害などの合併症を引き起こす。腎不全のため血液透析を受けている患者の中では，糖尿病性腎不全が最も多い。

食習慣の改善と適度な運動が糖尿病予防に欠かすことができない。

2 飢餓と健康

世界の人口の約80%が，発展途上国といわれる貧しい国に集中している。このような国においては，食環境も劣悪であり，毎日，約２万4000人の人々が飢餓に関連した原因で生命を失っていると言われる。栄養失調は，からだの成長を遅らせることはもちろんだが，エネルギー代謝の障害により，好中球と呼ばれる白血球の食菌作用を著しく阻害するばかりでなく，免疫担当細胞の主役となるリンパ球と呼ばれる白血球の増殖を抑えるために，重篤な免疫不全症を引き起こす。

また，このような国・地域にあっては，衛生環境も悪いために，微生物あるいは寄生虫による伝染病の蔓延を促すことになる。さらに，貧困により医療施設や医薬品も十分に整っていないので，先進国ならば治療可能な感染症も治療が困難となる。途上国の死亡原因の第１位は免疫不全症に基づく微生物・寄生虫感染症である。

特に５歳未満の乳幼児が栄養失調による免疫不全の影響を強く受け，先進国に比して，死亡率が高い。ユニセフ（1995年）によれば肺炎などの呼吸器感染症，赤痢などの下痢を伴う消化器感染症などの微生物感染症が乳幼児死亡の原因の約75%を占めている。

食生活に恵まれている日本国民は，世界には飢餓が原因で死亡している人々が数知れずいることを認識し，毎日の食環境の改善に努めるべきである。

シックスクールの原因と健康障害について

最近，老朽化に伴う校舎の改築が公立学校を中心に増えている。それに伴って，改築後の新校舎において，めまい，のどの痛み，頭痛，吐き気などの症状を訴える児童・生徒が増えている。その原因が校舎の様々なところから放散される化学物質によることが明らかにされた。新築した住宅で起こる症状「シックハウス症候群」と同じであり，原因となる化学物質もまったく同じことから，シックスクール症候群と呼ばれている。シックスクール症候群を引き起こす要因としては，①建築資材等に化学物質が多用されていること，②部屋の構造の高気密化が挙げられる。

(1)化学物質と健康障害：症状を引き起こすとされている化学物質には，ホルムアルデヒド，トルエン，パラジクロロベンゼン，キシレン，エチルベンゼン，スチレンなどがあるが，化学物質として最も問題とされているのは，床や壁の構築に使われる合板などの接着剤等に含まれるホルムアルデヒド，塗料などに含まれるトルエンである。これらの化学物質が，直接障害を引き起こす場合と化学物質過敏症になっているため健常なヒトには症状が出ないごく微量の化学物質にも反応する場合とがある。

ホルムアルデヒドは，ヒトの鼻やのどの粘膜を刺激し，トルエン及びキシレンは，ヒトの神経系に作用し，行動機能異常や胎児の中枢神経系の発達障害を引き起こす恐れもある。ベンゼン類は，肝臓や腎臓の障害を引き起こす可能性が指摘されている。

(2)よくある症状：目がチカチカする・目がかゆい，時には視力低下や視野狭窄(きょうさく)などの目の症状，のどの痛み，吐き気，咳などの肺機能障害，さらに中枢神経系の症状として，いらいら・動悸(どうき)・不眠・不安・うつ症状・記憶力低下・思考力低下・集中力低下・発汗異常・ほてり・聴覚や味覚などの感覚異常が起こる。ほかにも皮膚の発疹やアレルギー症状の悪化などがある。

(3)対策：このような化学物質の室内濃度の測定を毎年1回実施することが文部科学省よりの通達で義務づけられている。その通達によれば，それぞれの物質の室内濃度が厚生労働省の指針値を超えた場合には，換気を励行し，その原因を突き止め，化学物質の発生を低くするための適切な処置を講ずることが義務づけられている。換気の励行のみならず，強力な換気装置の設置や発生源の撤去・更新など，根本的解決策が必要である。

フロンガスによるオゾン層破壊のもたらす健康障害について

フロンは，炭素分子にフッ素及び塩素が結合した化学物質で，他の物質とは反応しないためほとんど無害な物質として，冷蔵庫やエアコンの冷媒（れいばい），電子回路などの精密部品の洗浄剤，スプレーなどの噴射剤として広く使われてきた。オゾンは酸素分子が3つ結合した化学物質で，オゾン層とは，地球と宇宙の間にある成層圏のオゾン密度の高い層を指し，太陽光に含まれる強力な紫外線を吸収する働きをしている。南極上空の成層圏でオゾン層が破壊された結果できるオゾンホールが拡大しつつあり，フロンガスがその原因であることが明らかにされた。

(1)フロンによるオゾン層破壊：フロンは，化学的に非常に安定な物質であるため，大気中に放出されると分解されずに成層圏まで到達してしまう。そこで太陽光の強い紫外線を吸収して分解し，塩素原子が放出される。この塩素原子が，オゾンを分解し，紫外線吸収能のない酸素分子としてしまう。1個の塩素原子は，雨水に取り込まれるまでの間連鎖的に多数のオゾンを酸素に分解する。その結果オゾン層が薄くなり，もともとオゾンが少ない南極上空の成層圏でオゾン層のない状態が出現し，オゾンホールとして観察されたものである。オゾン層が薄くなると太陽光中の紫外線の吸収量が減り，地上に降り注ぐ紫外線量が増し，健康に障害が起きることが心配されている。

(2)紫外線の健康への影響：紫外線は強力な放射線であるγ線とまったく同じ作用を示す。γ線と違うところは，人の体の奥深くまで到達できないことである。したがって人への影響は，γ線が体の奥深くまで届いて，骨髄中の造血細胞に働いて白血病を起こしてしまうのに対して，紫外線の影響は皮膚の段階でとどまる。最近，紫外線が皮膚がんを誘発することが明らかになってきた。すなわち，γ線や紫外線は，細胞に作用すると遺伝子であるDNAを切断する。細胞は，切断されたDNAをつなぎあわせるが，その際に修復にミスが起こると細胞の性質が変異してがん細胞に変化すると考えられている。がんの他にも免疫能の低下，結膜炎，白内障などの健康障害をもたらす。

(3)オゾン層保護：世界的規模でオゾン層保護の取り組みがなされており，日本でも1988年に，オゾン層保護法を策定し，フロン排出規制を開始したが冷媒剤や洗浄剤として広く使われてきたフロンの代替化学物質の開発も必要である。

喫煙と健康障害について

たばこの煙には，約4000種類の化学物質が含まれており，その中の約200種類が有害物質，40種類は発がん物質である。それらの有害物質の中でも「タール」，「ニコチン」，「一酸化炭素」は，三大有害成分といわれる。WHOは，1995年には，全世界で300万人以上の人がたばこが原因で死亡していると警告している。たばこの成分中に含まれる有害物質は，肺がんをはじめとするがんや血液循環障害の他にも，胃・十二指腸潰瘍（かいよう）などの消化器疾患，喘息（ぜんそく）や慢性気管支炎などの呼吸器疾患の発症に深く関わっている。

(1)タールの健康障害：タールやベンツピレンなどはたばこに含まれる代表的な発がん物質である。日本人の死亡原因の第1位はがんであるが，近年胃がんが徐々に減りつつあるのに対して肺がんが急速に増加し，日本人男性のがん死の第1位は肺がんである。非喫煙者に比べて喫煙者の肺がん死の危険度は，約4.5倍とされている。その他いろいろな臓器の発がんの危険度を増していることも明らかにされている。

(2)ニコチンの健康障害：中毒性があり，たばこがおいしく感じる原因の一つである。血管収縮作用があり，血圧上昇を起こし脳出血を促す危険がある。また，動脈硬化で血管が細くなっている場合には，細い動脈の血流の停止が起こり，虚血性脳疾患（脳梗塞）や虚血性心疾患（心筋梗塞）を起こす危険が高くなる。1日40本前後の喫煙者の虚血性心疾患による死亡リスクは非喫煙者の約2倍とされている。

(3)一酸化炭素の障害：不完全燃焼が原因でできる一酸化炭素は，ヘモグロビンへの結合力が酸素よりはるかに強いため，肺からの酸素の吸収を妨げ，酸素欠乏状態に陥りやすい。そのため，虚血性疾患の増悪（ぞうあく）を招いたり，妊婦の喫煙は，胎児への酸素欠乏による影響も懸念されている。

(4)受動喫煙と防止法：たばこの害は，喫煙者のみにとどまらない。現在販売されているたばこの大部分は良質のフィルターがついているため，喫煙者の吸って吐く煙（主流煙という）よりも，たばこの先から出ている煙（副流煙という）の方が有害物質の含有量が多く，喫煙者の周囲で副流煙を吸った人（受動喫煙者あるいは間接喫煙者という）への健康被害が大きな社会問題となっている。このような被害を防ぐために，2003年5月に健康増進法が施行され，公共の場所での受動喫煙防止策が義務づけられている。

微生物感染症の蔓延（まんえん）について

微生物感染症の蔓延（まんえん）と環境との関係を考える場合，環境変化を時間的変化としてとらえる場合と社会的変化としてとらえる場合に分けられる。

時間的環境変化とは，交通機関の発展によって世界が時間的に狭くなったことである。船で旅をしていた時代は，世界一周に何か月もかかったのに，ジェット機に乗れば数日の間に世界一周が可能になったことである。社会的環境変化とは，発展途上国を中心に人口の爆発的増加が起こり，その結果自然環境が破壊され，貧窮化がますます進んで衛生環境が悪くなっていることである。

(1)時間的環境変化と微生物感染症：医学医療のめざましい発展によって，先進諸国ではいわゆる伝染病として恐れられてきた感染症は激減し，日本国内での感染症の発生はほとんどなくなり，死亡の原因はがんや心筋梗塞や脳卒中といった生活習慣病に変わってきた。しかし最近，赤痢やコレラあるいは重症急性呼吸器症候群（SARS）など外国で流行している感染症の輸入（輸入感染症）が問題となってきている。

船で往来していた時代なら日本に着くまでに時間がかかり，ほとんどの伝染病は，日本に着く前に症状が出るため，港からの伝染病の持ち込みを防ぐことができた。ところが，ジェット機の場合，外国と日本の間を１～２日で往来できるために，感染していても発病する前の潜伏期の間に到着してしまう。無症状の場合，空港での検疫でチェックすることは困難であり，どのようにしてこのような感染症の上陸をくい止めるかは大きな課題である。

(2)社会的環境変化と微生物感染症：日本をはじめ先進諸国では，少子化が進んでいる中，発展途上国では爆発的な人口増加が見られ，世界人口の約80％を途上国が占めている。増加した人口の食物及び住環境確保のために，森林伐採や化石燃料の利用で自然環境が破壊されている。それがまた食料供給を悪化させ，途上国では慢性的な栄養失調状態が続く一方で，人口増に見合う経済的発展が望めないため，貧困化が進み，衛生環境の悪化も深刻である。しかも充分な医療設備も整えることのできないこのような環境下では，感染症の蔓延を防ぐことは極めて難しい。現にこのような途上国の死亡原因の第１位は微生物・寄生虫感染症である。

対策としては，家族計画の周知徹底，先進諸国の援助による環境整備，医療体制の整備などが緊急の課題である。

酸化ストレスと健康について

現代は，ストレス社会といわれ，ストレスと健康との関係が注目されている。何らかの刺激によって，心や体に生じたゆがみをもとに戻そうとする反応をストレスといい，その原因となる刺激のことをストレッサーという。例えばゴムボールを指で押すとボールはゆがんだ状態になる。このゆがんだ状態から反発してもとに戻る反応がストレスであり，押している指がストレッサーということになる。しかし，一般には，刺激とゆがみを一緒にしてストレスと呼んでいることが多い。

(1)有害なストレスと酸化ストレス：ラザルスという学者はストレスを，ポジティヴな情動（安心，喜び，希望，感謝，確信，自信，肯定）を引き起こす有益なストレスと，ネガティヴな情動（怒り，不安，罪悪感，悲しみ，嫉妬，恐怖など）を引き起こす有害なストレスに分類している。有益なストレスが加わると，人間性の成長，人格形成などにポジティヴに働くのに対して，有害なストレスが与えられると，人間性の成長や人格形成にネガティヴに働くという。有害なストレスは，体内で活性酸素を過剰に産生させ，脂質などの酸化を起こすことによって健康を害するといわれており，このようなストレスのことを酸化ストレスという。

(2)有害ストレスの健康障害：ストレスは，大脳辺縁部を経て，脳の視床下部に影響を与える。視床下部が，自律神経系に作用すると自律神経系のバランスが崩れ，自律神経失調状態となる。また，視床下部が脳下垂体に作用すると，副腎皮質ホルモンの過剰生産を促し，それが免疫不全やアレルギーなどの免疫異常を引き起こすとともに，好中球と呼ばれる白血球を活性化して，活性酸素の産生を促す。活性酸素は，老化促進の真犯人ともいわれ，心筋梗塞や脳梗塞のもとになる動脈硬化の促進など，生活習慣病の引き金にもなると考えられている。免疫不全症は，がん細胞の排除能力を低下させ，がんの発生を促す結果ともなっている。胃潰瘍や十二指腸潰瘍もストレスによることはよく知られている。

(3)ストレス解消法：老化を防ぎ，生活習慣病を防いで，健康で長生きするには，有害ストレスを解消することが必要である。そのためには，ストレス度のチェックによるストレスの自覚，十分な休養とリラクゼーション，ストレッチやウォーキングなどの適度な運動，入浴やマッサージなどを上手に組み合わせることである。

II　教科に関する科目

日本語の表現や理解に関する疑問点・問題点について

1　発音と仮名表記のズレによる問題

日本語の表記は，漢字仮名交じりを原則としているが，それぞれの単語を漢字で書くか，片仮名，平仮名で書くかについては厳密なルールはなく，個人の判断で表記されているのが現実である。したがって，以下の①，②のいずれの表記も可能である。

①今日は［わ］，僕は［わ］これから塾へ［え］行きます。

②こんにちは［わ］，ぼくは［わ］これからじゅくへ［え］行きます。

しかし，上記の文中の「は」「へ」を［　］内のように書くと間違いとされ，小学生に見られる事例である。「今日わ」「こんにちわ」などの表記は，大人でも間違う人が見られる。

では，なぜこのような表記が起きるのであろうか。現在の日本語表記に関する，「仮名遣い」については，1986（昭和61）年の内閣告示に「現代語の音韻に従って書き表すことを原則とし，一方，表記の慣習を尊重して一定の特例を設けるものである」とある。したがって，現代語の音韻に従うという原則からいえば，［　］内の表記は間違ってはいないはずである。

しかし，慣例を尊重した特例である助詞の「を，は，へ」の表記に従っていないので間違いなのである。

小学校の1，2年生に助詞を教える場合，例えば「塾」と「行く」という2つの言葉をくっつける働きがあるという意味をこめて「くっつきの『へ』」と教えるため，助詞の「を，は，へ」などは正書法のように定着している。しかし，定着しにくい表記の1つに先に示した「こんにちは」「こんばんは」がある。これらが定着しにくい原因は2つ考えられる。

1つは，「こんにちは」「こんばんは」が，1つの単語としての意識が強くなり，「今日（こんにち）＋は」という，「名詞＋助詞」の2語である意識が薄れているためという理由である。もうひとつは，「こんにちわ」と表記する人は，「行きたくないわ」などの，感動を表す終助詞の「わ」と混同していると考えられる。

このような理由で「こんばんわ」という表記が増えるとすれば，その表記を慣例として認めるか，「『今日（こんにち）＋は』など，もとが副助詞，係助詞である『は』は，そのまま『は』と書く」と指導した方がいいのではないだろうか。

助詞の「を，へ」という表記はかなり定着し，文中における「格（かく）」の機能を果たしている。ただ，次のような場合は取り立てて指導しないと大人になっても迷ったり，間違ったりする。

「止むを得ない」「せざるを得ない」「止せばよいものを」「いわんや，をや」等の「を」は，「お」と間違いやすい。

「へ」と書き間違いやすい「行方（ゆくえ）」は，もともとは，助詞の「へ」だったとも考えられるが，その意味が薄れて1語となり，現在では「行方（ゆくえ）」と表記する。これは，歴史的仮名遣いが「ゆくへ」であったこともあって間違いやすい。

次に，「塾」の平仮名表記であるが，子どもはもちろん，大人でも「じく」と発音する人が見られるが，本来の発音は「じゅく」である。このように間違いやすい類例には次のような語がある。［（　）内は間違った平仮名表記］

・手術（×しじつ）・芸術（×げいじつ）・宿題（×しくだい）・述語（×じつご）

子どもたちは，耳で聞く発音から語句を習得するため，大人がきちんとした発音をするように心掛けるとともに，学校教育において教員がきちんと発音して児童生徒に正しい発音をするよう気を付けさせ，時には取り立てて発音を練習することも必要である。

発音に引かれた平仮名で書くと間違いやすい語に次のような例がある。

・音楽会（×おんがっかい）・作曲家（×さっきょっか）・水族館（×すいぞっかん）・旅客機（×りょかっき）

これらは，「音楽＋会」など語の構成を通して，発音と仮名表記との関係を指導するとともに正しい漢字表記を習得させたい。

2　若者に見られる気になる日本語の文法と用語

若い人たちの会話や文章で気になった日本語に次のような表現がある。

①チョー気持ちいい。

②私ってそそっかしい人なんです。

③すごいおいしいですね。

④それって，違くないですか。

⑤子どもを狙う殺傷事件があとを絶たない。なので，親は，子どもだけで外で遊ばせるのは危険と考えている。

①は，アテネオリンピックの金メダリストである北島康介選手の発言で有名になり，2004年度の「ユーキャン流行語大賞」になった表現である。「チョー気持ちいい」の「超（ちょう）」は，もとは「超満員」「超特急」のように名詞に付く強調接頭語だと思われる。

すでに，①の用法を俗用であると断って載せている辞書もあるが，「チョーむかつく」などと若者の間で使用されているのを見ると，やはり学生に対しては正式に使用しない言葉として指導したい。

②は，以前は「私はそそっかしい者ですから」と自分自身を「者」で表現していた。そして，「鈴木さんは，気難しい人ですよ」と，他人を「人」で表現していた。

ところが，最近の10代から20代では

半数以上が「私はそそっかしい人ですから」という。なぜそうなったかは分からないが，学生が「私は○○大学の人です。」というのは不適切であり，そのような場合は「者」と言うように指導する必要がある。

③の「すごい驚きました」は誤りで，「すごく驚きました」でなければならない。ところが，最近は，「すごい可愛い」「すごい美味しい」「すごいきれい」という若者が多くなり，「あの人は走るのがすごい速い」という表現について，2003（平成15）年の文化庁の調査によれば，20代では73％が使用しているという。

「すごい」が，形容詞ではなく「感動詞」か「チョウ（超）」のように強調接頭語として使われているようである。先日もテレビで若い女優が「チョウ美味しい！」と言った後で，すぐ，「すごい美味しい！」と言い直したことからも，その間の意識が推察される。

この用法はこれからも定着していくと思われるが，「すごく驚きました」という正しい表現を使えるように指導することが求められる。

④の「違くないですか」の表現は，「好きくない」などと，幼児相手の母親や保育士に見られた。それが最近若者の中で，やや誤りだと意識しながらも使われている。

これは幼児語の名残だという説や，「違う」という動詞を形容詞のように使っているという説，また，あからさまに「違わない」と断言することを避け，否定的な内容を婉曲に表現しようとする意識があるとも考えられている。理由はどうあれ，正しい日本語として，「違わない，違いません」等の表現を使えるように指導したい。

⑤の接続語「なので」は，筆者が指導する大学生のレポートの１割ぐらいに見られた表現である。初めて接したときには，驚き，早速辞書で探したが見つけることができなかった。

この言葉は，北原保雄の『問題な日本語』に取り上げられている。その本には，2004（平成16）年の時点では「話し言葉では，徐々に使われてきているが，文章語としては，まだ定着していないことが分かります」とある。

学生の文章でこの語の使用にたびたび接していると，いかに急速に普及しているかがわかる。初めにこの言葉を見た印象は「ですから，だから，したがって」などの接続語があるのにと腹立たしくなったが，これらの接続語は押し付けがましい感じがして使いにくかったことに私自身気付かされた。

したがって，気軽に使える「なので」を使用したいという学生の気持ちも理解することができたのである。

こういった言葉の特別な用法が，後に慣例として使用が認められる場合もあるが，会話でも文章でも，その時に正式と考えられている表現を使用するよう学生に指導する必要があると思われる。

日本語の語彙(ごい)に関する基礎的知識と特徴について

日本語は単語の数が非常に多いといわれる。フランス語や英語は5000語の単語を覚えると96%理解でき，あと4%は辞典を引けばよいが，日本語の場合は2万2000語の単語を覚えなければならないといわれる。日本語の単語が多いのは，日本の生活に和洋漢と新旧の生活様式が混在し，言語的にも外国語を取り入れやすく複合語が作りやすいためだといわれている。

国立国語研究所の「現代雑誌九十種の用字，用語」の研究報告によれば，人名地名を除いて，日本語の語彙は和語が36.7%，漢語が47.5%，外来語が9.8%，混種語が6.0%となっている。

和語というのは，日本語固有の言葉及びそれらが転化，派生した語である。抽象的，科学的概念を表す語が少なく，雨を表す語が複数あるなど自然現象を表す語が多いという特徴がある。

漢語とは，本来は中国から伝来した単語のことで外来語であるが，日本独特の造語法や読み方による単語が多いので他の外来語とは区別している。「ウマ，ウメ」や「イチ，ニ，サン，シ，…」の数え方などは，漢語であるという意識もないほどである。

漢字には音読み（漢音，呉音，唐音），日本語の意味を表す訓読みがある。漢字の画数の多さや筆順の複雑さは日本語を習得する際に問題となる。

また「公害，郊外，口外，口蓋，梗概，慷慨」（読み方は全て“こうがい”）など同音異字の熟語や「立つ，経つ，建つ，絶つ，発つ，断つ，裁つ」などの異字同訓が多く，正しく書き分けたり聞いて区別することは難しい。一方「返事，大根，公害，民放，電算機」など造語が容易であり，「大学卒業」を「大卒」と短縮できる長所がある。

外来語は，漢語以外で他の言語が流入し，日本語に摂取された単語である。ヨーロッパ系の単語が多いので「洋語」ともいう。外来語の中には，野球の「ナイター」や「ガソリンスタンド」など英語にはない言葉である和製英語や，「テーマ・ソング」（独語と英語）「ガラス窓」（オランダ語と和語）のような異種の言語が混ざった「混種語」もある。国際化が進む現在，IT関連など新しい外来語が増える一方で，和製英語を安易に使用し続けていることが問題になっている。

また，日本語の語彙の特徴として，敬語，婦人（女性）語，幼児語・育児語など場面に特有の言葉があり，それらをどのように整理し使い分けるかは今後の課題となっている。

日本語の音声に関する基礎的知識と特徴について

人間がものを言うときに，口，鼻等の音声器官を使って出す「言語音」を単なる音ではなく，「音声」（又は「拍」）という。音声は連続して発生されるが，それぞれの言語に特別なリズムが認められ，その言語を使う人が一番小さな音声の単位として意識している言語音を「音節」という。音節をさらに観察的な立場から分析してとらえられた音を「音素」といい，「母音」と「子音」の２つに区別される。母音は声道のどこかを狭めたり閉じたりすることによる障害がない言語音をいい，障害のある言語音を子音という。

日本語の母音は，「a,i,u,e,o」の５個，子音は，「k,s,t,n,h,m,r,g,z,d,b,p」などがある。音節は，清音が，今はない音節（ゐ，ゑ，を）を省いて44個，濁音が（「ぢ，づ」を省いて）18個，ガ行鼻濁音５個を含めると23個，半濁音（ぱ，ぴ，ぷ，ぺ，ぽ）が５個，拗音が「ぢゃ，ぢゅ，ぢょ」を除いて33個（「ぎゃ，ぎゅ，ぎょ」の鼻濁音を入れると36個）がある。

他に特殊音節として，撥音「ん」，促音「っ」，そして，片仮名では「ー」で示される長音の３個があって全体で103～109個になる。

現在は外国語表記のために，「シェ，ティ，デュ，ファ，フィ，フォ」等の音節や表記も見られる。

日本語の音節は，「子音」＋「母音」の「開音節」の構造で，子音で終わる「閉音節」と区別される。英語は「pen」「strike」が１音節であることからも分かるように閉音節が多い。これらは，日本語では「ペン」「ストライク」と２音節，５音節となり，音声が長くなるのも日本語の特徴のひとつである。

音節の種類が中国語では400を超え，英語では３万以上ということと比べると，日本語の音節がいかに少ないかがわかる。このため同音異義語が多く，次のような場合も見られる。

「『ちくしょう』とは，『地区賞』のことであって『畜生』のことではありません」。

日本語のアクセントの特徴をみると，英語が強弱アクセントであるのに対して高低アクセントで，「アメ（雨，○—○）」と「アメ（飴，○—○）」の「アメ」は高低アクセントで区別される。

日本語のアクセントは方言によって東京式と京阪式，一型式の３つに分けられる。それぞれの違いに差別意識や劣等感が起きないように学校や社会は留意しなければならない。

日本語の文法に関する基礎的知識と特徴について

文法とは，語が文を構成する際に見られる法則や体系のことである。日本で生まれた子どもは，生まれつきの言語獲得能力と周囲の言語環境刺激によって日本語の単語や文法を獲得していき，日本語を話すことができるようになる。どこの国の子どもたちも同じようにして母国語を獲得していく。

日本語の文は，最小の単位に区切って発音すると，「子どもが／庭で／お母さんと／楽しそうに／遊んでいる」のように発音される。この一区切りを「文節」と呼び，それぞれの文節を構成する言葉を分析して，言葉の最少単位である単語を見いだす。そして，単語をそれぞれ文中で果たす役割ごとに分類したものを品詞分類という。

品詞分類では，まず文節の最初に位置づけられる単語の仲間を「自立語」と名づけ，位置づけられない単語を「付属語」として大別する。さらに，①活用がある単語かどうか，②主語になれる単語かどうか，③どんな修飾語になるかまたならない単語か等の基準で10品詞に区別する。

自立語は，動詞，形容詞，形容動詞，名詞，副詞，連体詞，接続詞，感動詞，等の８品詞に分類され，付属語は，助動詞と助詞の２品詞に分類される。

日本語の特徴として，英語にはない形容動詞や連体詞，助詞があることや，英語にある代名詞や冠詞，前置詞がないことが見られる。助詞は，英語の前置詞と同じような役目もあって，後置詞とも言われるが，それ以上に機能も数も多く日本語の大切な特徴である。

次に文の成分や語の順序に日本語の大切な法則，原理がある。単文，複文，重文の構造及び，平叙文，疑問文，命令文，感嘆文などの文の分類は英語とそう違いはない。しかし，「おじさんに／昨日／本を／いただいた」という文で，「いただいた」という述語を文末に置くという原則はあるが，他の成分はその位置を自由に変えることができる。また，「泣かれて困った」「注射をしたけど，痛くなかったよ」のように主語が明記されなくても不完全な文とはみなされない。

主語がなくともよい場合というのは文脈から主語が明らかな場合であり，論理的な記述を行う際は主語が明確になるよう指導する必要がある。

日本語は，助詞「は」一つをとっても多様な用法があり，例外も多いため，日本語の正しい文法を踏まえたうえで，言葉を使用する者が言語感覚を磨く必要があると思われる。

日本語の文字・表記法に関する基礎的知識と問題点について

「1日数十通ものダイレクトメール(DM)が届くようなった。間もなくダイエット以外にもさまざまなDMが来はじめた」これは，縦書きの新聞記事の一部を横書きにしたものである。日本語には文章を縦書きにするか横書きにするかの決まりはなく，慣例や状況に応じて選択されている。

先の例文の用字・文字を見ると，平仮名，片仮名，漢字（漢数字を含む），ローマ字，アラビア数字（算用数字）の5種類が使われており，使用できる文字の種類と数の多さはあらゆる点で問題となる。まず，仮名の清音だけでも，平仮名と片仮名で45×2の90文字になる。その他，漢字使用の目安として示されている「常用漢字」は2136文字あり，その他に人名用漢字として862文字が認められていて，合計で2998文字となる。最近は，パソコン等の普及で6000以上の漢字が使用されている。

漢字の使用は，数の多さだけでなく，1字に音訓の読みが多数あり，同音訓の漢字があるなど習得が難しい。また，漢字の画数が多いのも問題である。

漢字の習得のために，小学校国語科の学習指導要領で学年別漢字配当表に1006漢字が示され中学校1年生までに習得することが求められる。中学3年終了までに常用漢字全体が読め，ほぼ書けることが期待されるが，習得には多くの時間と努力が必要となるため大きな検討課題となっている。

漢字は，本来中国語を書き表すために中国で3千数百年前に創られた文字である。日本には，4世紀の後半朝鮮半島を経由して伝来したと推定されている。当時は日本語を書き表す文字がなく，漢字を転用して日本語を書き表そうとした。それが「万葉がな」である。例えば「春過ぎて　夏来たる　らし…」を「春過而　夏来　良之…」などと漢字の訓読みや音読みを使って表記するが，中国語にない動詞の活用部分，送り仮名は書かれていない。

その後，平安時代になって漢字の草書体から音節文字の平仮名が生まれ，音節が表記しやすくなった。片仮名は平安初期に漢字漢文を読む際の記号として生まれ，今日では外来語や擬声語などの特別な表記に用いられる。

日本人が音素文字のローマ字に接したのは室町時代末期で，日本語表記に刺激を与えたが，一般に使われることは少なかった。今後ローマ字が多用されることがあれば，日本語の表記の新たな課題となるだろう。

日本語の敬語と方言の基礎的知識と課題について

①弁当を食べました。②お弁当を美(お)味(い)しくいただきました。③お弁当を召し上がりました。④お弁当をお食べになりました。⑤お部屋でお弁当を食べた。⑥弁当を食った。

「弁当を食べた」ことを伝えるのに様々な言語表現がある。これは，話し手や書き手の相手及び表現される行動や事物に対する「尊(そん)，卑(ひ)，親(しん)，疎(そ)，謹(きん)」など意識の違いが言語に表れるのである。待遇の違いによる表現ということで「待遇表現」ともいわれる。「敬語表現」もその一つで，上記の①から④まではその例である。

「敬語」表現には一般に次の3種類がある。

①尊敬語：敬意の向けられる対象を高める特別な表現で，例えば，「先生，高著，ご覧になる，おっしゃる」等の表現である。

②謙譲語：話し手や話題の人を低めて，相手の人や聞き手を高める敬意の表し方で，次のような表現がある。

- 母がそう申していました。
- 会社の者をすぐ伺わせます。

③丁寧語：もっぱら聞き手に敬意を表す言葉で，「です，ます，ございます」が代表的である。

いつの時代でも，敬語の使い分けの難しさや誤用が問題になる。家庭や学校での教育や躾(しつけ)を見直すと同時に，社会全体における敬語のあり方を検討する必要があるだろう。

「方言」とは，「ある地域社会の人々が日常生活で用いる言語体系」であって，「珍しい単語」「共通語にはない単語」だけのことをいうのではない。これらは別に，「俚言(りげん)」と言われる。

全国の方言は，東部方言，西部方言，九州方言，琉球方言と大きく4つに分けられる。その中には，さらに特徴ある方言地域があり，「方言区画」として研究されている。

方言と対比する用語として「標準語」と「共通語」がある。明治初期に「方言は悪い言葉，標準語はよい言葉」という思想があったが，今日では「標準語」は「東京語を母体として作られ現実に全国に使われている『共通語』を音韻，語彙，語法などあらゆる点についてさらに理想的に磨き上げた言語。したがって現実に存在しているのではなく，あるべきものとして追求している言語」と定義されている。

方言に対する差別意識をなくし，尊重すると同時に共通語の習得も進め，正しい日本語としての標準語を別に研究する努力が求められる。

小学校社会科の授業改善の視点について

1　学習指導要領改訂の経緯

児童生徒を取り巻く環境は，国際化，情報化，科学技術の進展，少子高齢化など様々な面で大きく，著しい速さで変化している。このような状況の下で，いじめや不登校の問題，犯罪の低年齢化など，豊かな人間性を育むべき時期の教育に様々な課題があり，今後の教育の在り方が問われているのである。

このような背景のもと，1996（平成8）年7月の中央教育審議会第1次答申で，「ゆとり」と「生きる力」をキーワードとする提言がなされた。また，同時に横断的・総合的な指導を推進する総合的な学習の時間の創設と完全学校週5日制の導入が提言された。

これを受けて，1998（平成10）年7月，教育課程審議会は，完全学校週5日制の下，「ゆとり」の中で「特色ある教育」を展開し，幼児児童生徒に「生きる力」を育成することを基本的なねらいとした4つの提言を行った。

2　学習指導要領改訂のねらいと社会科の目標

1998（平成10）年の学習指導要領の改訂のねらいは，①豊かな人間性や社会性，国際社会に生きる日本人としての自覚の育成，②自ら学び，自ら考える力の育成，③ゆとりある教育活動を展開するなかで，基礎・基本の確実な定着と個性を生かす教育の充実，④各学校の創意工夫を生かし特色ある教育，特色ある学校づくりの4点である。

3　社会科改訂の趣旨

前述の教育課程審議会の答申において，教育課程の基準の改善のねらいとともに，各教科等別の改善事項も示された。社会科，地理歴史科，公民科の改善の基本方針の要点を示せば，①国際社会の中で主体的に生きる資質や能力等の育成，②主体的な学習の一層の重視である。

小学校の社会科においては，児童が社会的事象に関心をもって積極的に関わり，それらのもつ意味や働きを多面的に考えたり，社会的事象を公正に考えたり判断したりできることを一層求めている。

また，網羅的で知識偏重の学習ではなく，学び方や調べ方を身に付ける学習や体験的な学習，問題解決的な学習を一層重視することを示した。そのために，社会のできごとや事柄，地名や年号などの細かな知識を覚える授業から，児童一人ひとりが観察や調査・見学，体験，表現など具体的な活動を通して，社会的事象の意味や働きなどを考えたり自分の意見を述べたりする授業への改善を求めている。

4　小学校社会科改訂の要点

1998（平成10）年の学習指導要領改訂では小学校社会科の目標は従前のものと変更はなかったが，各学年の目標の改善は図られた。要点は次の２つである。

①児童が地域社会やわが国の国土と歴史に対する理解と愛情を一層深めるとともに，世界の人々とともに生きていくことの大切さを自覚する。

②社会的事象に関心をもち公正に判断できるように，各学年の発達段階に応じて，観察，調査したり，各種の資料を活用したりするとともに，社会的事象の意味や働きなどを考える力を育成する。

これらを受けて，各学年においては，従来通り理解・態度・能力を統一的に育成することをめざして，各学年の目標を，３つの側面から構成することとした。

5　小学校社会科で培いたい力

小学校社会科で培いたい力は，児童が社会的事象に関心をもって進んで関わり，①いろいろな社会的事象に関心をもって考察したり，公正に判断したりする能力・態度の育成，②わが国の国土や歴史についての正しい理解と愛情，国際協力，国際協調の精神の育成である。

このような小学校社会科で培いたい力を身に付けるところは日々の授業である。このことは，学習指導要領の改訂のねらいのひとつである「各学校の創意工夫を生かし特色ある教育，特色ある学校づくり」にあたるところであり，各学年の目標の改善が図られたことと関連するところでもある。

6　社会科の授業改善

(1)　主体的に取り組む社会科学習

これまで小学校社会科の学習については，網羅的で知識偏重の学習であるとの指摘がされてきた。今回の改訂では，社会の変化に自ら対応する能力や態度を育成する観点から，基礎的・基本的な内容に厳選し，学び方や調べ方の学習，作業的，体験的な学習や問題解決的な学習など，児童の主体的な学習が一層重視された。

(2)　社会科の授業改善の視点

児童が地域の実態を生かし，興味関心をもって主体的に取り組む授業改善について，小学校学習指導要領（社会編）の第４章「指導計画の作成と内容の取り扱い」をもとに，指導計画レベルでの授業改善の視点について述べる。

①地域の実態を生かした学習

これまでも社会科学習は地域の素材を教材化したり，地域に学習の場を設けたりして，地域の人材の活用を積極的に図ってきた。今後もこのような学習を一層進めることが大切である。

そのためには，教師が地域の実態をよく理解し，地域の素材をどのように活用し，どのような協力が得られるかを明確にしておく必要がある。そして，それらをもとに地域の素材を教材化したり，地域の施設を積極的に活用したり，さらに地域の人々との触れ合いのある学習活動をつくりだしたい。

具体的な例としては，第３学年の「むかしのくらしをしらべる」学習で，地域の高齢者を招き，道具の使い方や昔の暮らしはどうだったかということを聞き取る活動を組み入れることなどが考えられる。

1998（平成10）年の学習指導要領の改訂で，第３学年及び第４学年の目標及び内容が２学年まとめて示されたのは，各学校において地域に密着した学習が一層弾力的にできるようにし，児童が地域社会への理解を一層深め，地域社会に対する誇りと愛情を育てるようにするためである。

第５学年及び第６学年においても同様に，地域の特性を生かした学習には意義がある。しかし，各学年の目標と内容を十分に踏まえ，単に地域学習にとどまることがないよう，留意する必要がある。

②観察や調査・見学，体験の重視

児童は活動を好み，活動を通して学んでいく。小学校社会科学習における具体的な活動としては，観察や調査・見学，体験などが考えられる。

具体的な例としては，第５学年の「自動車工業の盛んな地域」で，地域に自動車工場があれば実際に工場を見学し，児童が自分の目で確かめる活動を組み込みたい。

観察や調査・見学，体験などの活動では，まず何を調べるのか，その対象を明確にすることである。次に，児童個々に観察や調査・見学，体験の仕方を身に付けさせることである。すなわち，「何のために」「何を」「どのように」調べるのか，調べ学習の方法を学べるようにすることが大切である。

③表現活動の重視

観察や調査・見学，体験などの具体的な活動で分かったことや考えたことなどを表現することが大切である。表現方法としては，絵や図，劇や動作化，新聞や写真，ビデオやコンピュータなど多様な方法や手段で表現活動を工夫することが重要である。

具体的な例としては，第６学年の「信長・秀吉・家康と天下統一」で，３人が天下統一に果たした役割について，歴史新聞の形で表現し，その子どもなりの見方・考え方を大事にするなどの活動が考えられる。

また，表現活動では，調べた事柄を互いに見せ合ったり，テーマを決めて話し合いをしたりして，多様な見方・考え方があることに気付かせるなど学習を深め，発展させるような工夫をしたい。

児童が主体的に取り組む社会科学習を実現するためには，指導計画の段階で，各学校の実態を生かした，特色ある学習活動を工夫することが大切である。そして，このことが，網羅的で知識偏重の学習の克服にもつながるものと考える。

小学校社会科「学習指導要領」改訂の趣旨とねらいについて

1998（平成10）年7月に発表された教育課程審議会の答申において，教育課程の基準の改善のねらいとともに，各教科等の改善事項が示された。その中で，社会科，地理歴史科，公民科の改善の基本方針は次のようである。

ア　小学校，中学校及び高等学校を通じて，日本や世界の諸事象に関心をもって多面的に考察し，公正に判断する能力や態度，わが国の国土や歴史に対する理解と愛情，国際協力・国際協調の精神など，日本人としての自覚をもち，国際社会のなかで主体的に生きる資質や能力を育成することを重視して内容の改善を図る。

イ　児童生徒の発達段階を踏まえ，各学校段階の特色を一層明確にして内容の重点化を図る。また，網羅的で知識偏重の学習にならないようにするとともに，社会の変化に自ら対応する能力や態度を育成する観点から，基礎的・基本的な内容に厳選し，学び方や調べ方の学習，作業的，体験的な学習や問題解決的な学習など児童生徒の主体的な学習を一層重視する。

この基本方針の特色としては，

①教科の目標は従前の通りであること

②国際社会のなかで主体的に生きる資質や能力の育成を一層重視して内容の改善を図ったこと

③児童生徒の主体的な学習を一層重視する立場から改善を図ったこと

である。

また，小学校社会科における改善の具体的事項を学年ごとに示せば次のようである。

ア　第3学年及び第4学年の目標及び内容を2学年まとめて示し，地域に密着した学習が一層弾力的に行えるようにし，児童が地域社会への理解を一層深めるようにする。

イ　第5学年では，わが国の産業や国土に関する学習が一層具体的にできるように改善された。

ウ　第6学年の歴史学習では，わが国の今日までの歴史に対する興味・関心と愛情を深めるようにするため，人物の働きや代表的な文化遺産を中心とした歴史学習を一層重視する。

エ　第6学年のわが国の政治の働きや国際理解に関する内容については，学習が具体的に行われるよう，取り扱う範囲を明確にし，学習内容を一層精選する。

以上のように各学年の改善点が示されたが，改善された趣旨を十分理解するとともに，指導計画に反映させることが大切である。

小学校社会科の目標と内容の特色について

1998（平成10）年改訂の学習指導要領のうち小学校社会科においては，教育課程審議会の答申を踏まえて，教科の目標は従来通りとした。すなわち「社会生活についての理解を図り，我が国の国土と歴史に対する理解と愛情を育て，国際社会に生きる民主的，平和的な国家・社会の形成者として必要な公民的資質の基礎を養う」である。

この目標を受けて，各学年の目標は次の視点を重視して改善を図っている。

ア　児童が地域社会やわが国の国土と歴史に対する理解と愛情を一層深めるとともに，世界の人々とともに生きていくことが大切であることを自覚できるようにすること。

イ　社会的事象に関心をもち，公正に判断できるように，各学年の発達段階に応じて，観察，調査したり，各種資料を活用したり，調べたことを表現したりするとともに，社会的事象の意味や働きなどを考える力を育てること。

内容の改善にあたっては，まず網羅的で知識偏重の学習にならないよう，基礎的・基本的内容に厳選し重点化を図るとともに，高度になりがちな内容を上の学年や中学校に移行統合した。また，各学校において，地域の実態や児童の興味・関心等に応じた指導が一層充実するよう，学習の対象や事例を選択して扱えるようにした。

第３学年及び第４学年では，地域学習の改善を図るため，身近な地域や市区町村，都道府県を対象に，各学校が２年間を見通して，内容の順序や教材等の選定の工夫をして地域に密着した弾力的な展開ができるように，内容をまとめて再構成した。

第５学年では，社会的事象を調査したり各種資料を活用したりして，学習が一層具体的に展開できるよう，内容の再構成を図った。

第６学年では，人物の働きや代表的な文化遺産を中心にした小学校らしい歴史学習が一層充実するよう改善を行った。

第６学年の政治の働きに関する学習では，抽象的な学習にならないよう，身近な公共施設の建設，地域の開発，災害復旧の取り組みなどの具体的な事例を通して学習するようにし，政治の働きとわが国の政治の考え方について一層具体的に理解できるようにした。

なお，各学校において地域の実態や児童の興味・関心等に応じた学習が一層弾力的にできるよう，学習の対象や事例を選択して扱えるようにしたことも特色である。

小学校社会科「学習指導要領」において 3・4年生の目標と内容がまとめて示されたことについて

小学校社会科の各学年の目標は，最終的なねらいである公民的資質の基礎を養うため，指導内容と児童の発達段階を考慮し，理解，態度，能力の統一的育成をめざして設定されている。

1998（平成10）年に改訂された学習指導要領においては，第3学年の目標と第4学年の目標がまとめて次のように示された。

(1) 地域の産業や消費生活の様子，人々の健康な生活や安全を守るための諸活動について理解できるようにし，地域社会の一員としての自覚をもつようにする。

(2) 地域の地理的環境，人々の生活の変化や地域の発展に尽くした先人の働きについて理解できるようにし，地域社会に対する誇りと愛情を育てるようにする。

(3) 地域における社会的事象を観察，調査し，地図や各種の具体的資料を効果的に活用し，調べたことを表現するとともに，地域社会の社会的事象の特色や相互の関連などについて考える力を育てるようにする。

目標が2学年にまとめられた理由としては，まず，児童の発達への配慮が挙げられる。すなわち，第3学年及び第4学年では，児童の認識力は，地理的認識力や歴史的認識力においても児童個々の違いが大きいと言える。それは，これまでの児童の経験や生活環境によるところが大きいと考えられるからである。

2点目は，学習テーマの焦点化である。学年の主題を「地域社会の学習」とまとめることによって，地域に関する学習が2年間で一層弾力的に行えるからである。児童は身近な地域を学習の対象にしたり，学習活動の場としたりしている。

しかし，学校によって学習の対象である地域社会はそれぞれ異なるため，2学年の学習テーマを「地域社会の学習」と焦点化すれば，より地域に密着した学習が展開できる。

3点目は，指導計画の弾力化である。第3学年及び第4学年の目標及び内容等を，2学年まとめて示したのは，各学校において，地域に密着した学習が一層弾力的にできるようにし，児童が地域社会への理解を一層深め，地域社会に対する，誇りと愛情を育てるようにするためである。地域に密着した学習を進めるためには，各学校が創意工夫を生かした指導計画を作成し，特色ある社会科の学習を展開することが大切である。

小学校社会科5・6年生の目標と内容の主な改善点について

1998（平成10）年の学習指導要領の改訂では，次の2つの視点から各学年の目標の改善が図られた。

⑴ 児童が地域社会やわが国の国土と歴史に対する理解と愛情を深めるとともに，世界の人々と共に生きていくことが大切であることを自覚できるようにすること。

⑵ 社会的事象に関心をもち，公正に判断できるように，各学年の発達段階に応じて，観察，調査したり，各種の資料を活用したり，調べたことを表現したりするとともに，社会的事象の意味や働きを考える力を育てること。

これら2つの視点を受け，第5学年と第6学年では次のように改善された。

〈第5学年〉

学年の主題を「我が国の産業と国土の学習」とした。理解に関する目標では，「我が国の産業の様子，産業と国民生活との関連について理解できるようにし」と総括的な表現に改められた。態度に関する目標では，「我が国の産業の発展に関心をもつようにする」，「環境の保全の重要性について関心を深めるようにするとともに，国土に対する愛情を育てるようにする」と改められた。能力に関する目標では，「調べたことを表現すること」が加えられた。これら目標の改善を受けて内容面では，社会的事象を調査したり各種の資料を活用したりして，学習が一層具体的に展開できるよう，内容の再構成が図られた。主な点としては，農業や水産業，工業の具体的な事例の選択，貿易の特色や運輸の働きの農業や水産業，工業との関連づけなどである。

〈第6学年〉

学年の主題を「我が国の歴史と政治，国際理解の学習」とした。理解に関する目標では，「日常生活における政治の働きと我が国の政治の考え方及び我が国と関係の深い国の生活や国際社会における我が国の役割を理解できるようにし」と改められた。態度に関する目標では，「我が国の歴史や伝統を大切にし，国を愛する心情を育てるようにする」と改められた。また，国際理解の学習については，より具体的な表現に改められた。

主な内容の改善点では，歴史学習の指導内容の厳選による網羅的な学習の克服がある。政治に関する学習では，身近な公共施設の建設，地域の開発，災害復旧など具体的学習の重視がある。国際理解に関する学習では，新たに国際協力の様子を加え，より具体的に学習できるようにした。

児童の視点に立った小学校社会科の学び方と課題について

小学校社会科は，社会生活を広い視野からとらえ総合的に理解することを通して，公民的資質の基礎を養うことを究極的なねらいとする教科である。

児童一人ひとりに公民的資質の基礎を養うためには，これからの社会科の学習指導において，地域社会やわが国の産業，国土，歴史に対する理解と愛情を育てるとともに，社会の変化に自ら対応する能力や態度を育成する観点から，学び方や調べ方の学習，体験的な学習，問題解決的な学習など，児童の主体的な学習を一層重視することが大切である。

そこで，ここでは児童一人ひとりが自分なりの社会的なものの見方や考え方をもてるよう，問題解決的な学習を中心に述べていく。

問題解決的な学習は，児童が学習対象となる社会的事象に働きかけることから始まる。つまり，児童一人ひとりは，既習の学習や先行経験に基づいて，学習対象である社会的事象に対する既有知識や自分なりのイメージをもっていて，それらをもとに対象への働きかけを行う。

そして，学習対象である社会的事象と自分の既有知識やイメージとの間に疑問や不思議さ，おもしろさなどを感じたりしたとき，児童は追究したい問題を意識するのである。その時，児童が社会的事象に対してもつイメージなどは，一人ひとり異なるため同じ社会的事象に接しても，児童の意識する問題は異なることが多い。また，同じ問題をもった場合でも，その解決方法は異なる場合が多い。それが児童一人ひとりのよさである。

このように児童は社会的事象と多様な関わり方をもち，学習活動もまた多様である。そのため，児童一人ひとりに主体的な学習を保証するためには，どうしても個々に応じた指導の工夫が必要である。つまり，児童一人ひとりが興味や関心，自分の考えなどに基づいて，学習活動の方法などを選び，自分なりの問題意識をもち，主体的に取り組むことができるような弾力的な指導計画を作成することが大切である。

この学習を実現させるための大きな課題は，複線型の学習過程をどう構想し，展開させるかである。具体的な方策としては，児童の学習状況に応じた学習形態や指導と評価の一体化などの支援が必要になる。そして，このことがこれまでの社会科学習で指摘されてきた網羅的で知識偏重の学習から抜け出すことに通じると考える。

数学教育と学習指導要領・教科書の変遷

数学教育の変遷をまとめ，記述する。

1　数学教育のはじまりと洋算への道

発掘された木簡に九九（中国から輸入）の記載があり，少なくとも奈良時代には初歩的数学教育が始められている。その後，安土桃山時代に宣教師が西欧数学を伝え，鎖国の時代には「和算」が発展し，江戸後期から明治期には『塵劫記』が広く読まれた。

ペリー来航後，海軍創立をめざす江戸幕府が開いた長崎海軍伝習所では，オランダ教師が「洋算」を教えた。

明治政府は，1872（明治５）年の学制により，数学教育の基軸を洋算に定めた。1875（明治８）年の「教育令」布告により近代的学校制度が進められ，1877年（明治10年代）から西欧数学を学んだ官費留学生が帰国した。菊池大麓（英留学）は，ユークリッド原論に則した厳密な幾何学教育を唱え，藤澤利喜太郎（独留学）は，「数え主義」に基づく算術を唱えて教科書を著した。

2　教科書国定制度

1881（明治14）年の小学校教科書の文部省への開申（届出）制度，1883（明治16）年の小・中学校教科書の文部省からの認可制度，1886（明治19）年の小・中学校教科書の文部大臣検定制度と1902（明治35）年の教科書疑獄事件を経て，1903（明治36）年に教科書国定制度となった。算術教科書は，1905（明治38）年から計算技術と数量の知識を中心とする黒い表紙の『尋常小學算術書』が使用された。

3　教育改造運動と緑表紙教科書

20世紀初頭，英国で工業化対応のため中等学校における数学教育改造（改良）運動が始まった。日本では1935（昭和10）年には，緑色の表紙の『尋常小學算術児童用』が発行され，図形や実測，数列，場合の数や確率，統計処理，函数等，教育内容が広げられた。

4　国民学校と敗戦

戦争に向け，1941（昭和16）年，尋常小学校は国民学校となった。表紙が水色である国定教科書の名前は，小学校１・２学年は『カズノホン』，３～６学年は『初等科算數』となった。終戦前の教育体制では，落第・飛び級のある６～８年間の義務教育修了で大多数の人は就職し，勉学熱心で経済的余裕のある者だけが高等教育を受けた。

1945（昭和20）年，日本はポツダム宣言を受諾した。それ以後，戦争に関わる水色表紙教科書内の表記部分を墨で塗るなどして使用したため「黒塗り教科書」と呼ばれた。1946（昭和21）年，水色表紙教科書から戦争関係の事項を削除した暫定教科書『初等科算數』は，大判の用紙一枚の印刷物を個々に切って綴じる教科書であった。

5-1　学制改革と検定教書制度

1946（昭和21）年の米国教育使節団の第１次報告書に基づき，1947（昭和22）年「学校教育法」が公布された。小学校・新制中学校・高等学校のいわゆる６・３・３制が開始された。米国のコース・オブ・スタディーという生活経験を重視した算数教育を手本とし，1947年に『学習指導要領算数科・数学科編（試案)』が文部省から発行された。1948（昭和23）年の『算数・数学科学習内容一覧表（算数数学科学習指導要領改訂)』では，1947年の教科書は程度が高いとし，1949（昭和24）年には，教材の学年配当を１学年繰り下げ，前年度と同じ内容が指導された。同時に，1949年には，『改訂指導内容一覧表』が発行された。また，「教科用図書検定基準」が定められ，戦前の国定教科書制度が検定教科書制度に改められ，現在の学習指導要領準拠の教科書編纂の体制が始まった。

5-2　生活単元学習の強化と反省

1951（昭和26）年，『小学校学習指導要領算数科編（試案)』が文部省から発行された。「算数科の一般目標」は，日常生活において活用する能力や態度の育成をねらい，デューイらによる米国の進歩主義教育派の哲学に即した経験主義による「生活単元学習」をめざした。しかし，生活経験に依拠する教材だけでは体系的な数学の学習は困難であるため，基礎的な知識・技能等が習得されず，各種学力調査によって深刻な学力低下が明らかになった。

6　民間教育運動と系統的学習

1952（昭和27）年，サンフランシスコ講和条約が発効し，日本は主権を回復した。日本の復興には，産業振興の基礎である理数系の学力が求められたため，生活単元学習は批判を受けた。文部省と民間教育団体は，数学を系統的に指導する運動を行った。1958（昭和33）年，「学習指導要領昭和33年改訂」が，初めて文部省告示として公示された。算数の目標は，数学的な基礎的概念や原理をきちんと理解させ，知識・技能の習熟を図ることを重視していた。「数学的な考え方」の用語により，思考力の育成重視を明確に示した。また，３領域「数，量，形」は，４領域「Ａ数と計算，Ｂ量と測定，Ｃ数量関係，Ｄ図形」となった。

一連の指導要領の出版・告示により，経験主義・単元学習に偏重し批判された戦後新教育は，知識を重視し基礎学力の充実をめざす教育へと転換された。

7　理数教育の現代化

1952（昭和27）年頃から米国では，科学技術向上をめざし，20世紀以降の現代数学を導入する「教育の現代化」という改革が始まった。昭和40年代，日本でも現代化運動が起こり，学習指導要領の改訂が行われた。1968（昭和43）年，「小学校学習指導要領」が告示され，1971年に実施された。算数では，「筋道を立てて考え」という論理的，統合的・発展的な思考力育成が強調された。小学４年では集合を，６年では確率を学ぶ教科書が編纂された。

ブルーナーの提案を理論的基礎とした「教育の現代化」は，科学技術の専門分野が各教育機関に要請した改革であり，子どもの認識や実態と乖離し，教員研修の浅さゆえに指導も薄い等の問題を含んでいた。さらに，1975年（昭和50年代）からいわゆる「おちこぼれ」の増加という問題が起こった。

8-1　ゆとりと充実

現代化によって追加された教育内容を削除・精選し，1977（昭和52）年「小学校学習指導要領」が告示され，1980年に実施された。算数科では上学年の年間指導時数は，210時間から175時間へと削減された。算数科の目標は，「操作活動」を通して基礎的な知識と技能を習得させ，関心・意欲・態度の育成を重視した。しかし，校内暴力やいじめ・不登校等は増加した。

8-2　個性を生かす教育の充実

1989（平成元）年度，「小学校学習指導要領」が告示され，1992（平成４）年実施された。個々の能力・進路等の多様化に対応するため，個性を伸張させる教育の重要性がうたわれた。算数の目標は，「算数・数学のよさ」の認識を通して，算数・数学に関する情意面の改善が重要視された。しかし，学級崩壊，いじめや不登校や自殺，学校外での社会体験の不足等，問題は多様化した。

8-3　ゆとりと生きる力

1998（平成10）年度，「小学校学習指導要領」が告示され，2002年に実施された。「ゆとり」の中で各学校が「特色ある教育」を展開し，「生きる力」の育成が意図されていた。完全学校週５日制に向けて教育内容を厳選し，教育内容は３割，算数上学年の年間指導時数は175時間から150時間に削減され，目標には「活動の楽しさ」が追加され，「算数的活動」が重視された。

一方，大学生の学力低下と，PISA調査で日本の15歳の読解力がトップレベルでないことが報道された。そのため，2002（平成14）年の「確かな学力向上のための2002アピール」等で，学習指導要領に関する解釈が「標準」から「最低基準化を図る」に変更された。これにより，補習や，必要に応じた発展学習，学習習慣の確立等が求められた。しかし，PISA 調査の数学的リテラシーの順位は低下し，上・下位層間の学力格差も指摘された。

9　ゆとり教育見直しと生きる力

2008（平成20）年「小学校学習指導要領」が告示された。算数の目標では，「算数的活動」がさらに強調された。算数科の上学年の年間指導時数は，150時間から175時間へ復活した。

このように，社会の変化に応じた学力を保障するため，数学教育は変遷してきたのである。

算数的活動について

「算数的活動」が，2008（平成20）年告示の学習指導要領の算数で更に強調されている。そこで前半で「算数的活動」の概要をまとめ，後半に「算数的活動」の問題点について述べる。

「算数的活動」という用語がはじめて用いられたのは，1998（平成10）年度告示，「小学校学習指導要領」の算数の目標である。

2008年告示の学習指導要領　算数では，目標に関わるすべてを，「算数的活動」を通して育成することとされている。同年の「学習指導要領解説　算数編」によると，算数的活動は，「児童が目的意識をもって主体的に取り組む算数にかかわりのある様々な活動を意味し」，「目的意識を持って主体的に取組むとは，新たな性質や考え方を見いだそうとしたり，具体的な課題を解決しようとしたりすることである。」としている。ここから，1980（昭和55）年「小学校算数指導資料　指導計画の作成と低学年の指導」から用いられた「操作活動」に比べ，「算数的活動」はより広範な学習活動を表していることが理解できる。

次に，各学年の内容の直後に，各学年５つ（６学年のみ４つ），計29の算数的活動の概略が示されている。また，指導計画の作成と内容の取扱い(3)において，「算数的活動は，基礎的・基本的な知識及び技能を確実に身に付けたり，思考力，判断力，表現力等を高めたり，算数を学ぶことの楽しさや意義を実感したりするために，重要な役割を果たすものである」とし，各学年の内容の各領域に示すすべての事項で行われる必要があると明記している。

更に，「算数的活動には，様々な活動が含まれ得る。……中略……算数に関する課題について考えたり，算数の知識をもとに発展的・応用的に考えたりする活動や考えたことを表現したり，説明したりする活動も含まれる」ことが確認されている。このように，算数的活動は大きな視点でとらえ，一層充実させることが重要とされている。

一方，算数的活動の教育実践の進展に伴い，「算数的活動」は，算数の系統に則り学年間の学習をつなぐ有意義な活動でなければならないこと，また，体験に止まることなく経験にまで進展させること等の問題点とその克服の必要性が明らかになってきている。

「算数的活動」の概要と質の向上についてまとめた。なお，課題として具体的な質の向上策をまとめ考察することが残る。

「A　数と計算」領域の指導内容について

算数の4領域の内容と指導上の留意点は何か。そこで，前半でA「数と計算」領域の内容をまとめ，後半に指導のポイントの例を記述する。

学年ごとの教育内容の概略をまとめる。1学年は，［数］では整数の意味と表し方まで，［計算］では簡単な2位数の加減算まで学習する。2学年では，［数］1万までと簡単な分数の表し方まで，［計算］3位数の加減算・乗法九九と簡単な2位数の乗法まで学習を進める。3学年では，［数］1億等の整数の表し方・1/10の位の小数の意味と表し方・分数の意味と表し方・そろばんでの数の表し方等まで，［計算］4位数の加減算・3位数の乗法・簡単な整数の除法・1/10の位までの加減算・同分母分数の加減算・そろばんでの数の加減算等を学習する。4学年では，［数］兆の位までの数の表し方・概数・1/100の位までの小数・真分数や仮分数や帯分数まで，［計算］四捨五入や見積り・3位数を割る除法・1/100の位までの小数の加減算・乗数や除数が整数である小数の乗除算・同分母分数の加減算等まで学習を進める。5学年では，［数］基数や偶数・約数と倍数等の整数の性質・同値分数などまで，［計算］1/100の位までの小数の乗除算・異分母分数の加減算・分数の乗除算まで学習する。6学年では，［数］小数や分数の四則演算の活用等まで，［計算］分数の乗除算・分数と小数の混合計算等まで学習を進める。

次に，指導のポイントの例として，小数の割算の余りの処理を取り上げる。

例えば，4.6÷0.7＝6あまり0.4である。小数÷小数の計算での余りの小数点は，割られる数の小数点の元の位置にしなければならない。算数では，既習事項に結び付けて問題解決を図る。この場合は，被除数と除数の両方を10倍し，整数の計算として解決にする。

$$(4.6\times10)\div(0.7\times10)=46\div7$$
$$=6\text{あまり}4$$

10で割って，小数に直すと，

$$4.6\div0.7=6\text{あまり}\square$$

10倍にした計算では商は，元の計算と等しくなるが，余りは10倍になる。その証拠に，検算の「商×除数＋あまり＝被除数」では，

$$0.6\times0.7+\square=4.6$$

□の余りは，4ではなく，1/10にした0.4でなければならない。

「A 数と計算」領域の概略と指導例について述べた。他の指導ポイントもまとめることが課題として残る。

「B　量と測定」領域の指導の内容について

算数の4領域の内容と指導の留意点は何か。そこで，前半でB「量と測定」領域の内容をまとめ，後半に指導ポイント例について記述する。

はじめに，学年ごとの教育内容の概略をまとめる。1学年では，[量] に関しては，量の意味を知ること，[測定] に関しては，測定の意味を知り経験を豊かにすることが新たな学習内容として設定されている。2学年では，[量] 長さ（mm，cm，m）・体積（mL，dL，L）・時間（日・時・分）を学び，それらの測定と比較まで学習を進める。3学年では，[量] 長さ（km）・時間（秒）・重さ（g，kg，t）を学び，それらの測定と比較まで学習する。4学年では，[量] 面積（cm^2，m^2，km^2，a，ha）・角の大きさ（°）を学び，それらの測定と比較まで学習を進める。5学年では，[量] 体積（cm^3，m^3）を学び，それらの測定と比較・基本図形の面積の求め方・直方体の体積の求め方・平均・単位量当たりの大きさの表し方まで学習する。6学年では，2量の割合で表される速さ等を学び，円や複合図形の面積・柱体の体積・メートル法の接頭語の意味等まで学習を進める。量と測定の領域は，算数的活動によって経験を増やすことが特に求められている。

次に，指導のポイント例として，円の面積を求める公式を取り上げる。既習の図形に等積変形するという数学的な考え方により円の求積ができる。

円の面積の公式は，半径×半径×円周率と表される理由を以下に述べる。半円の弧から中心に向かって細かく切断すると無数の扇形三角形ができる。同じように半円を切断して向き合わせに組み合わせると，平行四辺形となる。この平行四辺形の底辺の長さは円周の半分であり，高さは半径である。平行四辺形の面積を求める公式は，「底辺×高さ」であるので，

円の面積＝円周の半分×半径……①

ところで，円周を求める公式は，円周＝直径×円周率であるので，

円周の半分＝直径×円周率÷2
　　　　　＝半径×円周率……②

①に②を代入すると，

円の面積＝半径×円周率×半径
　　　　＝半径×半径×円周率

と，円の面積の公式に整えられる。

「B 量と測定」領域の内容の概略と指導ポイント例についてまとめた。なお，円を切って三角形に等積変形する等，他の方法をまとめることが課題として残る。

「C　図形」領域の内容について

算数の4領域の内容と指導の留意点は何か。そこで，前半でC「図形」領域の内容の概略をまとめ，後半に指導の困難性の原因について記述する。

1学年では，［図形］に関しては身近にある立体・平面図形を観察し，「見方や調べ方」に関しては，前後・左右・上下の位置を示す言葉・まる，さんかく，しかく等の言葉，箱や茶筒の形などの命名まで学習する。

2学年では，［図形］三角形・四角形・正方形・長方形・直角三角形・箱の形を学び，それらの［要素］直線・直角・頂点や辺や面等について学び，「見方や調べ方」構成要素や直角に着目すること・辺の長さを調べること等まで学習する。3学年では，［図形］二等辺三角形や正三角形・角・円と球を学び，それらの［要素］角・中心や半径や直径等について学び，「見方や調べ方」角の形に着目すること等まで学習する。4学年では，［図形］平行四辺形やひし形や台形・直方体と立方体・長方形と正方形の面積・角度等を学び，それらの［要素］対頂角や平面・平行と垂直について学び，「見方や調べ方」平行や垂直の関係・物の位置等まで学習を進める。5学年では，［図形］多角形・円と円周率・合同な図形・柱体・平行四辺形や三角形や台形の面積・直方体や立方体の体積を学び，それらの［要素］底面・側面について学び，「見方や調べ方」図形の合同・直径と円周の関係・見取り図や展開図等まで学習する。6学年では，［図形］縮図と拡大図・対称・円の面積・柱体の表面積と体積を学び，それらの［要素］対称軸と中心についてまで学習を進める。すべての学年において観察や構成などにより，手作業を通して学習することが大切である。

次に，指導の留意点として図形領域の学習困難性の原因を例に取り上げる。

まず，小学校で学ぶ図形や立体は，基礎的なものに限られているため，身の回りの複雑な図形や立体を観察・構成できる力までは育成されていないことが挙げられる。これは，小・中を見通して体系的に教育内容が配列されていないためである。また，中学校で指導される論証幾何の基礎となるべき論理の指導内容がない。そのため，中学校での証明に関する学習は，思考・記述ともに学習者だけでなく指導者にとっても難しいものになっている。

「C 図形」領域の概略と指導ポイントについてまとめたが，学習困難性の研究等をまとめる課題が残る。

「D　数量関係」領域の内容について

算数の4領域の内容と指導の留意点は何か。そこで，前半でD「数量関係」領域の内容をまとめ，後半に指導のポイント例について記述する。

1学年では，［関数］に関しては1対1対応・大小と順序等・和と差による数の理解，［式］に関しては，加減法，［資料］に関しては数対象と数の相互表現等を学習する。2学年では，［関数］積による数の理解，［式］加減法の相互関係・乗法の式・（　）や□を用いた式，［資料］数量の分類整理と表・グラフまで学習を進める。3学年では，［関数］小数が1ずつ増減したときの積の変化，［式］乗法の式・数量関係の式と図の関連づけ等，［資料］棒グラフ等まで学習する。4学年では，［関数］2量の関係と折れ線グラフ，［式］演算の順序・計算の性質，［資料］資料の分類整理等まで学習を進める。5学年では，［関数］比例関係，［式］数量の関係式，［資料］百分率・円グラフと帯グラフまで学習する。6学年では，［関数］比・比例と反比例，［式］文字式，［資料］平均・度数分布表やグラフ・場合の数まで学習を進める。

次に，指導のポイントとして，資料と用途に合ったグラフの適切な選択を例として取り上げる。各グラフには，以下のような特徴がある。

・棒グラフ
関連のない個々の値を比較し，割合等が必要でない場合に使用する。
【例】各地区の雨量の比較

・折れ線グラフ
時系列で変化する値について，その変化の様子や変化の様子を比較する場合に使用する。
【例】月ごとの平均気温の変化

・円グラフ
総量を真円とし，各項目の割合や順位等を表現する場合に使用する。
【例】国別の鉱物の産出量と割合

・帯グラフ
各項目の割合や順位等を表現し，複数の帯グラフによって割合の推移を表す場合に使用する。
【例】国別の鉱物産出量と割合変化

・ヒストグラム
値の分布がどのようになっているかを表す場合に使用する。
【例】身長の測定結果

個々のグラフの特徴を理解し，適切に選択する力の育成が大切である。

「D　数量関係」領域の内容の概略と指導ポイントをまとめたが，グラフのかき方についてまとめる課題が残る。

生命の誕生から動物・植物への分化，及び進化について

地球が誕生したのは約46億年前と推定されている。誕生した直後は非常に熱く，ドロドロに溶けていた。表面が冷えるに従い豪雨の時期が続き，海が形成された。

1　生命の誕生

生命体とは，遺伝情報（DNA または RNA）をもち，自ら遺伝情報を複製して，増殖する能力をもつものを指す。

地球上に最初の生命が誕生したのは，おおよそ38億年前の海の中で，熱水が湧き出している場所だったと推定されている。しかし，生命が地球上で自然に発生したのか，あるいは彗星などの小天体に乗って地球外からやってきたのかについては，現時点では確定していない。

25億年前以前の原始大気中には酸素がほとんどなく，二酸化炭素や窒素が主であったため，当時の生物は酸素を使わず，硫化水素などを使って呼吸するものであった。約25億年前までにはシアノバクテリアと呼ばれる原核生物が出現し，葉緑体をもって光合成を行っていた。シアノバクテリアは，浅い海の中でストロマトライトと呼ばれる層状の構造体をつくり，当時の大気中に30%を超える濃度で存在する二酸化炭素と太陽光を利用して著しく繁殖し，大量の酸素を排出した。

2　植物と動物の分化

その後，比較的大きな単細胞生物の中に，ミトコンドリアに発展する好気性小型細菌が共生し，酸素を吸って二酸化炭素を排出する呼吸が始まった。さらにこの細菌に，葉緑体に発展するラン藻と共生して植物性細菌が鞭毛に発展するスピロヘータに共生して活動を獲得した動物性細菌が誕生した。葉緑体という別種の微小生物が寄生した植物性細菌が誕生し，さらに植物と動物の働きは，前者が栄養分の生産を行うのに対して，後者は栄養分を消費することで特徴づけられる。また，植物細胞，動物細胞とも細胞膜で覆われているが，植物細胞には体全体を支える役割の細胞壁があり，これにより植物細胞の浸透圧現象（根の吸水や細胞間の水の輸送）などが可能になった。

3　植物の進化

大気中の酸素濃度が上昇することで上空では酸素が太陽光中の紫外線によってオゾンに変化した。オゾン層の形成で地上に到着する紫外線が減少した。有害な紫外線が減少した地上では，直射日光の下でも生物の生存が可能になり，先カンブリア代が終わる約６億年

前から海の浅場に進出する植物が現れ，古生代半ばの約4.2億年前に，ラン藻類が進化した藻類の仲間が上陸を果たした。藻類はコケ類に進化したが，いずれの植物とも根，葉，茎の区別が不明瞭で，水分や栄養分の吸収は体全体の表面で行い，水辺から離れられなかった。

藻類はさらに，根，葉，茎の区別のあるシダ類へと進化した。根は地中から水分と無機栄養素を吸い上げ，葉は光合成を行って有機栄養素を合成し，茎は水や栄養素を運搬するとともに体を支えるという機能分化の基本形もほぼ完成した。約3.5億年前，水辺にはシダ植物の大森林が形成され，これが現在採掘されている石炭層のもととなっている。しかし，コケ類やシダ類は胞子によって増える植物であるため，湿地でしか生きることはできなかった。

古生代が終わる約2.5億年前に大きな地殻変動があり，海から陸地に変化したところでは，水辺から離れた場所でも生息できる種子植物の時代へと移った。しかし，水中や水辺と違って，絶えず乾燥する危険があり，また雨や風，太陽光線の影響をまともに受け，自分の体の重みを自分で支えなければならないため，種子植物はそれらに適応できるように体の仕組みを発達させていった。

その例として，乾燥や日差しから体の内部を保護する表皮の発達が挙げられる。最も重要な変化は，吸収できる無機栄養分や水分は地下に，光合成に必要な光は地上に存在するため，体の各部を役割の違う根，茎，葉の３部位に分けて，生きるための役割を分担する仕組みをとったことである。さらに，子孫を残すために重要な精子や卵，胚を保護するさまざまな仕組みを発達させた。雄しべと雌しべからなる花をもち，種子を形成することにより，乾燥状態でも受精が可能で，種子が保存できるようになった。

中生代（約2.5億年～6500万年前）には胚珠がむきだしの裸子植物が栄え，中生代（白亜紀中期）以降（約１億年前～現在）になると被子植物が栄えている。

4　動物の進化

動物は自ら栄養分を生産しないので，食物を取り入れ，吸収しやすいかたちに代え（消化），代謝して，不要なものを排出している。そのため，酸素や栄養素，水を体全体に運び，二酸化炭素をはじめとする不要な代謝産物，過剰な水を運んで捨てる仕組みが必要である。これらに関与するのは，消化器官系（口，食道，胃，小腸，肝臓，胆嚢，膵臓など），排出器官系（腎臓，膀胱，大腸，汗腺），呼吸器官系（口，気管，気管支，肺），循環器官系（心臓，血管）で，これらの器官系は一括して植物性器官とも呼ばれている。

さらに，動物は敵から身を守ったり，仲間と連絡したり，子どもを作ったりするために，外部からの情報を取り入れて判断し，運動する必要がある。このような植物になくて動物だけがもっている仕組みを動物性器官という。これを担う器官系は，各種の感覚受容器（視覚，嗅覚，聴覚，触覚，味覚），神経系（神経節）及び筋・骨格系が挙げられる。

動物はさまざまな種類に進化していったが，脊椎動物の進化の過程は，人の胎児（胎芽）の成長過程に見ることができる。胎児は，地球上で生命が誕生してから人にまで至る，動物進化の歴史をたどって出生するのであり，この過程を系統発生という。

卵子と精子が合体した受精卵は，発生したばかりの真核単細胞の動物が，約19億年前の原始の海中で浮遊している状態と同じである。このときの海水の各種電解質成分はそのまま体液に受け継がれている。すなわち，血液や細胞外液の Na^+，K^+，Ca^{++}，Mg^{++}，Cl^-などの濃度は，現在の海水の約4分の1であるが，その比率は動物種を問わず，ほぼ同じである。

細胞分裂をして細胞数が約100個になった状態は桑実胚（そうじつはい）と呼ばれ，約10～15億年前（妊娠4.5日に相当）の多細胞動物に相当する。ここでは細胞の機能分化が始まっているが動く能力をもたず，海中に浮遊している状態にある。受精後20日になると細胞が集合して特定箇所で溝を作り，さらに管状の構造となる折れ曲がり現象が起こって各種器官の基本形が形成され，受精後24日にはカイメンや腔腸（こうちょう）動物（イソギンチャクなど）から原索動物（ホヤなど）の段階に相当する。先カンブリア代（6億年より以前）に栄えた動物の姿である。

約5億年前（妊娠25～32日に相当）に硬骨魚類にまで進化し，約3.6億年前（妊娠34～36日に相当）に，植物の上陸の後を追うように，魚類も陸に上がる企てを始めた。それが両生類に進化し，さらに適応が進んだ動物がは虫類である。は虫類は古生代後期に発生し，中生代に著しく栄えた。

海を離れて陸上で生きていくためには体の構造と機能を変える必要があった。例えば，腎臓と骨は血液中の電解質を，脾臓は赤血球を調節するために発達した。魚類のひれに相当する部分には硬い骨ができ，身体全体の骨格と筋肉が強化され，陸上で体を支えて歩行できるようになった。

動物は動けるので，環境に対して自らの機能を高めることを優先に進化を続けた。環境温度に関係なく体温を一定にし常に活動可能な状態でいる恒温動物（ほ乳類と鳥類）は餌の容易な確保が可能となり，子が成長するまで養育する能力を獲得した。このような機能上昇は脳の発達があってこそ可能であった。新生代は，ほ乳類と鳥類の時代である。その頂点にヒトが立ち，大脳，特に前頭前野を発達させたことで，高度の思考や言語活動を可能にし，万物の霊長としての地位を獲得した。

現在の大気はどのように形成されたかについて

地球の大気成分は主に窒素（78%）と酸素（21%）で，地球型惑星である金星や火星の大気が主に二酸化炭素であること，木星型惑星（木星，土星，天王星，海王星）の大気が主として水素とヘリウムであることと著しく異なっている。この違いは地球上で生物が繁殖していることと無関係ではない。

地球の大気中に水素やヘリウムなどの軽い元素や不活性ガスが非常に少ないのは，地球の形成途中あるいは形成後に，太陽風によって宇宙空間に逃げ去ったためと考えられている。したがって，現在の地球の大気の元は，その後の火山活動や天体衝突などの過熱に伴って地球内部の固体部分から抽出されたものである。この過程は脱ガスと呼ばれ，この結果できた大気を2次大気というが，主な成分は現在の火山ガスと似て水蒸気，二酸化炭素，窒素などである。地球が冷えてくると水蒸気は水となって降り注ぎ，海を形成した。残された大気（原始大気）は主に，二酸化炭素，一酸化炭素，窒素で，その気圧は現在の10倍のこともあった。

約38億年前に地球上に誕生した生命はやがて葉緑体をもつ植物に進化するものがあり，現在より600倍も濃い二酸化炭素と水を原料に，光エネルギーによって光合成を開始し，炭水化物を合成し大気中に酸素を放出した。

初期の植物は太陽の紫外線が強いため陸上では生存できず，紫外線が遮断される海中にいたと考えられている。大気中の酸素濃度が高まると，紫外線によって酸素からオゾンが作られるようになった。①上空に形成されたオゾン層は太陽からの紫外線を防ぎ，②それより可視光線の強い場所に植物を導き，③さらに植物が繁殖して，④酸素の生産を促進してオゾン層を強化する，という①～④の過程を繰り返すことで，約4億年前に植物は地上に進出し，著しい繁殖を遂げた。植物の繁殖は動物の繁殖にもつながった。

また動・植物の繁殖によって，原始大気中に大量に存在した二酸化炭素は化石燃料や石灰石として固定され，現在の大気中の濃度は著しく減少した。光合成による酸素の生産は，呼吸による二酸化炭素の生産を上まわり，大気中の酸素濃度が上昇した。水に溶解している二酸化炭素も少なくない。一方，窒素は化学的に不活性で水への溶解性も低いため，ごく一部がアミノ酸（タンパク質）に利用されたが，原始大気の大部分が，現在の大気中に高濃度に残存している。

エコシステム（生態系：環境と生物のつながり）について

地球上の生物は有機化合物によって創られており，その主要元素の炭素は，炭素循環によって繰り返し使われている。炭素に限らず，窒素やリンなど，生物の体を作るさまざまな物質は，生産者，消費者，分解者と，それを取り巻く水，空気，土といった環境との間を循環している。すべての生物とそれを取り巻く環境は，物質及びエネルギーの流れによってつながっており，このまとまりを生態系と呼んでいる。

自然の生態系では生物同士の間に一定の秩序が保たれており，天変地異などの大変動を乗り越える回復力がある。通常，生物の個体数は大きく変化しないが，ある種の生物が異常に繁殖して数が増加したり，逆に減少したりすると，そのバランスが回復不能なまでに崩れることがある。種の絶滅のほとんどは，そのような生態系のバランスの崩れによって引き起こされた。

これまでに，地球に誕生した生物の90％以上はすでに絶滅しているが，その原因は気象変動や地殻変動であった。先カンブリア代，古生代，中生代，新生代の移行は，小天体の衝突による地球環境の大変動に起因し，新種の生物の誕生が起こった。しかし，現在進行している種の絶滅は，これまでの自然の絶滅のペースをはるかに超えており，恐竜の絶滅で特徴づけられる約6500万年前の中生代から新生代への移行時と比較して，1000～10000倍になるという。1600年以降の動物の絶滅の原因は，外来種の移入（39％），生息地・繁殖地の環境破壊（36％），乱獲（23％）などである（国際自然保護連合調べ）。

地球上には，確認されているだけで約140万種，推定では500万種（5000万種との説もある）もの種類の生物が生息しているが，１つの環境の中にはさまざまな種がそれぞれのニッチ（生態系の中での生物種の位置づけ・立場）を占めて生息している。多様な生物が互いに関係しあって生態系が確保できる。単一種だけでは栄養となる有機物が供給できなかったり，二酸化炭素の量がコントロールできなかったり，死体や排泄物が分解されなかったりといった問題が起き，生態系は維持できない。地球上に存在する動・植物，及びそれらが生存している森林，湖，海，河川など，多様な生態系が守られることが健全な地球環境の維持に必要である。人間の生活に起因する環境破壊がこのまま進行すれば，生物の多様性が失われて生態系が崩れ，結局のところ人間の生存も不可能になる。

太陽系における地球型惑星と木星型惑星の成因について

現在の宇宙は，約138億年前に起こったビッグバン（大爆発）によって作られたと考えられている。このとき作られたさまざまな元素や星間物質は合体し，銀河星雲や恒星に成長した。重量が太陽の４～30倍である平均的な恒星は，水素からヘリウムを作る核融合により主系列星から赤色巨星に至り，その後中心部で急激な核融合が生じて超新星爆発を起こし，一生を終わる。そのとき星間物質を宇宙空間に放出する。星間物質は，水素やヘリウムが主であるが，より重い酸素，炭素，鉄もあり，爆発的に核融合が進んだ際に作られる金，銀，ウランなどの重金属も含まれている。

太陽と太陽系に属する惑星，彗星などは，超新星爆発で宇宙空間にばらまかれた星間物質から作られた。約46億年前の超新星爆発によって発生した宇宙空間の衝撃波により星間物質の濃度が部分的に高い場所ができ，それらが合体を始めたのである。中心部に原始太陽が誕生すると，周囲のガスやチリは太陽を中心に回転を始め，互いに衝突や合体を繰り返し，その中で比較的大きく成長したものが惑星となった。

太陽系にある８個の惑星のうち，太陽に比較的近い水星，金星，地球，火星の４つは，地球と同じ岩石からなる固体の表面をもつことから，地球型惑星と呼ばれる。これに対して木星とその外側にある土星，天王星，海王星は，表面が分厚いガス（水素，ヘリウム）でできていて地表面がなく，木星型惑星と呼ばれる。

地球型惑星は，太陽に近く太陽風の影響を強く受けたため水素やヘリウムといった軽いガスは宇宙空間に逃げ，水，窒素，二酸化炭素，酸素，及び重い元素からなっている。地球型惑星は全体がこれら元素の化合物である岩石及び金属化合物であるため，比重は４～５と重い。

木星型惑星は，中心部に岩石や金属化合物からなる小さな核をもつが，太陽から遠いので温度が低く，星間物質がそのまま合体した状態に近い。つまり，太陽と類似したガス成分がほとんどであるが，大きさが足りず，中心部で核融合が起こるまでに至らなかった。比重は0.75～1.1と非常に軽い。

なお，これまで惑星とされた冥王星は氷でできており，しかも他の惑星と比べ著しく小さいこと，また付近に同様の天体が多数あることから，国際天文学連合の決議によって矮惑星として区別されることになった。

地震はどうして起きるのかについて

地震とは，地下の岩石が急激に破壊されて起こる地面の揺れのことである。発生原因によってプレート間地震，プレート内地震，火山性地震，誘発性地震（ダムの貯水などが原因），及び人工地震に分けられる。この中で大きな被害を引き起こす地震は，プレート間及びプレート内地震で，ともにプレートの運動が関係している。

地球の表面は，10数枚のプレートと呼ばれる厚さ20～100kmの岩盤で覆われている。プレートには，大陸を乗せている厚く軽い大陸プレートと，海底にあって重く薄い海洋プレートとがあり，いずれも年数cmのスピードで移動している。プレートとプレートの間では，それぞれの移動方向が異なるので，摩擦が生じて地震が発生する。これがプレート間地震で，プレートが生まれる海嶺で発生するもの，プレートがすれ違うトランスフォーム断層で発生するもの，及び海洋プレートが大陸プレートの下に沈み込む海溝付近で発生するものがある。このうち，もっとも発生頻度が高く，大規模なものが海溝付近で発生する地震で，海溝型地震とも呼ばれている。

海洋プレートが大陸プレートの下に潜り込むとき，摩擦があるため大陸プレートは海洋プレートに引きずられて水平方向に押し縮められながら地球内部に引き込まれ，次第に歪みが大きくなり，エネルギーが蓄積される。プレートが歪みに耐えられなくなると，大陸プレートと海洋プレートの境界部分の岩石が壊れて摩擦が小さくなり，大陸プレートが跳ね上がる形で元に戻って歪みが解消され，エネルギーが一気に放出される。これが70～100年周期で発生する海溝型地震である。

一方，大陸プレートの岩石が断層面で破壊されることで発生する地震がプレート内地震である。活断層（ここ200万年以内に地震を起こした断層のこと）を境に両側の岩盤は年数mm以下の非常にゆっくりとしたスピードで移動しているが，断層面は摩擦のため動かず，次第にエネルギーが蓄積される。歪みが限界を超えると岩石が破壊されて一気にずれ，地震を発生させる。プレート間地震の発生頻度は，1000年～10万年に1回程度である。プレート内地震は直下型地震とも呼ばれ，その規模は海溝型地震より小さい。しかし，震源域が居住場所に近く，しかも浅いことが多いので規模のわりには揺れが大きく，大被害を及ぼすことが少なくない。

地球温暖化の原因と対策について

地球ではこれまでに何回か大規模な気温変動があった。現在は，約２万年前にウルム氷期が終わって間氷期に入っているが，その中でも小氷期と呼ばれる数百年周期の気温変動があった。ただし，気温変動の程度が動・植物の適応可能な範囲内でしかも十分長い周期で生じるのであれば，決して脅威ではない。

しかし，現在起こっている温暖化は，地球の歴史の中でかつて経験したことのないほどの異常な速さで進んでおり，深刻な問題となっている。自然の気温変動は１万年あたり１℃（最大でも100年間に0.08℃）に過ぎなかったが，ここ100年間の気温上昇は0.3～0.6℃に達している。その原因と考えられているのが，人間の活動によって引き起こされる大気中の二酸化炭素の増加で，過去100年間で約1.3倍にもなった。二酸化炭素はメタンとともに温室効果ガスとされている。

温室効果ガスは，地球から宇宙に出て行こうとする赤外線をとらえるため，濃度が高まると気温が上昇する。これが地球温暖化で，気候が変わって農業生産に大きな打撃を与えたり，極地の氷が融けて海面が上昇し，海抜の低い土地は浸水・水没するといった深刻な影響がでる。

以前は，二酸化炭素は動・植物が呼吸で出す量と植物が光合成で吸収する量がほぼ同じで，増減がほとんどなかった。しかし，18世紀末の産業革命以降，石炭や石油といった化石燃料を主要エネルギー源として使用し始めたことで大気中の二酸化炭素が増加し，20世紀の後半になって増加スピードは加速度的に急上昇してきた。化石燃料は，かつて地球上に生息していた生物の遺骸が地下で変化したもので，何億年もの期間にわたり蓄えられたものである。しかし，現在の消費スピードは，それをわずか数十～数百年ですべて失ってしまうほどである。地球温暖化につながる二酸化炭素の排出のうち大きな割合を占めているのは，生産，移動，生活に必要な発電，自動車，工場，一般家庭などである。

地球温暖化を防ぐには，化石燃料に頼らない自然エネルギーの開発が急務である。また，エネルギーの循環型社会をつくるために，太陽光発電・風力発電・バイオマス発電等の利用を促進しなければならない。もちろん，二酸化炭素を吸収する森林の保護・育成も重要である。

幼児保育の基本と教科「生活」との関連や連続について

1　幼児保育の基本

幼児期は，生活の中で，自発的・主体的に環境と関わりながら，直接的・具体的な活動や体験を通して，生きる力の基礎となる意欲，心情，態度などを身に付けていく時期である。このような幼児期の特性を考慮し，幼児に適切な環境や状況を与えることにより，その心身の発達を支援することが幼児保育の基本となる。

この場合の環境とは，幼児を取り巻くさまざまな人，空間，文化など，あらゆるものを指す。これらに対し，幼児が興味や意欲をもって関わり始めることにより，はじめて環境は幼児の発達にとって意味あるものとなる。したがって幼児期には，幼児が自らの興味や関心をもって環境に関わり，さまざまな遊びを展開できるような環境を提供することが大切である。

具体的な保育内容として，「保育所保育指針」には，「健康」「人間関係」「環境」「言葉」「表現」の５領域が挙げられている。幼児の発達は，さまざまな側面が絡み合い，相互に影響を与えながら，達成されていくものである。したがって，これらの５領域を視野に入れつつ，幼児が具体的活動を積み重ねる中で，全体として健全な育ちが促されるような保育が展開されるよう，配慮する必要がある。

保育方法としては，幼児の自発性・主体性を尊重することが最も重要である。幼児が自らの興味や意欲に基づいて，自然や事物と関わったり，友だちと遊んだりする活動を通して，達成される育ちを支えるとともに，幼児期に必要なさまざまな経験を通じた保育を行うことも必要である。

2　生活科と幼児保育の関連・連続

(1)　生活科の目標と内容

生活科の目標は，「具体的な活動や体験を通して，自分と周りの身近な人々，社会及び自然とのかかわりに関心をもち，自分自身や自分の生活について，考えさせるとともに，その過程において，生活上必要な習慣や技能を身に付けさせ，自立への基礎を養う」ことである。

また生活科の内容としては，「学校と生活」「家庭と生活」「地域と生活」「公共物や公共施設の利用」「季節の変化と生活」「自然や物を使った遊び」「動植物の飼育・栽培」「自分の成長」の８項目が挙げられている。

上記の目標と内容は，生活科が設定されている小学校第１学年・第２学年に共通であり，２年間という時間的幅の中で，ゆとりをもって地域の環境や児童実態に応じて，重点的かつ弾力的な指導が展開できるように配慮されている。

⑵　幼児保育との関連を考える視点

小学校の生活科と，幼児保育との関連や連続を考える場合，次の３点に留意する必要がある。

①学習環境の相違

幼児保育においては，幼児は遊びを通して基本的な生活習慣や，人との関わり方を身に付ける。ところが小学校では，教科学習を中心として，教師による一方的な知識伝達の教育が行われることが多い。

生活科には，こうした環境の激変に対する子どもたちの不適応を最小限にとどめる役割が求められる。

②発達上の共通性

年長の幼児と小学校低学年児童は，心身の発達上，思考と活動とが未分化であるという共通の特徴がある。この時期の子どもは，頭の中だけで物事を抽象的に考えたり，言葉で思考を深めたりすることが難しく，具体的な活動や日常の体験を通して考える傾向があるということである。生活科の学習は，こうした発達上の共通性を踏まえて展開される必要がある。

③学習内容の深化・発展

年長の幼児と小学校低学年児童は，心身の発達上，同質のカテゴリーに位置する。だが，生活科では，幼児期における児童の育ちの実態を的確に見極め，学習内容を深化・発展させることが求められる。

3　活動や体験の重視

具体的な活動や日常の体験を重視することは，生活科の主要な特色のひとつである。これは幼児保育との関連・連続という点において，重要である。

⑴　学習環境の相違への配慮

幼児保育においては，幼児は遊びを通して，生きる力の基礎を身に付ける。しかし，小学校では，知識伝達のための教科学習を中心に，より一層発達を支援していく役割が求められる。

生活科における具体的な活動や体験とは，見る，聞く，触れる，作る，探す，育てる，遊ぶなど，直接働きかける学習活動である。そうした活動の中で気付いたことなどを，言葉，絵，動作，劇化などにより評価する学習活動である。

例えば,「動植物の飼育・栽培」に関する学習は，実際に地域に出て，植物を育て，収穫し，収穫の喜びを手紙に書いて，教わった地域の人たちに送る，といった一連の活動として展開することが可能である。

こうした具体的・直接的な活動において，児童の自発性や主体性を尊重し，児童が自らの思いや願いを実現していく過程を重視することにより，遊びを通した幼児期の育ちと同様，身近な対象との関わり方や，生きるうえで必要な技能や習慣が身に付き，自立への基礎が養われることとなる。

⑵　発達上の共通性への配慮

年長の幼児と小学校低学年児童は，思考と活動とが未分化であり，具体的な活動や日常の体験を通して考える傾向がある。生活科では，児童のこうした発達上の特徴を踏まえて，授業が展開されることが必要である。例えば「地域と生活」に関する学習では，実際に地域に出て，普段よく利用する店や，店で働く人たちと接することにより，それらが自分の生活と関わっていることが分かり，地域に親しみをもったり，人々と適切に接したりすることができるようになる。

幼児が身近な環境と直接的に関わる遊びの中から，生きる力の基礎を身に付けていくように，生活科でも，こうした身近な生活圏における具体的・直接的な活動や体験の機会を十分に保障することにより，身近な人々や自然，さらには自分の生活や自分自身への“発見”や“気付き”が生じ，児童の生活への意欲や主体性が育まれていくこととなる。

4　生活上必要な習慣・技能の形成

生活科は，児童が身近な環境と直接関わり合う中で，それに必要な技能や習慣を身に付け，自立への基礎を養うことをめざしている。幼児保育との関連・連続という点において，この指導に当たっては，学習内容の深化・発展を考慮することが必要である。基本的な生活習慣の形成は，幼児期における重要な課題のひとつである。最も基本的な生活習慣としては，食事，排泄，睡眠，着脱，清潔に関する行為の５項目が挙げられる。

生活科の指導にあたっては，児童がいかなる習慣や技能を身に付けているかという，育ちの実態を適切に見極め，その内容を深化・発展させたものとしていくことが必要である。幼児保育においては，幼児が自然と関わったり，友だちと遊んだりする日常的な活動の積み重ねの中で，これらの形成の達成が図られる。

生活科における習慣や技能の形成の場もまた身近な生活圏であり，児童が身近な環境と直接関わり合う活動の中で機会をとらえ，そのつど，適切に指導することが求められる。この場合の，生活に必要な習慣とは，健康や安全に関わること，みんなで生活するためのきまりに関わること，言葉づかいや身体の振る舞いに関わることなどである。生活に必要な技能とは，手や体を使うこと，様々な道具を使うこと等である。

例えば「公共物や公共施設の利用」に関する学習で，実際に駅や公園などを利用した学習をすれば，そこでのきまりやマナーを守ることが求められるし，「自然や物を使った遊び」に関する学習で，身近にある自然を使った遊び道具を作れば，そのために必要な道具の安全な使い方を知らなければならない。こうした習慣やマナーを，幼児期に形成された基礎の上に適切に深化・発展させることが大切である。

「生活」が具体的な活動や体験を教科内容の一環としていることについて

生活科は，幼児や児童の具体的な活動や体験を，内容の一環とするところに特色がある。具体的な活動や体験とは，見る，聞く，触れる，作る，探す，育てる，遊ぶなど，直接働きかける学習活動である。こうした活動の中で気付いたことを言葉，絵，動作，劇化などにより表現する学習活動でもある。生活科でこうした内容を重視する理由として次の３点を挙げることができる。

⑴　低学年児童の場合には心身の発達状況に即した指導法が必要

この時期の児童においては，未発達なので，頭の中で物事を抽象的に考えたり，言葉だけで思考を深めたりすることが難しい。事物に直接触れたり，物を製作したり，操作したり，生き物を育てたりするなど，この頃は具体的な活動や体験の中で，ものの見方，感じ方，考え方を広げ，深めるなどの思考を形成していく。

生活科では，具体的な活動や体験をとおして，児童の考える力を育て，自主的で主体的な態度を育むことをめざしているのである。

⑵　従来型の指導法の見直し

戦後のわが国における教育の主流をなしてきたのは，教室での系統学習である。そこでは，教師からの一方的な講義等により，机上での抽象的思考や概念的理解などにより，形式的な知識や技能の習得を図るという，内容伝達型講義方法の学習に終始する傾向があった。中でも小学校低学年の社会科や理科の学習では，その傾向が顕著であった。だが，こうした指導法では，実践的な知識や技能の確かな習得や，学ぶ意欲，態度，行動力は育ちにくい。

生活科では，従来の系統学習から，具体的な活動や体験を伴う実感的な学習へと，指導法を転換することにより，人や環境と直接関わる中から生まれる知的な気付きを大切にしながら，児童の意識的な自立への基礎を養うことをめざしているのである。

⑶　生活環境の変化への対応

現代の生活環境においては，児童は直接体験が著しく減少し，間接体験だけに偏りがちである。直接体験と間接体験にはそれぞれに意味や役割があるが，子どもたちは直接体験を重ねることから，人間として生きていくうえで必要とされる習慣や技能やマナーの獲得の必然性を認識していく。

生活科では直接体験の場を意図的に確保し，児童が実生活に即して必要な，生きる力を形成することをめざしているのである。

「生活」の目標や内容が 2学年まとめて示されていることについて

生活科は，第１学年及び第２学年に設定されている教科である。生活科が新設された当初の学習指導要領では，学年の目標を２学年共通に示したうえで，内容は２学年別々に示していた。しかし，1998（平成10）年に改訂された新小学校学習指導要領では，従前の学習指導要領の趣旨を一層重視し，目標も内容も２学年まとめて示されることとなった。その趣旨は次の３点である。

⑴　目標にゆとりをもたせて柔軟な指導ができるようにする

低学年の児童には，具体的な日常の生活活動を通して思考するという，発達上の共通の特徴が見られる。したがって，この時期の児童の学習においては，知的な気付きを生み出す自発的・主体的な活動を大切にすることが何より重要となる。

目標を２学年まとめて示すことにより，目標達成期間にゆとりが生まれ，指導にあたっては，児童の自発的・主体的な活動を尊重し，児童がそれらの活動を通し，人，社会，自然のことについて書いたり，感動したり，不思議に思ったり，自ら考えたりする，十分な機会を確保することが可能となる。

⑵　地域や児童の実態に合わせて，学習内容を弾力的に扱うことができるようにする

生活科は，児童の生活圏を学習の対象や場にして，直接体験を重視した学習活動を展開する。そこでは，地域の生活環境や生活様式，児童の生活経験の違いなどが，活動に大きく影響する。

目標や内容を２学年まとめて示すことにより，各学校において，地域や児童の実態に応じ，創意工夫を生かした教育活動や，重点的・弾力的な指導を活発に展開することが可能となる。

⑶　学習対象や活動を長期的な視点で考えることができるようにする

生活科の学習は，児童の身近な生活環境と，自分との関わりを深めることが中心となるので，学習の素材や活動は２学年で関連してくることが多い。

２年間という期間の中で，学習対象や活動を構想することができ，学習の時期に即して，それぞれの活動で，深まりや広がりの違いを考えることが可能となる。

教員は以上の趣旨を理解し，生活科の指導にあたっては，地域環境や児童の実態についての理解を深め，多様な活動や協力的な指導体制を検討するとともに，授業時数の割り振りなどに配慮し，ゆとりある指導計画を作成することが大切である。

幼児の集団保育と生活科が基本的な生活習慣を重視することの関連について

生活科の教科目標は,「生活上必要な習慣や技能を身に付けさせ,自立への基礎を養う」ことである。生活上必要な習慣とは,健康や安全に関わること,みんなで生活するためのきまりに関わること,言葉づかいや身体の振る舞いやマナーに関わることなどである。また,生活上必要な技能とは,手や体を使うこと,さまざまな道具をうまく使うことなどである。

基本的な生活習慣は,自立した生活を営むうえで不可欠であり,その形成は幼児期から児童期にかけての重要な課題である。だが最近の子どもは,親や教師の過保護,過干渉のもとで生活しており,自立的態度に欠ける傾向があると指摘されている。そのため,基本的な生活習慣の確立をねらった意図的,計画的な指導の必要が生じている。

最も基本的な幼児の生活習慣としては,食事,排泄,睡眠,着脱,清潔に関する行為の5つが挙げられる。乳幼児の基本的な生活習慣の形成において,集団保育の場である保育園は次の2つの特徴をもつ。

①適切な生活空間である。広さや構造などが,基本的な生活習慣の形成に対応するよう作られている。したがって乳幼児は,主体的に食べたり,排泄の練習をしたりすることができる。

②子ども集団の相互作用効果がある。子ども同士の刺激があり,乳幼児は友人の姿を見たり,一緒に行ったりして,基本的な生活習慣を自然に身に付けていくことができる。

乳幼児期によい習慣が身に付いていれば,児童期にはこれをさらに深化・発展させることが必要となる。小学校の低学年に設置されている生活科は,その役割を担う教科である。

この時期における教育の特徴のひとつは,幼児期から小学校就学への急激な環境変化に対応しなければならないという点がある。学習指導にあたっては,基本的な生活習慣を身に付けながら,少しずつ小学校独自の教科の学習が,身に付き始めることへの配慮が必要である。

重要なことは,小学校独自の教科の学習が具体的な活動や体験を通して,身に付くよう配慮されていることである。指導にあたっては,人,社会,自然及び自分自身に関わる学習活動の展開に即して,それぞれの具体的な場面で,適切に指導することが求められる。これらの学習活動を通し,実生活に即して必要な習慣や技能を身に付け,自立への基礎を養うことがめざされる。

幼児の「探検遊び」と生活科の学習特性との関連について

幼児期の人間形成は，具体的な活動や生活体験を通してなされる。日常生活の場において，自らの興味や関心，欲求に基づき，人や自然と直接的に関わる「探検遊び」の体験を通し，幼児は物事に対する理解を広めたり，身近な人や物との関わり方や基本的な生活習慣を身に付けたり，考えたり工夫するようになるのである。

したがって，幼児期の生活環境としては，幼児が自分から興味や関心をもって人や自然と関わり，さまざまな遊びを展開していけるような条件を備えていることが重要となる。

こうした幼児期における発達上の特質は，小学校低学年児童にも共通する。この特質に配慮し，小学校における生活科は，次の5つの学習特性をもつ教科として低学年に設定されている。

⑴　児童の身近な生活圏を活動や体験の場や対象とする

生活科は，児童の生活から切り離される傾向にある学校での学習を，日常生活の場に引き戻し，身近な人や社会，自然との直接的な関わりを通し，児童の生活者としての自覚を高めていくという役割をもつ。

⑵　人，社会，自然を一体的に扱う

この時期の児童は，出会う人，ものや事を一体的にとらえる傾向がある

したがって，生活科で学習素材を教材化するにあたっては，社会的な事象や自然の事物・現象を区別して扱うのみではなく，一体的に扱うことにより，児童の生活実態に即した充実した学習活動が展開されることになる。

⑶　児童が自らの思いや願いを実現していく過程を重視する

学習の過程では，児童の思いや願いや夢がどのように育まれ，実現されているか，その過程を見届け，価値ある方向に導き，意欲や主体性を高める指導がなされることが大切である。

⑷　身近な人々，社会・自然についての気付きと，気付きをする自分自身の成長への気付きをも重視する

指導にあたっては，主体的・自発的な活動や体験を通して，児童により体験的な実感を伴って得られる知的な気付きを見落とさないようにし，その意義や価値を，明確にしていくことがめざされる。

⑸　生活上必要な習慣や技能を身に付ける

これらを学習過程のなかで，必要に応じて適切に指導することにより，児童の自立への基礎を養うことをめざすことができる。

総合的な学習の性格をもつ「生活」と他教科等の学習との関連について

生活科と他教科等の学習との関連の場合，系統性と横断性・総合性という2つの軸で考えることができる。

⑴　系統性

系統性とは，幼稚園や保育園における保育と，小学校第3学年以降における学習との関連である。幼稚園や保育園では，子どもたちは遊びを通して，基本的な生活習慣や人との関わり方を身に付け，保育者はそれを支援する。こうした幼稚園・保育園の学習環境と，教科学習中心の小学校教育との間には，大きな断絶がある。

生活科の指導においては，児童が自らの思いや願いを実現していく過程を重視し，直接体験を重視した学習活動を展開することで，幼稚園・保育園から小学校へという，移行の円滑化をはかることが望ましい。

小学校の第3学年以降の学習では，社会科では観察・調査や体験を，理科では自然体験を取り入れ，生活科との関連を図る。「総合的な学習の時間」では，体験的な学習，問題解決的な学習の中で，生活科の授業で育まれた児童の意欲や主体性を，さらに高められるよう配慮する必要がある。

⑵　横断性・総合性

これは低学年の国語，音楽，図画工作など，他教科等との関連である。具体的には次の3点が考えられる。

①生活科の学習の成果を他教科等の学習に生かす

見たり，探したり，育てたりしたことは，国語，音楽，図画工作などの動機づけや，格好の題材となったりする。生活科の授業で学んだことを，他教科に広げたり，一層発展させたりすることにより，関連教科等の目標や内容を，一層効果的に実現することができる。

②他教科等の学習成果を生活科の学習に生かす

国語科で習得された作文の知識や，図画工作科での身近な材料や用具を使った工作の技能など，児童が他の教科等において習得した知識や技能を，生活科の授業に有効に生かすことで，学習効果を高めることができる。

③教科の目標や内容を合科的に扱う

例えば，体験を劇化して表現する活動では，国語，音楽，図画工作などとの合科的な指導をすることにより，活動が活発化し，関連教科の目標が効果的に実現し，授業時数の効果的な活用を図ることができる。

いずれにしても，他教科との関連を指導計画にも位置づけ，一貫性をもって指導することが必要である。

家庭科の変遷と，これからの社会変化を考慮した家庭科の学習について

1　家庭科のあゆみ

家庭科の名称は，小学校では「家庭」，中学校では「技術・家庭」，高等学校では「家庭」という教科名である。

小学校では第5学年より教科としての家庭科が始まる。中学校では技術科と一緒になり1つの教科となっており，高校では現在，一般教養としての家庭科は3科目（家庭基礎，家庭総合，生活デザイン）からの選択必修となっている。それ以外に職業教育系の専門教科としての「家庭」も行われている。

現在の形の家庭科は，1947(昭和22)年に社会科とともに誕生した。明治時代から大正及び戦前にかけては女子就学率を上げる目的で裁縫科が，また家事科が設けられ，これらは女子のみが履修し，女子教育の中心として位置づけられていた。それらに比べ，家庭生活の民主化を担う教科として，社会の民主化に寄与する社会科とともに誕生した家庭科は，小学校では5，6年生で男女ともに学ぶことが規定された点が画期的であった。

当時の学習指導要領には以下のように記されている。「家庭科すなわち家庭建設の教育は，各人が家庭の有能な一員となり，自分の能力にしたがって，家庭に社会に貢献できるようにする全人教育の一分野である。この教育は家庭内の仕事や，家族関係に中心を置き，各人が家庭建設に責任をとることができるようにするのである。家庭における生活は各人の生活にとって，大きなまた重要な部分であるので，おのおのは家庭生活において，知的な，能率の高い一役をなすのでなければならない。このために，学校において，家庭建設に必要な要素を改善し，のばしていくような指導を与える必要がある。」つまり，家庭科は全人教育の一部であるという考えのもとに，それまでの裁縫科や家事科とは異なり男女共修の教科としてスタートした。

小学校家庭科は普通教育としてスタートした後，存廃論や指導内容，領域構成に変遷があったもののほぼ10年ごとに学習指導要領が改訂され，一貫して男女共修教科として行われ，現在に至っている。それに対し，中学校や高等学校では女子向き・男子向き内容構成（中学における技術・家庭）や，女子のみの必修であった時代を経て，1989（平成元）年より男女共修が実施された。これは国連の女子差別撤廃条約に日本が批准するための法的処置として，中学校と高等学校の家庭科の履修のさせかたに男女差を設けないこと

が教育課程審議会にて決定されたためである。

このように，家庭生活に関する教育としての家庭科は，社会や家庭の変化に対応してその内容は変遷してきた。また，学校で教える家庭科の内容が，10年後，20年後にそれを学んだ児童生徒がつくる家庭にて実践され，そのことで社会をつくってきたともいえる。小中高の家庭科男女共修かつ必修化が行われて20年以上経過した現在，男女共同参画社会がめざされるのも，その社会を担っている世代が男女差なく家庭科を学んできた土壌があることが影響しているともいえよう。

2　男女共同参画社会と家庭科

男女共同参画社会をめざす現代社会において，これからは男女が協力して社会生活や家庭生活を営んでいくことが求められる。そのためには男女にかかわらず，身の回りのことが自分ででき，衣食住などの生活をよりよくしようとする能力や態度を身に付ける必要がある。しかしそれは，少子高齢化が進展するなか将来的に予想される労働力不足への対応として，家庭外労働への女性の協力と家事労働への男性の協力を促すというものではない。本来，人間は性別にかかわらず，自立した一個の人間として生活を営むことは大切であるからである。これからの家庭科は生活の自立の基礎を養う教科として，男女共同参画社会の推進という課題に積極的に対応していくことが求められる。

ところで，生活の自立の基礎は，家庭においてこそ養われるものであり，学校教育として行われるべきものではないという意見もある。しかし，現在の児童を取り巻く生活環境は，生活的な自立の基礎を学ぶことができにくい状態にある。家庭の仕事は，科学技術の進展や家族員の減少，家庭生活をめぐる価値観の変化などにより，以前と比べて大変少なくなっている。また，生活の多様化，個別化が進み，児童生徒が家族のための家事に関わる機会も減少しており，この傾向は特に男子児童生徒に著しい。ここに，男女平等教育を基本とする家庭科において，自立した家庭を営んでいくための力を養う大きな意味がある。したがって，指導にあたっては，家庭で家事に関わる機会の多い児童のみが学習などの活動を行ったり，男女で役割を分担したりすることがないよう，教師が目配りをすることが大切である。

3　少子高齢化社会の到来と家庭科

少子高齢化の進展への対応について，具体的な生活時間を通して自立と共生の価値を実現することをめざす家庭科が果たすべき役割は大きい。

本来，人間はそれぞれ固有の世界をもつ存在でありながら，同時に他者との関わりなしには生きることができない存在である。特にこれからの少子高齢化社会においては，単に自分が自立して生きているだけでなく，他者との関わりの中で，他者の成長や自己実現を援助しつつ，自らも成長し自己実現を果たしていくという生き方が求められる。

しかし少子化によって，児童の家庭における人間関係は，親子のような単一で直接的な関係に限定する傾向を生み，児童が他者との関係を学ぶ機会を乏しくしがちである。このような環境のもとでは，児童は，家庭には自分とともに家族のそれぞれに固有の生活があり，自分や家族の生活を支える多様な仕事が存在することにも，気付きにくくなりがちである。

家庭科の学習では，日頃，無意識に過ごしがちな家庭生活を教材にし，関心をもって見つめなおす中で，家族の一員としての理解を深めるとともに，家庭の仕事に積極的に関わっていくことができるような態度を育成することが求められる。

また，高齢化は，誰もが多くの高齢者を身近に感じながら生きる社会の到来を意味する。このような社会においては，家族であるなしにかかわらず，高齢者を支え，身の回りの援助ができるようになることが必要となる。高齢者自身もまた，基本的には自分の身の回りのことを自分でできる必要があり，そのためには，若いうちから生活的自立能力を身に付け，実践していることが重要である。これらの意味において，家庭科の学習では，単に知識や技能を教えるのではなく，実践的な生きた力を育成することが求められる。

4　家庭科の学習で育成すべき力

家庭科は，従来から実践的な活動を重視し，日常生活に必要な基礎的な知識や技能の習得や，家庭生活をよりよくするための実践的な態度を育成することをねらいとしてきた。しかし，被服，食物，住居，といった「領域」で内容を規定したり単なる技能習得のみが重視されたりするなど，むしろ実践的な態度を育てるという教科の目標から大きくかけ離れているのでは，という批判があったこともある。現行の小学校の学習指導要領では，批判の反省もあり，内容が大綱化・弾力化され，題材の設定がほとんどなくなった。このため，各学校の児童の実態に応じて柔軟な学習活動が展開できるようになった。

これからの社会の変化を考えると，児童の主体的・創造的に生きる力をはぐくむためには，知識や技能を教え込むだけの学習活動からの脱却を図り，児童が生活における課題を自ら見いだし，身に付けた知識や技能を使って，試行錯誤しながらそれを解決しようとする態度や能力を育成していくことが重要である。

そのためには，家庭科が本当に育成すべき資質・能力は何かを見極め，社会変化に適切に対処するだけでなく，よりよい生活を自ら創出していくことができるような力を育成することが重要である。

「家庭生活と家族」に関する内容と指導上の留意点について

家庭科の学習対象の中心は，家庭とそこで生活を営む家族である。家庭は日常生活の拠点であり，人が人間として成長し，人との関わりを学ぶ場所である。その意味において，小学校の家庭科では，家庭生活への関心を高め，家族の一員としての自覚をもつことにより，生活上の課題を自ら見いだし，家庭生活をよりよくしようとする意欲や能力，実践的な態度を育てることをめざしている。したがって，学習活動の中では家族・家庭は頻繁に扱われる。

その際，留意するべき点は第１に，家族・家庭の多様性を十分認識することである。実際の家族・家庭は多様化している事実を認め，教師が家族・家庭とはこうあるべきだという思い込みに縛られないことが大切である。

第２に，家族・家庭の多様性を尊重することである。実際の家族・家庭のあり方は実に多様であるが，どの家族・家庭もその児童にとってはかけがえのない大切な存在である。教師がそのことを十分認識し，児童にもそれを分かるようにすることが大切である。

第３に，家族や家庭の中で行われていることを扱う場合は，プライバシーに十分配慮し，慎重に行うことである。家庭科で家族を扱う場合，それは自分と家族との関わりに気付くことや，家族を大切にし，協力してよりよい生活を創造する態度を育てることをめざしているのであって，家族構成がどのようであるかは問題ではない。家族を具体的に扱う必要がある場合は，多様性に配慮し，時には児童の実際の家族ではなく一般的によく知られた共通の事例を取り上げるなどの工夫が必要である。また「家の人に聞く」といった課題を出す場合には，「家族」にこだわらず，「児童がともに生活している人」や，「児童の生活を支えている人」などととらえ，柔軟に対応することも必要である。

なお，学習指導要領A(1)ア「自分の成長を自覚することを通して，家庭生活と家族の大切さに気づくこと。」は，新たに加えられた内容であり，第５学年の家庭科の最初の授業で取り上げる内容とされている。最初の授業で２年間の家庭科の学習内容の見通しをもたせること，またこれまでの自分の成長を振り返ることを通して，家族の支えが大きいことを実感できるようにすることが求められている。まさに，家庭科を学習するにあたり，家族は大切なキーワードであり，家庭科学習を貫く視点となっている。

「日常の食事と調理の基礎」の内容と指導上の留意点について

食物学分野の学習に関しては，学習指導要領では食事の役割，栄養を考えた食事，及び調理の基礎の３つから成り立っている。食育基本法ができ，学校教育の中で食育が推進されるようになり，食生活に関する学習活動は一層重視することとされている。

まず食事の役割については，食事の役割，食事の大切さ，楽しい食事について指導することとなっている。食事は健康を保ち，体の成長や活動のもとになったりすることや，一緒に食事をすることで人と楽しく関わったり，和やかな気持ちになったりすることを知ることが大切である。また，朝食を規則正しく食べることにより，学習や活動のための体の準備ができることにも気付くようにする。なお，文部科学省は「早寝早起き朝ごはん」運動を推進しているが，食育の目標である食の重要性に気付き，それを習慣化することは大切である。

次に，栄養を考えた食事については，五大栄養素とその働き，栄養を考えた食事の取り方，食品の栄養的な特徴，３つの食品グループと食品の組み合わせに関する指導を行う。五大栄養素に関しては中学校で教えていた時期もあったが，現行の学習指導要領では小学校で学習することとなった。その五大栄養素を中心に，栄養素とは何か，なぜ必要なのかについて学び，栄養の体内での働きによって３つのグループに分類されること，そして食品の組み合わせに配慮し栄養のバランスのとれた１食分の献立を考え，調理できるように指導する。

さらに，調理の基礎については，調理計画を立て，一連の調理活動ができるように指導する必要がある。つまり，道具の名称，使い方，材料の洗い方，切り方，加熱調理，味付け，盛りつけ，後片付け，の一連の行為を安全かつ衛生的に行えるように指導する。

なお，現行の学習指導要領では具体的な調理のメニューとしては米飯とみそ汁のみが指定されている。これらはわが国の伝統的な日常食であり，堅い米が柔らかい米飯になる過程を鍋で炊飯し実感的にとらえ学ぶこと，みそ汁については，みそが大豆で作られた古くから親しまれた調味料であり，みそ汁はだし，みそ，実からなり，その調理には特徴があること，などを指導する。米飯及びみそ汁を中心とした栄養のバランスがよい１食分の献立を考え，調理計画をたて実行することが，調理実習の目標のひとつである。

「快適な衣服と住まい」の衣生活分野に関する内容と指導上の留意点について

現行の学習指導要領より，従来は分かれていた衣生活分野と住生活分野の学習内容が，「快適な衣服と住まい」という同じ枠に入ることとなった。確かに，衣服も住居も，人のすぐ外側にある快適性をつかさどる物理的要因としては同じである。学習も同じ単元の中で扱う場合もあり得るが，そうではないことも多い。ここでは衣生活と住生活の指導の特徴を個別に取り上げる。

まず，衣類の着用と手入れに関しては，衣服への関心，衣服の働き，日常着の快適な着方について指導する。小学校の児童は，流行のファッションには多少の関心があるとしても，そもそも私たちがなぜ着るのか，どのように着るべきなのか，に意識が向いていない場合が多い。そこで，普段着ている服について，衣服のつくりや働き，材料の特徴，気に入った服を着ると楽しい気分になることなどを，観察や簡単な実験を通して指導する。ここでの衣服の働きとは，保健衛生上及び生活活動上の働きを小学校では扱うこととなっている。つまり，衣服による体温調節機能（夏は涼しく，冬は暖かく）や，外的などから身を保護する働き，作業や運動をしやすく機能（体操服，エプロンなど）を学ぶことで衣服に関心をもつことが指導の目標である。さらに，日常着の手入れとして洗濯やボタン付けを指導する。洗濯に関しては手洗いを中心とし，靴下などの手洗い体験を通して洗う，すすぐ，絞る，干す，たたむ，といった衣服管理の一連の作業を理解し，日常生活で生かすよう指導する。

生活に役立つ物の制作については，布を用い，形を工夫し，生活に役立つ物の制作ができるように指導する。具体的には自分や家族が仕事や学校生活，遊びなどで使う布製品の制作手順を知り，計画をたて実行することであり，制作する具体的なものは特に指定されていないが，簡単なマスコットや小物類，袋物，飾り物などが考えられる。児童が自ら探求的に考え，取り組むことができるようにする。被服製作の具体的な技能として，基礎的な手縫いと，ミシンを用いた直線縫いが示されており，段階を踏んで簡単なものから難しいものへと学べるよう指導計画をたて，資料を準備する必要がある。さらに，被服製作実習では針やはさみ類，アイロン，ミシンなど，使用に危険を伴う物があるので，実際に制作に入る前に，使い方や渡し方，運び方などの練習を行う必要がある。

「快適な衣服と住まい」の住生活分野に関する内容と指導上の留意点について

食べることや着ることに比べ，住まうことへの児童の関心は一般的には低いといわれている。しかし児童の身近な生活環境を見直すことを通して，住まい方に関する関心を高め，より快適な生活を創造できる能力や態度を育成することは可能である。

快適な住まい方に関する指導事項として，まず気持ちよい生活，整理・整頓の工夫，汚れに応じた清掃の工夫に関する指導が挙げられる。整理・整頓及び清掃に関しては，日本の学校では低学年から校内清掃が日々行われるのが一般的であるが，新たに第５学年の家庭科で取り上げる意味をよく考える必要がある。そもそも，整理とは種類別に分けたものの要不要を判別する作業であり，整頓とは判別された物を秩序立てて並べる作業である。つまり，整理ができていないのに整頓しても部屋は片付かず，整理・整頓ができていないのに収納しても快適な生活とはならない。物を使用したら元に戻す，片付けという行為を行うために整理・整頓は必要であり，片付けができてはじめて快適な生活となることを児童が理解する必要がある。なお，整理・整頓及び清掃に関する学習は，小中高の学習課程の中では現在，小学校家庭科のみで行われており，ここでしか学ぶ機会がないものとして，整理・整頓の習慣を身に付けることは大切である。

季節の変化に合わせた生活の大切さについては，温熱環境については自然を生かした住まい方，通風と換気，採光と照明に関する指導を行う。衣生活分野の暑さ・寒さへの対応とともに，冷暖房器具にたよるだけの生活を見直し，通風や換気，適切に日射を取り入れもしくは遮り，室内の温湿度をなるべく適切に保つことを指導する。環境に配慮した健康で快適な室内環境を作り出せることができるようにする。同じ気温でも気流があると涼しいこと，着衣の量を増やせば暖かくなることや，効率的な換気のための住まい方の工夫なども指導の対象である。光環境に関しては，小学校では身近な生活と目の健康とを関連させ，適切な明るさを確保する必要性とその方法を指導する。具体的には窓の大きさや位置，天気やカーテンの有無によって室内の明るさが異なること，明るさが不足している場合は人工照明を使用することには触れる程度とし，本格的な視環境や他の環境要素である音環境，空気質に関する学習は，中学校家庭科で扱うこととなっている。

「身近な消費生活と環境」の内容と指導上の留意点について

この領域では，消費生活と環境に関する学習を扱うが，消費と環境の学習の関連は重要である。物や金銭の大切さの実感は，単なる気持ちの問題ではなく，物や金銭が自分や家族のさまざまな生活を支えていることに目を向け，金銭を得るためには家族が労働という対価を払っていること，物や金銭には限りがあることを理解することで生まれる。そして地球は唯一無二のものであり，私たちが使う物や金銭も限りあるからこそ，大切に有効に使うための計画の重要性に気付くようにする必要がある。

まず物や金銭の使い方の指導については，物や金銭の大切さ，計画的な使い方，選び方，買い方の工夫などが挙げられる。普段，物を購入する際にどのようなことを考えるか，自分にとって必要な物か，有効に使われているか，これからどんな物が欲しいか，などを考え，必要性や使用実態を基準に優先順位を考えられるようにする。また，物を買う際に情報を集めることや物を買う手段についても学ぶ必要がある。小学校では買い方は現金による店頭での買い物を中心とすることになっているが，通信販売やプリペイドカード類による買い物など，現実の児童の実態に応じては触れる必要がある。また，実際に買い物を計画し，実践，反省する機会として，調理実習などの材料を授業で買いに行く，といったことも考えられる。

環境に配慮した生活の工夫については，身近な環境やその環境への影響，物の使い方を工夫することなどが指導のポイントである。金銭と交換に家庭に入ってきた物が，使用された後は廃棄物として出て行くことになるが，再利用できる状態で家庭から出すことができることを理解し，実施できるようにすることを目的に，フリーマーケットのロールプレイングを行うなどして自分の消費生活について考える機会を設け，環境問題について実践的にとらえられるようにすることが大切である。

なお，この「環境」の内容項目は現行の学習指導要領から新たに取り入れられた内容である。独立して扱うことも大切であるが，従来の消費生活の学習に環境の視点からの関わりを強調することで，資源や環境に配慮したライフスタイルの視点からの指導を行うことができる。小学生にとって身近で具体的な学びであり，実践につながるような題材構成や指導計画となるよう工夫する必要がある。

体育の授業における「わかる」と「できる」の関係及びこの両方を結びつける授業について

「わかる」というのは認識の段階であり，運動を頭で理解することを示す。それに対し，「できる」とは実演の段階であり，運動を身体を用いて行うことを示す。運動学習場面においてこの「わかる」と「できる」はどのような関係にあるのであろうか。まず挙げられるのは運動がなんとなくできるという場合である。この場合，運動について頭で「わかる」ことはできていないが「できる」状態にある。運動を認識する能力の低い小学校低学年の子どもたちや運動が得意で練習しなくともできる子どもはこれにあてはまることが多いであろう。次に挙げられるのは頭で「わかる」ことができてはじめて「できる」場合である。これは，運動を認識する能力の高い高学年の子どもたちやその運動ができなかったけれども練習してできるようになった子どもの例がこれにあてはまるであろう。

運動学習場面において，わかったことができるようになるにはいくつかの超えるべき段階がある。例えば金子明友は，「わかるような気がする段階」から「できるような気がする段階」を経て「できる段階」にいたると指摘している。この壁を越えさせる際にこそ教師の指導性が問われ，「できる」ためには「わかる」ことが必要であり，両者を切り離すこと自体に問題がある。

しかし，わかったからといってすぐに「できる」ようになるわけではない。わかったことが「できる」ようになるには，それを実際に試すことが必要になる。また，実際に試すことを通して，わかった内容の理解も一層深まっていく。したがって，実際に授業を行う際には，「わかる」ことを「できる」ことに結び付けていく配慮が大切になる。

では，わかることをできることに結びつける授業とはどのような授業であろうか。例えば，クラスの課題である二重跳びを跳ぼうとしているO君はみんなが見ている前で試技に入る。1回目の試技で残念ながら4回で失敗し，教師は再度試みるように促す。しかし結果は同じく失敗。そこで教師はO君が何に気をつけて跳べばいいのかを全員に発問した。子どもたちからは，「つま先で跳んでいない」，「腰が曲がっている」，「視線をあげる」といった回答が出されてくる。これを受けてO君が3度目の試技に挑戦。見ている子どもたちから熱い声援が飛ぶ。結局O君は9回で失敗。しかし，2回の試技で4回しか飛べなかったO君は，友だちの教えてくれた技術上のポイントを踏まえた3回目の試技でなんと9回も跳べるようになったのであった。この間，何の練習もしていないにもかかわらずである。これには見ていた子どもたちも本人も驚きの色を隠せなかった。

この授業では，教師が「わかる」内容や「できる」ようになる方法を子どもとの応答を通して，しかも，子ども相互の関係を組織しながら丁寧に指導している。子どもたちは，それを踏まえて主体的に練習し，全員が「できる」ようになっていく。そしてこの過程で子どもたちは，適切な指導のもとでは誰でもができるようになることを知っていくのである。

授業において「わかる」ことを中心とすることによって得られるメリットはどのようなものであろうか。それは授業における人間関係の変革，子どもの主体的育成，科学的な技術認識の育成の3点である。以下その3点について詳しく述べる。

(1) 「わかる・できる」授業は授業における人間関係を変えていく

技能レベルの異なる子どもを同じグループにし，上手な子が苦手な子に教えるように授業を組み立てる方法がある。このような授業の中で，上手な子は，苦手な子でもできなかったことが「わかる」ことによってできるようになることを知っていく。あるいは，上手な子どもは友だちに教えることを通して技術上のポイントに対する自らの理解を一層深めていく。さらには，苦手な子も上手な子に教えることがあることや，教えたことにより上手な子が伸びていくことを経験していく。このような経験を通して子どもたちは，友だちの努力している姿を目にし，苦手な子も練習をすればできるようになることを知っていく。そして，友だちの期待や励ましを感じながら練習に取り組むことで，より相互に支え合える人間関係を築いていく。

(2) 「わかる・できる」授業は子どもの主体性を育んでいく

「わかる」と「できる」の統一をめざす授業では，子どもが積極的に授業に参加しだす。また，子どもの主体性が育まれていく。まず，「わかる」ことを要求されることにより，子どもは知的に動機づけられていく。例えば，縄跳びの技術上のポイントがわからず単に練習しているだけに過ぎない場面と，それがわかって練習している場面では子どもの意欲は当然違ってくる。できるようになるコツを知りたいという欲求から授業の勢いが増すのである。

こういった授業の中で「わかる」ことを保障していくことにより，子どもの知的関心が喚起され，それを「できる」につなげる配慮を通して子どもは学習することの意義を知っていく。このような見通しの上で「わかる」ことを求められた時，子どもたちは主体的に活動し始める。ここでは「わかる」ことは「考える」ことと同義である。それは，考える場面を設定すると子どもが主体的に行動できるようになるという発想である。どうすれば「できる」のか考える場面を設定すると，子どもたち自身によって工夫する余地が生み出されるのである。

(3) 「わかる・できる」授業は科学的な技術認識を育成する

「できる」ために必要な「わかる」内容とは，技術の構造や練習の方法に関する知識である。このような知識を身に付け，実際に自分たちができるようになるためにそれらを活用する中で，子どもたちは，スポーツの技術を科学的に分析，総合する力を身に付けていく。「できる」ためには技術上のポイントを理解することが必要であることを認識していくし，一定の視点をもてばそれを確認できることも知っていく。ただやみくもに練習するのではなく，科学的な技術認識に基づいた練習方法で練習すれば「できる」ようになることを知ることが必要である。ただこれは放っておけば自然に身に付くものではなく，授業における教師の指導が問われることになる。

例えば，バスケットボールの授業において，図に示したような記録紙を用いることがある。これらは，ゲームにおける人の関わり方や空間の使い方をゲーム後に確認する際に貴重な手がかりを与えてくれる。しかし，これらの記録からはどのようにボールが動いたのかという「事実」を確認することはできても，なぜそのような結果に至ったのか，その「原因」を確認することはできないという限界がある。記録から，なぜこのような結果になったのかを確認し，次の手だてを講じることによってはじめて次のゲームの戦術にいかすことができるのである。このように「わかる・できる」ことを保障しようとするときには技術の分析・総合能力が必要とされるし，その場合の科学的な技術認識が欠かせないのである。

以上のように「わかる」と「できる」が学べる授業は多くの意義をもち，その教育的な効果も期待できる。このような授業において，教師は適切な技能を理解 or 把握する必要があるし，場面に合った適切な指導性を発揮する必要もある。これらを踏まえて，子どもがわかり，できる授業を展開していきたいものである。

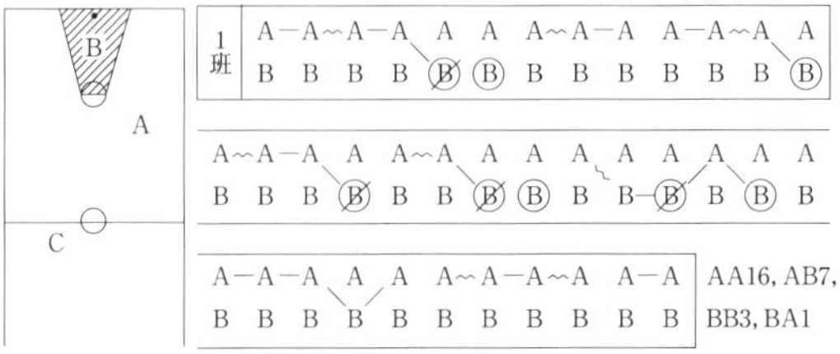

図　AB 空間表（渡辺，1984，p. 17）

体育授業の基本的な考え方について

体育授業を行うことは子どもに運動指導をただ行えばいいということを意味しない。体育授業を行う教師は，体育授業はどのような体育の基本的な考え方に依拠するのかということを明確に知る必要がある。

この体育の基本的な考え方は，各々の社会や時代の人々の生活と運動との関わり方によって決定され，変化してきた。例えば，戦後わが国の学習指導要領を中心とした体育の考え方についてみると，戦前の体操中心の「身体の教育」からスポーツ中心の「運動による教育」へと変化した。この立場は長く支持されてきたが，この「運動による教育」という概念のもとでもその強調点は大きく変化してきた。

昭和20年代には，子どもの運動生活との関連を大切にしようとした「生活体育」が標榜されたが40年代になると，国民の体力低下問題に関連して「体力づくりの体育」が支持されるようになった。

つづいて，50年代になると，先進諸国に共通して豊かな生活が社会的に指向されるようになり，「生涯スポーツにつなぐ学校体育」のあり方が探求されるようになった。

現在はこの「生涯スポーツ」を指向する考え方の中で，運動を手段として様々な発達を促進しようとする「運動による教育」から，運動を目的・内容とする「運動の教育」の考え方へ移行した。これは運動によって実現される可能性のある一般的・社会的価値（体力，運動能力，人格形成，社会性，生きがいなど），すなわち，運動の外在的価値ではなく固有の内在的価値が尊重される。運動の内在的価値は，運動に備わった客観的な側面（技術，戦術，規範，知識）と主観的側面（運動の参加によって体験される「意味のある経験」や「楽しさの経験」）の２つの側面から理解することができる。このことは，現行の学習指導要領における体育科の「運動に親しむ資質や能力の育成」，「健康の保持増進」及び「体力の向上」の３つの具体的目標に帰結するものであり，これまでの体育の目標を踏まえつつ，その考えを一層明確にしたものである。すなわち，生涯にわたって運動に参加する人間をつくるためには，運動への愛好的態度を育成する必要があることから，運動の機能的特性にふれさせ，楽しさを体験させることが重視される。

よい体育授業の基礎的条件について

授業の「基礎的条件」とは，「授業のマネージメント」，「学習の規律」，「授業の雰囲気」など，体育授業を円滑に進めるための条件である。この条件は，体育の授業では教室で行われる他教科の授業以上に強く授業効果に影響するように思われる。以下，基礎的条件に焦点を当て，詳しくみていく。

⑴　運動学習場面が確保されている

これまでの授業研究の結果から，子どもたちが評価する授業は，子どもたちの「運動学習場面」が十分確保されていた。運動学習が多いということは，具体的には次のような現象が生じることを意味している。

①体育的な「学習指導場面」の配当時間が多く，「準備」「指導」などの「マネージメント場面」が少ない。

②個々の児童生徒の「待機」や「移動」など意味のない活動に費やす時間が少ない。「課題から離れた行動」をとる子どもが少ない。

③課題への取り組みにおいて「大きな困難や失敗」が少ない。

⑵　学習の規律が確立している

よい授業を観察していると，説明，指示，相互作用といった教師のマネージメント行動がほとんど表面に現れてこない。それはあらかじめ授業における約束ごとが取り決められていて，子どもたちがこれらの行動手順に従って当然のように行動するためである（構造化されたマネージメント）。一方，約束事が取り決められていなかったり，これらの行動に対する規律が確立していない場合には，教師は時々の課題や問題に対してそのつど流動的に対応しなければならず，教師のマネージメント行動が頻繁に生じる（流動的なマネージメント）。

構造的マネージメントが，流動的マネージメントよりも学習に有効であることは，多くの研究結果で証明されている。

⑶　教師の肯定的な働きかけがみられる

教師行動に関わった研究に一貫した結果は，教師の相互作用行動が授業の雰囲気を決定するということ，そして肯定的な相互作用（賞賛，助言，励まし）は授業の雰囲気をよくし，学習成果にも肯定的に作用する。

⑷　児童生徒の情緒的開放や学習集団の肯定的関わりがみられる

子どもが評価する授業では，子ども達の人間関係においても肯定的で協力的な関係（子ども同士の助言，励まし，補助，身体的な接触など）がみられる。

教材づくりの意義と方法について

教材とは学習内容を習得するための手段であり，その学習内容の習得をめぐる教授＝学習活動の直接の対象となるものである。

体育の素材となるスポーツは，歴史的・社会的に創造され，発展・継承されてきた人間の身体運動の文化であり，学校教育の中で教えること，学ぶことを前提としたものではない。したがって以下のような限界もある。①すべての子どもが学習の対象となるスポーツに最初から強く動機づけられているわけでなく，スポーツ全般にわたって意欲のない子，特定のスポーツが嫌いな子等が存在する，②スポーツを楽しめるようになるためには，それに必要な最低限の能力の保証が必要となる，③個々のスポーツは固有な身体運動の目的的な意味（競争する，表現する，一定のルールのもと他者と関わる等）をもっているが，子どもはその意味を達成するための課題やそれを解決するための方法を理解しているわけではない，④近代スポーツはその根底に優勝劣負の原理を反映しており，必ずしもすべての子どもがそのスポーツに平等に参加し，楽しめるわけではない。こういった事実を認識し，授業において子どもたちが面白さ，楽しさを味わえ期待されるスキルを習得することが難しい者にも学習機会が十分与えられるような配慮と対応が必要となる。したがって，素材としてのスポーツは，子どもたちに期待される能力発達に適合した教材に再構成される必要がある。

教材づくりの方法については以下の過程を経て行われる。

①授業の目的・目標の検討（どんなスキルを身に付けさせるのか）
②素材としてのスポーツの分析
③学習者の主体的条件（興味・関心や発達段階），及び指導に必要な時間的・物理的な条件の考慮
④学習内容の選択・設定
⑤学習内容を教えるための教材の構成
⑥学習過程の展開に関する検討

教材づくりには，つくられる教材が含みもっているべき本質的性格・条件を見極めることが必要である。教師は，以下の2点の条件を備えている教材を取り上げる必要があるだろう。

①その教材が習得されるべき学習内容を典型的に含みもっていること。
②その教材が子ども（学習者）の主体的な諸条件に適合しており，学習意欲を喚起することができること。

Ⅲ　教職に関する科目

乳幼児における認知機能の発達について

乳幼児とは，生まれてから6歳ぐらいまでの子どものことである。認知機能とは，見たり聞いたりしたことを受け止め，解釈し，その意味を理解する能力のことである。認知機能にはさまざまなものがあるが，ここでは，主要なものとして，思考，記憶，数の理解に話を絞り，乳幼児における，その発達の様子をとりあげる。

1 思 考

乳幼児の思考の発達については，ピアジェの発達段階説が有名である。ピアジェは，思考の発達にはレベルがあり，必ず順番どおりにレベルを追って思考は発達するとした。それぞれのレベルの発達目安年齢と特徴は，次のとおりである。

0歳から2歳ごろまでは感覚運動期と呼ばれる。ものを触ったり身体を動かしたりすることで自分の周囲のことを理解し，すべてのものを直接触ったり運動しなくてもそのことを心の中で表象として描く能力，すなわちイメージする力を養っていく段階でもある。さらに細かく6段階に区分されている。

生まれてから生後1か月ごろまでを第一段階と呼ぶ。突いたりなでたりされると赤ちゃんは自動的に反応して，その物を握ったり吸ったりする。反射活動によって，自分の周囲のことを知る段階である。

生後1～4か月には第二段階に進む。自分自身の身体の反応に興味を示すようになる。具体的には，指しゃぶりなどの自分にとって気持ちのいい行動を中心に繰り返し行うようになる。そして，どのように振舞うとどんなふうに感じることになるのかを，繰り返しの体験の中で理解する。

生後4～8か月ごろは第三段階とされる。自分の周囲のものに関心を持ち，手の届く範囲のものを触ったり叩いたり振ったりするようになる。身の回りのものの手触り，硬さ，重さ，大きさなどが分かるようになる。

生後8か月～1歳ごろには第四段階に進む。より能動的に自分から周囲と関わるようになる。隠しておいたものを探し出したり，目の前で起こっていることの結果を予測して行動したりするようになる。実際に直接触ったりしなくても，心の中でその感触をイメージして行動できるようになってくる。

第五段階の1歳～1歳半ごろになると，単純にひとつの方法ばかり繰り返すのではなく，思いつくままにいろいろなことをして状況を変えようとする「試行錯誤」を行うようになる。

第六段階の１歳半～２歳ごろには，試行錯誤なしに問題を解決したり状況を理解したりする「洞察」ができるようになる。試行錯誤が必要ないということは，実際に行動しなくても，頭の中だけでいろいろな状況や自分の行動とその結果を思い出してイメージできるようになる。ただし，この段階では自分自身がかつて実際に触ったり行動したりしたことを思い出していると考えられ，自分が触ったこともしたこともないことをイメージできるようになるには，言葉を使ってイメージできるようになる必要がある。

２～７歳ごろは前操作期と呼ばれる。心の中のイメージと言葉を対応付け，ようやく言葉を用いた思考ができるようになり始める段階である。さらに細かく，象徴的思考段階と直感的思考段階に区分されている。

象徴的思考段階の２～４歳では，自分の考えを言葉で十分に表現するのにまだ慣れていない。そのため「お腹空いた？」などの質問に「ごはん食べたい」などの言葉ではなく，食べる動作で返事をすることがある。

４～７歳の直感的思考段階では，言葉を使って物事を考えられるようになる。自分が経験していないことでも空想したり考えたりできる。しかし，まだ言葉を十分に使いこなせているわけではなく，物事の一面にとらわれたり直感に頼ったりして，考えを誤ることも多い。最も特徴的なのは，非常に自己中心的で，自分以外の他人の視点から物事を見ることができない点である。

以上に述べたピアジェの発達段階説は，いくつか問題点も指摘されている。必ずしも段階どおりに順番に発達するわけではないことや，文化や環境の影響によって発達に差が見られることなどである。自己中心性を脱していないはずの乳幼児でも，自分にとって身近な母親等であれば，他者の視点も理解するとの報告もある。乳幼児の思考の発達は，ピアジェが考えていたよりも，もっと柔軟なものである可能性が指摘できよう。

2　記　憶

乳幼児の記憶力は大人と同等，もしくはそれ以上であることが，近年の研究では明らかになりつつある。まず，どのぐらいの間覚えていられるのかについてだが，生後３か月程度で，すでに数日から１週間程度は覚えていられることが確認されている。生後６か月くらいでは約２週間，生後９か月くらいでは約１か月，生後10か月以降では数か月から半年程度記憶している。大人ほどではないが，かなり長い間記憶していられると言えよう。

次に，どのくらい正確に覚えているのかについてだが，３歳ぐらいの子どもはすでに大人と同じぐらい正確に詳細を覚えているのではないかと言われている。例えば，おもちゃや道具を見せた後，箱の中にしまう。そして先ほど見せたおもちゃや道具が何であったか答えさせる。すると，３歳児でも８割以上正解するのである。

このように，乳幼児の記憶力はあまり大人と変わらないといわれる一方，記憶の性質や覚え方は大人とは違うのではないかとも指摘されている。例えば，一般的には３歳未満で経験した出来事を思い出すことは難しい。以前はこの現象は，乳幼児の記憶力は大人より劣っているからだと考えられていた。しかし，最近では，優劣の違いではなく質の違いでこの現象を考えるべきではないかと言われている。大人は言葉を用いて記憶するが，乳幼児はあまり言葉を使いこなせないこと，大人と異なって乳幼児は嘘と本当の出来事を混同しがちであることなど，大人と乳幼児では物事のとらえ方や理解の仕方が異なっていることを示す証拠は多い。記憶力自体は大人とあまり違わなくても，物事のとらえ方や理解の仕方に対応して，記憶の質や方法は異なっている。

3　数の理解

これまで，数という考え方は，あまりに抽象的であるので乳幼児には理解できないと考えられてきた。先に紹介したピアジェの発達段階説でも，子どもが数を理解するのは７歳以降だと考えられてきた。しかし，最近の認知心理学的な研究では，生後１年未満の赤ちゃんでも，物が２個ある場合と３個ある場合では異なる反応を示すことから，３までの数であれば十分理解しているのではないかと報告されている。

また，幼稚園ぐらいの年齢の子どもは，自分の見たものを片っ端から数えるのが大好きである。かつては，この行為は単なるマネだと考えられていたが，今日では幼児もかなり数を理解していることが報告されている。例えば，１つのモノには１つだけ数を割り当てて，１個２個３個……とモノを数えるというのは数の考え方の基本である。調査の結果，２歳児では80％，３歳児では86％，４歳児では全員がこのことを理解していた。また，数を数えるときには，気まぐれに５１２４３としたり３１４２５としたりせず，１２３４５などといつでも同じ順序で数を並べることが重要である。２歳児では64％，３歳児では92％，４歳児では全員がこのことを理解していた。もちろん，幼児は数の概念についてすべて大人と同じように理解できているわけではない。例えば，集められたモノの数を数えるとき，右から数えても左から数えても，集まりのなかのモノの数は変化しない。しかし，このことは難しく，５歳児でも全員が理解できるわけではなく，９割程度しか理解できない。理解するには，さらなる発達が待たれる。

以上，乳幼児の認知機能における発達について，主に思考，記憶，数の理解に焦点を絞ってまとめた。一般に想像されている以上に，乳幼児は自分を取り巻く環境を認知し，発達していく力をもっている。

乳児のヒト刺激に対する選択的反応について

乳児とは，生まれたばかりから3歳未満の子どものことである。乳児は，生まれたときから，人間（多くの場合は，母親や父親，祖父母など自分を育ててくれる人間）等，特に母親の話し声や顔，なでてくれる手の感触などのヒト刺激を好む。周囲にあふれるさまざまな音や光，感触などの中から，特に母親が与えてくれるヒト刺激をきちんと区別し，他の刺激に対するのとは異なる特別な反応（選択的反応）を示すのである。

例えば，コンドンとサンダーは，乳児が他のどのような音よりもヒトの声を好んでいることを，次のような実験で示した。まず，生まれたばかりの子どもに，録音された話し言葉，母音の連続音（あああ，いいい，ううぅなど），物をたたく音を聞かせ，さらに実際に話しかけた。このうち，録音された話し言葉と実際の話しかけとがヒト刺激であり，母音の連続音と物をたたく音はヒト刺激ではない。次に，それぞれの音を聞かされた乳児の様子を観察したところ，録音された話し言葉と実際の話しかけの時にだけ，言葉の調子にあわせて乳児は反応し，身体を動かしていたのである。

乳児がヒトの顔を好んでいることは，ファンツの実験と乳児の見える範囲とから分かる。ファンツが，ヒトの顔のイラストを描いた円盤を見せたところ，図形や文字を描いた円盤より乳児は興味を示し，長い間見つめていた。また，乳児は，30cm前後離れたものが一番見えやすい。これは，母親が乳児を抱っこしたときに，お互いの顔がよく見える距離なのである。

なぜ，乳児は，自分を取り巻くさまざまなものの中から，母親の声や顔を特別に好み，反応するのであろうか。おそらく，母親の保護欲を刺激し，無力な赤ちゃんを可愛がって育てて行こうとする気持ちをかきたてるためだと言われている。母親から語りかけられたり優しくなでられたりした時には，乳児は天使のような微笑を返すように生まれついている。母親は乳児の微笑を見て育児の疲れを忘れ，さらに愛情を注ぐ。愛情を注がれた乳児はますます微笑むようになり，母親からさらなる愛情を引き出す。このようなやりとりを通して，母と子は，愛情と心の絆を育んでいくのである。この時に築かれる母親との心の絆は重要で，成長した子どもが，見知らぬ他人や物に興味を示し相互に関わりを持とうとし，自分の世界を広げるための土台となる。

愛着の形成について

愛着とは，乳幼児（生まれてから6歳ぐらいまでの子ども）と養育者（主に母親）との間に結ばれる心の絆のことである。赤ちゃんと母親の間に愛着というゆるぎない心の絆が結ばれることにより，赤ちゃんは自分を受け止め育ててくれる母親と生まれてきた世界に安心と信頼を感じ，すくすくと成長する。

これまでの研究では，赤ちゃんと母親の間に愛着が生じるのは，母親が赤ちゃんの面倒を見るからだと言われてきた。お腹が空いたりおしめが汚れたりしたときに，母乳を与えてくれたりおしめを替えてくれたりする存在だから，赤ちゃんにとっては特別であり，好きになると考えられてきたのである。

しかし最近の研究では，愛着はそんなに単純で実利的なことのみから生じるわけではないことが明らかになってきた。ハーロウは，アカゲザルを用いて次のような実験を行った。お乳をくれる針金の母親の人形と，お乳をくれない布の母親の人形とを，アカゲザルの赤ちゃんの檻に入れ，どちらが好まれるか観察したのである。面倒を見てくれるから好きになるのであれば，お乳をくれる針金の母親人形が好まれるはずであった。しかし，実際には，お乳はでないが手触りのよい布の母親人形が好まれた。怖い目にあわされた赤ちゃんは，針金ではない，もう一方の布の母親人形の元に逃げ帰ってきて，心を落ち着かせているらしき様子などが報告されている。面倒を見てくれるかどうかよりも，母親のぬくもりが大切であることが示されたといえよう。

結局，赤ちゃんと母親の間にしっかりした心の絆が結ばれるためには次の3点が重要である。①赤ちゃんのむずがりや泣き，微笑みなどに敏感に反応し，その時してほしがっていることを与えてあげること。②語りかけや抱っこ，愛撫など，親子のふれあいの時間をある程度長い間，きちんと持つこと。③赤ちゃんも母親も，楽しく喜びながらふれあいの時間を過ごすこと。

愛着は，生まれた時から18か月ごろまでに育む必要がある。それ以降に育むのは難しい。うまく母親との間に心の絆を育めなかった赤ちゃんは，大切にされなかった自分に自信がもてなくなる。自分を大切にしてくれない母親や世界に対して不信を感じるようになる。そして，自分の周囲の物や人にまったく興味を示さなくなるなど，赤ちゃんの心と身体の成長に悪影響が生じることがあるので，注意が必要である。

子どもの言語獲得の過程について

生まれてから言葉を使ってコミュニケーションできるようになるまでには，子どもによって個人差はあるが，およそ次のような5段階の流れがあることが知られている。

1　叫喚期

生まれてすぐから1か月程度までの子どもは，言葉以外の方法で，自分の気持ちや状態を表現する。例えば，不満があるときや気持ち悪いときには叫び声（叫喚）をあげ，嬉しいときには微笑んだり身体を動かしたりする。母親からの語りかけに子どもが嬉しそうに全身で反応する様子から，この時期にすでにコミュニケーションの土台があることがうかがわれる。

2　喃語期

生後2か月から10か月ごろの子どもは，「アー」「ウー」などの特に意味のない音（喃語）を発するようになる。子どもは音を出すことを楽しんでおり，その音で何かを伝えたいわけではない。しかし，多くの場合，子どもが出す意味のない音に周りの大人が興味を示し，子どもに語りかけるため，子どもは，音を出すとコミュニケーションできることを少しずつ理解するようになる。

3　一語文の時期

1歳ごろから「マンマ」「ブーブー」など意味のある1つの単語を話すようになる。その1つの単語だけで質問や欲求なども表現するので，1単語でも文章ということで，一語文と呼ばれる。例えば，「マンマ」の一語であっても「それは食べ物？」「ごはんが欲しい」などいろいろな意味が表現されうる。

4　二語文・多語文の時期

1歳半から2歳ごろには，「チュッチュ，イヤ」「パパ，バイバイ」など二語以上の単語を並べるようになる。たどたどしいが，文章で話すようになり，主語・述語などの文法を理解するようになってくる。

5　質問期以降

2歳ごろから，子どもは動き回るようになり，新しい物を見つけるたびに「これなあに」とその名前をたずねるようになる。質問期と呼ばれ，飛躍的に語彙が増え始める。3歳ごろになると，名前だけでなく，「どうして」「なぜ」と物事の原因や仕組みをたずねるようになる。4歳ごろになると，相手を意識した話し方を始めるようになる。つまり，コミュニケーションの道具として言葉を使いこなし始めるのである。そして，次には，自分の考えを深めるための道具として言葉を使いこなす段階に進む。

子どもの遊びについて

子どもにとって遊びは，身体と心の健康な成長のために欠かせないものである。また，一人で遊ぶだけではなく友だちと遊ぶことは，人付き合いの方法や社会のルールなどを学ぶ重要な機会となる。

7歳ぐらいまでの子どもには，特に身体全体を使った遊びが，身体のバランスよい発達のために重要である。例えば，興味をもった玩具を追いかけてのハイハイや，縄跳びや鉄棒，かけっこなどである。これらの遊びによって，子どもの未発達な筋肉や神経，骨，内臓器官などが無理なく楽しく鍛え上げられてバランスよく成長していく。同時に，子ども自身が自分の身体の限界を知り，上手にコントロールするための訓練ともなるのである。さらに最近の研究では，幼いころによく身体を動かしておくことは，脳に刺激を与え脳の発育を促すので，身体だけではなく，知的な能力や性格の発達にも影響するのではないかと言われている。

また，子どもの遊びの中には，知的好奇心や感情，言語，知能などさまざまな精神的能力の発達やそのコントロール力を促すものも多い。例えば，なぞなぞ遊びは語彙力を増やすし，折り紙は立体的な空間把握能力を伸ばすであろう。ままごとなどのごっこ遊びは，本物を使わずに代理品でさまざまなことを表現することによって象徴性の概念を知るきっかけとなり，創造力に磨きがかかる上，日常生活の決まりごとや役割分担といったことを子どもに自然と理解させる。

遊びを一人ではなく，同じような年の友だちと一緒にすることも，子どもの成長のためには大切である。自分一人で遊ぶ場合と異なり，複数で楽しく遊ぶには，自己主張ばかりしていては駄目で，相手の感情を考えたり，ルールを守ったりする必要がある。遊び仲間と時にはケンカしながら楽しく過ごすことで，そのことを子どもは少しずつ理解するようになる。集団同士の遊びの中でさまざまな人間関係を経験し，競争意識，責任感，嫉妬，優越感，弱者へのいたわりなどを自分の身をもって知る。このことは成長して社会の中でスムーズに生きていくのに必要な土台となる。しかし，近年では，児童犯罪の多発や核家族の増加などにより，遊び相手を見つけることが難しくなりつつある。そのため，集団での遊びを経験せず，相手の気持ちや社会ルールを理解しない子どもが増えつつあることが危惧されている。

向社会的行動の発達について

向社会的行動とは，自分には見返りや得なことがなくても，誰かのためになる行動をすることである。道を教えるなどの小さな親切を始めとして，高齢者に席を譲ったり落し物を交番に届けたりなどの人助け，お金や血液，労働や時間などを無償で提供する寄付やボランティア活動などを含む。

子どもが人助け（向社会的行動）をできる人間に成長するかどうかは，向社会的判断，共感，役割取得と呼ばれる能力がきちんと発達するかどうかと周囲の大人や友だちとのやりとりをたくさん経験したかにかかっている。

向社会的判断とは，相手がどんな立場や気持ちかを理解し，自分に対して助けを求めているか，自分に相手を助ける能力があるか判断し，必要に応じて実際に人助けしようと決断する能力である。個人差はあるが，6歳ぐらいまでは，相手に親切にしてあげることで自分に見返りがあるかを重視する傾向がある。小学低学年で，相手が何をしてもらいたがっているかに興味を示すようになり，高学年ごろになると，自分のことではなく，相手がどんな状況にいるか相手の立場で考えて助けの手を差し伸べられるようになる。さらに，14歳ぐらいの青年期以降では，相手の立場の理解に加え，自己の信念や内面化された規範が向社会的判断に影響するようになっていく。

共感とは，相手の気持ちを理解し，それを共有する能力である。一方的な押し付けではない人助けを行うためには必須の能力である。共感能力の土台そのものは1歳ごろには，すでに観察される。赤ちゃんは，母親が涙をこぼすとつられて泣き始めるなど，自分以外の人の痛みや悲しみに反応するのである。ただし，相手の表情からその気持ちを正しく読み取り，わが身に引き寄せて考えられるようになるのは5歳ごろである。共感能力がさらに発達する7歳ごろには，自分の立場だけではなく相手の立場にたって状況を捉えるという役割取得の能力も発達し始める。

向社会的行動の発達には，親のしつけや友だち付き合いの経験の豊富さなども関わる。子どもが失敗したとき，体罰とか叱る事より，失敗の意味を説明したり周囲の気持ちを考えたりするよう促すと，思いやりの気持ちが育ちやすい。また，友人の多い子どもは少ない子どもよりも，困っている友人の相談にのろうとする。人助けができるようになるには，豊かな社会経験も大切なのである。

乳幼児を子育てしている親の心理と子育て支援について

愛する人ができ，恋愛期間を過ごし，祝福されながらの結婚。やがてこの新婚家庭に新しい命を授かる時がくる。赤ちゃんの誕生である。

親になった二人は，我が子を見て，可愛いと思い，心から慈しみたいと願う。一人では何もできない状態で生まれてくる人間（ポルトマン，生理的早産）は，親による愛情あるこの触れ合いにより命が守られ，成長する基盤が与えられる。その子らしい人格の形成もこの家庭生活を通して始まる。

一方，子育てをしていく親側には，我が子の誕生を喜ぶだけでなく，子どもが育つ環境を作っていく義務が生じる。子育てのための多くの知恵とエネルギーが求められるからである。ここでは子育てをしていく親の課題とその支援について述べていく。

1　親となる発達課題

ゲゼルは「赤ん坊の精神的福祉は，誕生前に始まる。子どもが腹にいるときでも，母親は態度・期待・決心などを発展させており，それらが誕生後の赤ん坊の成長過程に，とくに生後4ヶ月という基本的な期間の間，避けることのできない影響を与える」と述べている。すなわち，子どもが心身ともに健やかに成長できるかは，両親がどんな人であるかが第一に問われ，また，赤ちゃんの誕生を望んでいたか，そういう意識が大切となる。

では，親になるとは，どのような試練があり，乗り越えるべきは何であろうか。エリクソンは，人間の一生を8つの段階に分け，各々の段階に心理的な危機があるとし，それを乗り越えてこそ，発達が促進され成熟に向かうとしている。

さて，ここでは子育てがテーマであるから，6つ目の段階にあたる生涯の伴侶を見つける成人期－前期から述べたい。この時期の課題は，職場への適応とその仕事を通しての生きがいの発見，そして心と心とが通じ合える将来の伴侶となるべき人を探すことにある。そこで，経済的自立並びに生まれ育った原家族との心理的な分離が課題となる。結婚とは違った家庭で育った者同士の結びつきであり，結婚について抱いているイメージもかなり異なっているであろうからである。そこで，結婚を考え始めた人は，原家族との心理的な分離がなすべき課題となる。

こうして伴侶が見つかり結婚したら，次の7つ目の成人期－後期の段階となる。この段階では夫婦の相互信頼の確立が課題となる。我が子に愛情をたっぷりと与えられるよう，心の準備と協力態勢の確立である。

では，赤ちゃんを迎えたらどのような課題が生じるか。次の４つは考えておきたい。１つ目は，身体的疲労に関することである。３時間おきの授乳や夜泣きなどから，寝られない日もあるからである。２つ目は，経済的なものである。人が一人増えたのであるから，寝具，衣類など育児用品や医療費など新たな費用がかかる。３つ目は，子育てへの不安など心理的なものである。最初の頃は，空腹か，眠いか，オムツが濡れたか，等々単純だったものが，徐々に原因がわからない事態が生じ，その対応に苦労することが生じるからである。４つ目は，赤ちゃんを通しての原家族との新しい付き合いや地域住民との付き合いが始まることである。公園デビューという言葉があるが，我が子を通しての様々な付き合いの調整が求められる。

これらの対応のために夫婦間の協力が不可欠となる。こうして親が十二分に赤ちゃんを愛することができれば，赤ちゃんも心身共にすくすくと育っていく。親との間に愛着関係が生じ，人見知りを経験しながら，基本的な信頼関係が形成される。トイレットトレーニングなど躾が始まる時期になっても，この信頼関係を基盤として，自律性という発達課題も達成されていく。更に，幼稚園時代には，夫婦の安定した姿から，父親や母親の性質を獲得し，他の子ども達と元気に交わっていける主体性を獲得していく。このように子どもの発達は，親による愛情をベースとしながら着実になされていく。

さて，このような子育ては，親が大変な時には誰かが手を貸し，何とかやっていくものであった。よい人ができれば結婚をし，また，子どもの誕生を喜んで迎え，その後の子育ても子どもはかすがいとし，苦労よりも楽しみであると誰もが疑わない時代が続いてきたわけである。

しかし，この前提が最近違ってきている。社会がそう気づいたのが，少子化現象であった。合計特殊出生率が丙午の1966年より下がった1990年の1.57ショックがそれである。子育て支援の考えは，ここから始まったものである。

2　少子化の時代背景

一口に言えば，可愛いはずの我が子の子育てがかつて以上にストレスと感じられるようになったことによる。それはなぜか。１つ目には家族構造の変化が挙げられる。大家族時代から核家族時代への移行である。かつては，子育ての大先輩がそばにいた。だから問題はすぐに解決はできないまでも不安なく過ごすことができた。また，親が疲れた時には，祖父母や誰かに預けることができた。更には，夫婦間に問題が生じても，どこかに気持ちのもっていく場があり，救いがあった。しかし，今は核家族の時代であり，子育ては母親一人での孤軍奮闘となりやすい。従って，子育て不安が大きく，虐待も増えることになったと考えられている。

２つ目には，社会全体の精神構造の変化である。男は外へ出て働き，女は家庭で家を守る，これは昔の話である。現代は男女を問わず，社会的な自己実現がより大きな価値観となってきている。従って，子育てにより仕事を休んでいる間の社会的孤独感は言いようのない寂しさと結びついていく。

３つ目には，現在の高学歴社会も現在の少子化に拍車をかけている。全ての子ども達に高等教育を受けさせるのは，費用的な負担となるからである。

このような背景から身体的，精神的に成熟した成人となったなら，結婚し子を産み，育てるという一昔前の事情とは異なってきたのである。

3　子育て支援

こういう時代的な要請から親達が少しでも子育てをしやすいよう手助けしていこうという対応が子育て支援である。その背景は，子どもの出生率が下がると若年労働者が不在となり，今の社会構造が維持できないという事情による。そこで，子どもを出産し育成できる社会つくりが目指されたのである。目的は２つある。１つは，心身ともに健康な子どもを育てること，２つ目には，子育てしやすい社会をつくることである。

具体的にはこれまで次のような施策がなされてきている。1994年12月の「エンゼル・プラン」及び1999年12月の「新エンゼルプラン」，2004年12月の「子ども・子育て応援プラン」に始まった。2003年には少子化社会対策基本法，次世代育成支援対策推進法，改正児童福祉法が相次いで制定され，2005年度から都道府県や市町村の「地域行動計画」あるいは「事業主行動計画」が実施され，子育て支援は新たな時代を迎えていると言える。

現在の主な施策内容は，子育てしている親達が安心して働けること，また親が子どもと十分にかかわっていけるよう工夫がなされている。例えば，産休制度は夫へも提供されるようになっている。また，2015（平成27）年度より認定子ども園もできる。これは，切り札の一つと言われているものである。なぜなら教育制度と保育機能の両方をもち，かつ，働いていない親の子ども達も預かってもらえるからである。

こうして社会的な支援策が整い始め，職を失うことなく安心して出産ができるシステムが構築されてきている。この面は今も不十分としながらも着実な前進をしていると言えよう。しかし，子育て支援のもう一つの真髄は，親達自身に子どもと一緒にいることが楽しい，子育てに生きがいがもてるという親の感覚の養成こそである。言い換えれば，子育て支援には親育てという課題があると言える。この面はまだ十分とは言えないと思う。心理学等の今後の更なる研究が求められる。

幼児のこころの問題の対応について

幼児は言語能力が未熟なため，こころの中に葛藤があっても，その苦しみを言葉でうまく表現することができない。このため，こころの問題をストレートな形で身体機能の障害や特異な行動として表すことがある。これを大人から見ると「問題行動」としてとらえられることになる。幼児は言葉よりも行動で意思の疎通を図ろうとすることが多いため，その行動様式を注意深く観察することが重要である。時として，その行動から言葉では表現できないことを引き出すこともあり，幼児が抱えている情緒的な問題の発見につながることにもなる。幼児は発達段階にあるということを十分視野に入れ，多くの幼児が経験するケースを想定した理解が必要である。しかし，発達には「個人差」があるので，その年齢相応の行動様式が見られなくても，必ずしも異常と判断する必要はない。幼児本人の発達の過程を考慮し，適切に指導することが必要である。

また幼児の問題行動は，本人だけに原因があるわけではない。特に両親との関係が影響している場合が多い。

子どもは親の態度や行動をよく見ている。親の養育態度や価値観が子どものこころの成長に大いに影響する。このため教師や保育者は，子どもの家庭環境に着目し，問題解決に向けてサポートする必要がある。

さらに，子どもを取り巻く仲間集団に目を向けることも必要である。幼児が親などの養育者以外に初めて接するのは，近隣や幼稚園・保育所の子どもたちである。幼児はこうした仲間たちを通じて社会性や協調性を学んでいくのである。したがって，仲間たちとの交流関係や行動を観察することも，子どもたちから発せられる「こころの信号」を知る手立てとなる。

こころの問題を抱えた幼児は，家族や仲間からの愛情を十分得られていないことや差別感・劣等感をもっていることが多い。周囲の人たちが子どもの問題行動に困惑すると，子どもはさらに問題行動を起こし悪循環に陥ってしまうことになる。このため，「手がかかる」とか「反抗的である」というような問題行動にばかり注目するのではなく，幼児の自己主張や自由な感情表現は，幼児の「個性」として尊重し認めてあげることが大切である。ほめるべき点はほめてあげることによって，「自分は大切にされている」といった肯定的な感情がこころの発達につながることになるのである。

不登校児について

「不登校」は，文部科学省の学校基本調査では「何らかの心理的，情緒的，身体的あるいは社会的要因・背景により，登校しない，あるいは，したくともできない状況にある状態で，その結果，年間30日以上欠席すること」と定義されている。

不登校は，かつて登校拒否と呼ばれていたが，これでは「拒否する」という意思が前面に出過ぎてしまうので，最近では，より広い意味を示す「不登校」という言葉を用いるようになった。

不登校が始まるきっかけは，例えば，学業上の不安，家庭不和，同級生や教員との人間関係，環境変化など様々である。つまり，不登校になる原因は，個々人によって異なり，また，これらの問題が複雑に重なりあう場合が多い。

1998（平成10）年頃から不登校児が急増し，2004（平成16）年度間では，約12万3000人の小中学生が不登校の状態になり，2012（平成24）年には11万2437人であった。情報が氾濫する現代社会は，子どもたちに過度の知的好奇心を与え，子どもの発達に大きな影響をもたらし，個人差を大きくしている。そのような中にあって，画一的な教育体制は，子どもたちをめぐる社会の変化に対応できず，子どもたちは，学校に対する魅力を失い，不登校が急増する一因になっていると考えられる。

不登校への対応としては，教育行政を中心に様々な対策がとられている。

不登校児の早期発見・早期対応をはじめ，学校内の教育相談体制の充実を図るため，教員のカウンセリング技術を高める研修会の開催や臨床心理士などの資格を有する専任相談員の配置などが行われている。

また，学校・家庭・関係機関が連携した地域ぐるみの「サポートシステム整備事業」を実施し，家庭に引きこもりがちな不登校児やその保護者に対応する訪問指導員を指定地域に配置し，効果的な訪問指導のあり方の調査研究が行われている。さらに，不登校や不登校傾向のある児童生徒を対象に学校復帰を目的とする「適応指導教室」の設置，「スクールカウンセラー」制度の導入による心理面からのサポートなどが行われている。このほか民間の「フリースクール」なども開設され，不登校の子どもたちの居場所となっている。

不登校児をなくし子どもの教育権を守るためには，学校のみならず家庭や地域，関係機関相互の緊密な連携強化が重要である。

「切れる」子の形成のされ方について

ここで言う「切れる」とは，物事に対して我慢が限度を超えたとき自分の感情のコントロールができなくなり，突然に攻撃的で常識の範囲を超えた言動をとることを指して言う。また「切れやすい性格」は，①我慢があまりできない。②場当たり的な判断と行動（衝動性)。③将来の予測の困難さ。④自他への破壊性が中心となる。これに加えて，①平気で嘘をつく（約束を破る)。②良心の欠如。③反省のなさ。④無責任。⑤周囲への責任転嫁。⑥被害妄想的。⑦共感性のなさ。⑧自己中心性が伴いやすいことなどが挙げられる。

次にこうした性格は，どのような要因により形成されるのだろうか。

⑴　気質と養育環境の要因

子どもが元来，もっている気質に加え，過剰または過少な母性（優しさ）と父性（厳しさ）は，その相互作用の積み重ねによって「切れる」特性を育てやすい。こころの成熟が不十分な子どもは，精神的に不安定になりやすく，かつ周囲がその状態にまったく気付かずにいることが多い。また一貫性のない養育態度は，子どもは結局どうすればよいのかという未来への予測が困難なため，回避的・引きこもり的で，自他ともに人間不信で，将来を予想できない性格になる。それが対人関係と自己表現をさらに悪化させ，ますますコミュニケーションの機会を失わせてしまう悪循環につながる。

⑵　学習の要因

子どもは誤った学習で不適切な行動を身に付けることがある。例えば，暴力的，破壊的なマスメディアや身近なモデルに接し続けると，そうした行動を学習すると指摘されている。加えて，バーチャルな世界では，自分は本物の痛みを感じず，死んでも簡単に生き返る。現実の世界で自然や人間と触れあい，死んだものは生き返らないなどの，痛み・苦しみ・悲しみの実体験が希薄になると，命の大切さの理解やこころのゆとりが育たない。そして最悪の状況になって，初めて自分のしたことの重大性を認識することになる。

⑶　その他の要因

傷つきやすい年代に，大勢の前で恥をかかされたり，身体的な攻撃を受けたりした時や，極度の疲労・空腹・眠気なども人を「切れやすく」させる。この他，基本的生活習慣の乱れ，鉄分やカルシウム不足など食生活の乱れ，脳内伝達物質であるセロトニンやノルアドレナリンなどの分泌異常も要因として指摘されている。

育児不安の要因について

「育児不安」とは，母親あるいは父親が育児のやり方など子育てに自信をもてずに感じる漠然とした不安感情のことであり，また，その感情が引き起こすストレス状態のことをいう。

これは，子育て期における若い母親に多いといわれる現象で，出産による急激な身体的・精神的変化に加え，新たに育児という重い役割が加わり，極度のストレスから母親自身の生活に支障をきたすことになる。

この現象は，核家族化による家族形態の変化や企業戦士といわれる父親の家庭不在による母親への育児責任の集中化などが論じられた1970年代以降顕著になった社会現象である。近年の子育ての現状は，子育てをする親自身が少ないきょうだいたちの中で育ち，子どもとの直接的なふれ合いや育児体験がないまま親になることが多い。かつての大家族時代には，同居している家族や地域の人たちが子育てに協力・支援していた。子育てについての知恵や知識も祖父母たちから得ることができ，母親が子どもを抱えて孤独や不安にさいなまれることは少なかった。

しかし，核家族化が進んだ現代では，身近に子育ての協力者を得ることが期待できないことが多く，実際に子育てにあたるのは若い母親一人ということも珍しくない。その結果，母親は「子どもの将来を担うのは自分だけなのだ」という気負いと責任感から極度の不安をつのらせることになる。

また，子育てに自信がもてないことから様々な情報を集め，理想と現実のギャップに悩み，自分を追い詰めてしまうことになる。こうした子育てに関する情報の氾濫も母親たちの不安をかき立てる要因にもなっている。

さらには，子育てのため時間を取られ，家庭の中に拘束されることから社会から取り残されてしまったような閉塞感に陥ることもある。こうした子育て期の漠然とした不安感は，高じて育児不安や子どもへの虐待に発展することもある。

わが国では，女性には本能として子どもを愛し育てる性質が備わっているという「母性神話」と呼ばれる誤った固定観念があり，母親の果たす役割が必要以上に強調されている。このことが母親の将来に向けての夢や生き方を狭めることになり，育児不安を招く一因ともなっている。

今後，育児不安に対する適切なケアと社会的な支援体制の一層の推進が必要とされている。

子育て放棄の要因について

「子育て放棄」とは，保護者として監督・保護する立場を著しく怠り，子どもの心身の正常な発達を妨げることをいう。具体的には，衣食住の環境が劣悪な状態に児童を置いたり，適切な医療を受けさせなかったり，危険性から保護することを怠ったり，拒否したりすることにより児童の健康状態や安全を損なうような行為を指している。児童虐待防止法では，「児童の心身の正常な発達を妨げるような著しい減食又は長時間の放置」など保護者としての監護を著しく怠ることと規定している。

全国の児童相談所における児童虐待に関する相談件数は，近年増加の一途をたどり，なかでも「保護怠慢」は，全体の約３分の１を占めている。

これら養育放棄の背景には，親子関係のゆがみ，育児に悩みを抱える母親の増加，社会的孤立など複雑な要因が重なり合っているものと考えられる。

また虐待とは言えないまでも，乳幼児を家に残したまま外出したり，適切な食事を与えない，児童の情緒的な欲求に応えられない親たちがいる。

これらの原因としては，①子育ての現実とイメージのずれ。②育児知識の不足。③育児を担う負担感。④社会から疎外される不安感などが考えられる。

子育ては，楽しく素晴らしいというイメージがあっても，現実には多くの時間と労力を要し，さまざまなことを犠牲にしなければならない。かつては祖父母が一緒に生活し，子育てを手伝い，助言があり，そこで育児の知識を得ることもできた。また，近隣の人たちとの交流や協力により子育てが行われていた。しかし核家族化が進んだ現代の子育ては，夫婦だけのものとなっており，しかも夫は仕事に拘束され，十分な協力が得られにくい場合が多い。そのため母親一人が育児を担うことになり，育児中は外出もままならない生活を強いられることになる。こうした育児に専念する生活は，社会との接点を失うことにもなりかねない。女性の社会進出が進み，同世代の女性たちが社会で活躍しているのを見て，焦りからストレスが高まることもある。

母親自身がこれらの悩みやストレスを克服できる力をもっていなかったり，近隣の協力関係や社会的援助が不十分だったりすると，子育て放棄につながると考えられる。

子育て放棄は，保護者がその行為を不適切と自覚しないことが多く，児童の成長・発達が阻害されるため，社会的対応が重要とされる。

乳幼児期及び児童期に経験させたい遊び等の児童文化の具体例と経験のさせ方について

児童文化のとらえ方は様々である。「遊び」を中心に経験させたい具体例を挙げるが，その経験のさせ方が重要である。

その理由は，今日の子どもたちには十分な遊びの経験が不足しており，このままでは，ますますその傾向が強まり子どもたちの成長期の人間形成に問題であると考えるからである。

また，精神医学者の町沢静夫氏が『遊びと精神医学』の中で次のように述べていることからも，遊びを取り上げる必要性を感じたのである。

「私は，母子の初期の愛情関係も，なじむという遊びとしてとらえられる側面を示した。我々は他人になじむという基本的人間関係のパターンをマスターしないと，人に脅え，恐怖し，攻撃心が強くなることが予測されるのである」。

「子どもが仲間と遊ぶようになると，『なじむ』というパターンを基本にして集団生活に必要な行動や思考，感情を学んでいくことになる」。

「我々は集団での遊びの中でこの自己中心志向を徐々に直していくことを学ぶ。それは極端な他者中心の世界でもなく，かつまた，自己中心の世界のみでもない，程よい他者との距離をおく事を学んでいくのである」。

昨今の家庭内暴力，学校内暴力，いじめの問題は，集団での遊びを通して学ぶ「攻撃性を抑制する学習」つまり自己自制の不足という面があるからである。

1　親子の交流遊び―顔遊び・指遊び

まず，「いないいないばあ」遊びを取り上げる。大抵の親が，わが子と目が合うようになると，子どもとの交流遊びとして，わが子の名前を呼びながら「いないいない」と自分の顔（実際は目だけなのだが）を隠し，「ばあ！」と声を出して笑顔を見せる。すると，子どもは，にこっとしたり，体をゆすって喜んだりする。1歳も過ぎると，赤ちゃん自身が，かわいい手で自分を隠して「いないいない，ばあ！」をして，親子で楽しみ喜び合う。これが，「いないいないばあ」遊びである。

これは世界中に見られ，英語では「peekaboo」という。著名なアメリカの教育心理学者ジェローム・ブルーナーによれば，この「いないいない，ばあ」遊びの中には「コミュニケーションそのものに子どもの注意を向け，さらに，伝達行為の構造に注意を向ける力がある」という。

また，認識力を育てるだけでなく，

人間形成の基礎となる親子の信頼関係を育てる重要な活動である。

最近の母子の中には，この遊びを経験しないで時間を経過させてしまう例が少なくない。身近にお手本を見ることがなかったためであろうか，共働き等で親子が接触する時間が取りにくいせいでもあろうか。

1967年に出版された，「松谷みよ子赤ちゃんの本」の『いないいない　ばあ』は，多くの親子に親しまれ，現在までに100刷を超えている。絵本の力を借りてでもよい，この親子遊びを経験できるようにしていきたい。

次は，「顔のくすぐり遊び」である。「おつむてんてん」や「ちょちちょちあわわ」等に続く，２～３歳頃に経験させたい顔遊びである。かわいい子どもの顔や頭に人差し指で優しく触れながら次のようにお話しする遊びである。「とんとん　どなた（頭を軽くたたき），こめやのねずみ（鼻を軽くたたき），みそやのねずみ（右の頰を軽く），おやまあお入り（左の頰を軽くたたく），ずーっとはいって（頰から顔を一周してなでまわる），こちょ，こちょ，こちょ，（のどもとをくすぐるまねをする）」「草原ぼうぼう（頭の毛を触る），広場を通って（ひたいのところを触る），一本道ぬけて（鼻の上をたどる），池を回って（口の周りを回る），がけの下で（あごの下を），こちょ，こちょ，こちょ，（のどをくすぐるまねをする）」

親子の触れ合いやかわいいお話を通して，「共に楽しみ，共鳴する喜び」や「顔の認識や想像力の育成」が見られるのである。母親の中には，この遊びを見たこともない人がいる。そういう親子のためにも保育所の保育士が積極的にその嬉しい表情や姿を見せ，伝えていかなければならないだろう。

2　自然（土砂，山川，草木，虫・小動物たち）との触れ合い遊び

歩き，走れるようになった子どもたちは，土砂いじりが好きである。水溜りや流れる水が好きである。小学生になれば，木があれば登ろうとする。川があればすぐ水遊びをし，池やダムを作ろうとする。魚を見れば捕まえようとし，虫を見れば追いかける。時には，捕まえて殺す。墓も作る。これらの自然な遊びを通して，自然の世界，小さな命の世界を感じて学んでいく。汚いものや危険なことを学び，命の姿を感じていく。

また，小さな子どもたちは，兄さん姉さんや大人から，草笛や笹舟，草の冠の作り方を学び，草相撲の仕方や楽しさを学ぶのである。

これらの自然を相手にした遊びは，今日ますます経験しにくくなっている。親だけでなく保育士も経験がない人も多くなっている。それだけに子育てに関わる者が，自然体験の重要性の認識を深め，実感できるように，レクリエーション・インストラクター等の学習を身に付け，保育や教育の中で実践し

ていきたい。

3　同年齢・異年齢の交流遊び

子ども同士の一番単純な交流遊びは「ジャンケンゲーム」であろう。ジャンケンで勝ち負けを楽しむのは，まだチョキの指もままならず，どれがどれに勝つかもよく分からない，3歳ころから見られる。お兄さんお姉さんたちが「勝った！」と喜ぶ姿を真似するのである。

ジャンケンゲームで最もポピュラーなのが「グリコ，チョコレート，パイナップル」であろう。学校の行き帰りに道路で大きな声を出して楽しんでいる。次が，「しっぺジャンケン」である。電車の中や教室の片隅で左手を握り向かいあってジャンケンをし，勝ったほうが相手の手をパチンと叩くゲームである。

2人ではなく何人かでジャンケンして一番勝った人が負けた人のほほをつねる形もある。このゲームの大切なことは，必ず勝つ立場と，負ける立場が生じ，勝った者は負けた者を痛くすることである。ここに単なる勝利に終わらない人間の思いやりや，ゲームを楽しむ心が養われるのである。

また，同じジャンケンゲームでも「地面とり」や「絵描きゲーム」では知恵や芸術性が楽しみながら育つ。

これらはどれも，大人が教えて楽しむものではなく，年長者の楽しそうに，また，真剣に取り組む姿を見て学び教わっていくものである。

小さい子どもの仲間交流遊びでは「はないちもんめ」「ことしのぼたん」「あぶくたった」は，ぜひ，歌とともに忘れない経験にしてやりたい。ここには，歌と劇と手をつなぐ仲間の遊び体験が含まれているのである。

また，いつでもどこでも，比較的小さい子から高学年までできる「はじめのいっぽ（だるまさんがころんだ）」は，基本的なルールの理解の上に立ってそのつどの楽しみを作るルール作りや小さい子を思いやる気持ちが求められ優れた遊びなので大切にしたい。

仲間交流遊びの一番は，「鬼ごっこ」と「かくれんぼ」であろう。「鬼ごっこ」の種類は，全国で200以上もあるといわれる。だんだん鬼がたまっていく「手つなぎ鬼」から，タッチすると鬼が交替する「組み鬼」，さらに，条件のある「色，高鬼」「しゃがみ鬼」「島鬼」「石鬼」と限りがないほどである。「かげふみ」も変化のある鬼ごっこである。

「かくれんぼ」や「靴隠し」は「隠れる，隠す」と探索，発見する楽しみを与えてくれて鬼ごっこと違った経験になる。さらに，「缶けり鬼」は両者の楽しみを与えるダイナミックな運動量のある遊びで高学年に経験させたい。

自分の経験からも，遊びを中心に述べてきた。折り紙，あやとり，絵本，音楽，習い事，スポーツ，物集め等と経験させたい児童文化は，まだたくさんある。

児童文化の意義，価値について

「児童文化」という用語は，外国語の翻訳ではなく1930年代に日本的に造語された用語であるといわれている。児童文化という用語を最初に書名に用いた図書は，1941（昭和16）年西村書店から出版された教育科学研究会編『児童文化』（上下２冊）である。この著書で，児童文化という用語は次の２つの概念を含めて用いられている。

・おとなが子どものために創造する芸術
・子どもたちみずからの文化的活動

内容としては，「児童と図書」「児童と文学」「児童と絵画」「児童と音楽・舞踊」「児童と演劇」「児童と映画」「児童と放送」と，当時の子どもに関わるすべての文化の形式が取り上げられている。

これらの考え方は，児童文化の定義として一般的に認められている，菅忠道（かんただみち）の次の見解にも見られる。

「一般的には，児童のための文化創造，文化財，文化活動，文化施設，ならびに児童自身の文化創造活動を総括した概念である」。（『教育社会学辞典』1967年）

このあとで，「これは，いわば狭義の児童文化の内容である」と述べ，「広義には，児童生活に及ぼす文化的影響の総和，つまり家庭・学校・社会における衣・食・住の日常生活から，教育・文化における人間形成の諸過程，社会的児童保護に関する万般を意味することになる」と，広い範囲の児童文化を指摘していることは重要である。

子育てや教育の場で，どんな絵本や図書を与えたらよいか，テレビ・ビデオは何を見せるか，見せないか，おもちゃやテレビゲームはどうするか等では，狭義の児童文化に関する知見が求められるであろう。

社会的には，望ましい児童文化と望ましくない児童文化が議論されることもある。非行や少年犯罪と結び付けられるだけでなく政治的に統制されることがある。そんな時，児童文化が戦争推進の一翼を担っていった歴史を思い出さなければならない。

ますます進行する企業の販売戦略によって左右される，児童の生活・文化やIT社会におけるバーチャルな児童文化に，どう対応するかも大きな課題になっている。また，自然体験や仲間遊び・伝承遊びの児童文化の欠乏も，子どもの人間形成に大きな問題となっている。

これらは広い範囲の児童文化の課題なのである。

児童文化の内容・種類と特性について

児童文化の定義には，さまざまな考え方があるが，児童文化の内容・種類という場合，児童文化財，活動を主にして考えることが普通である。

岸井勇雄・大久保稔編『児童文化』（チャイルド本社，1986年）では，主に次の内容・種類を取り上げている。

・遊び　・玩具，遊具　・紙細工，折り紙　・お話（口演童話，ストーリーテリング）　・絵本（読み聞かせ，絵本作り）　・幼児画　・歌，踊り　・児童劇（観賞）　・劇遊び（ごっこ遊び，パントマイム，オペレッタ，リズム劇）　・人形劇（ペープサート）　・紙芝居（上演，作り）

保育所・幼稚園で扱う児童文化はほとんど扱われているが，衣食住に関する日常生活面での児童文化が扱われていない。また，対象を小学生に広げると，スポーツ，囲碁将棋・釣り・料理・手芸等の趣味，テレビゲーム，映画，文学等を付け加える必要がある。

児童文化の種類には，その必要性や課題意識からいろいろな考え方がある。

子どもの成長発達や生活及び大人の働きかけを理解しようとする視点から次のような見方がある（『子どもの生活と文化』武田京子編，2000年）。

(a)子どもたちはどのような環境で育っているか

・衣生活　・食生活　・住生活
・子どもの言葉　・子どものテレビ，ビデオ

(b)（大人は）文化財をどのように与えるか

・多様化する育児用品　・多様化する絵本　・進化しすぎたおもちゃ

(c)子どもの生活を生き生きさせるための文化財

・絵本童話　・エプロンシアター
・手遊び，歌遊び

現代の子どもに豊かで安定した人間性の基礎を育てる視点からは，以下の児童文化やその特性を強調する必要がある。

(a)親子の心身の触れ合い，楽しみの中で成立する児童文化

(b)祖父母，親に生きる伝承文化・生活の継承の中で成立する児童文化

(c)生まれた土地の大地，動植物の生活世話と関わって成立する児童文化

(d)子どもの仲間と共にまた教え教えられて成立する児童文化

今日の児童文化は，経済的価値の対象として企業戦略や大人の都合により左右されがちである。子どもの成長発達を豊かに確かにする児童文化の内容や特性を大切にしたい。

日本の伝承遊びとその意義及び指導について

『遊びの指導　エンサイクロペディア―乳幼児編―』（同文書院，1983年）は，日本の伝承遊びとして次の遊びとその指導方法を載せている。

〈わらべうた〉・かごめかごめ・ことしのぼたん・あぶくたった

〈鬼ごっこ〉・おいかけっこおに・はじめの一歩・ネコとネズミ・開戦ドン（陣取り鬼）

〈自然を使った遊び〉・草ずもう・ささ舟，草笛

〈紙を使った遊び〉・紙ふき・紙でっぽう・紙飛行機・ぼうし

〈物を使った遊び〉・お手玉・手まり・あやとり・なわとび

〈行事〉・お正月遊び・おまつり（ひな祭り，花祭り，端午の節句，七夕，おぼん，お月見，秋祭り，七五三，クリスマス）

かこさとし著『子どもと遊び』（大月書店，1975年）では，伝承遊びを以下のように分類し，それぞれの保育や教育の面での価値を次のように指摘していて参考になる。

①顔遊び・指遊び〈自我の認識と接触の喜び〉
②絵描き遊び〈路上に描く工夫と創意の図形〉
③ジャンケン遊び〈鋭い時代感覚とすばらしい表現力〉
④地面取り，石けり遊び〈大地とのたわむれからえるもの〉
⑤草や木の遊び〈植物のちがいを見る目と周辺にそそぐ目〉
⑥おはじき，お手玉，あやとり遊び〈手の器用さと脳への刺激〉
⑦ざれごと，かえ歌，ことば遊び〈ことばによる発奮と陶冶（とうや）〉
⑧小動物たちと遊ぶ〈ちいさい生命との対決〉
⑨鬼ごっこ，かくれんぼの遊び〈活動量の大きい遊びと，代替変換性〉

これらの保育教育面の価値と同時に忘れてはならない特性がある。それは伝承遊びが周囲の誰かに教えられ，または，誰かを見て学び楽しんだ文化で，周囲の人との関わりの力を育てていることである。

伝承遊びを現在の子どもに教え伝えていくことは簡単ではない。遊びを実際に楽しんでいる人の姿を見ることが難しくなったことや教える人がいないことが第一の理由でである。それだけに指導にあたっては指導者が楽しみを実感することと細かなやり方の違いを気にせず身近な子どもと繰り返しやって人間関係を楽しんでいくことがポイントである。

ストーリーテリング（storytelling）と絵本の読み聞かせの意義と方法について

1 ストーリーテリングについて

ストーリーテリングの歴史は人間のことばの発明の時代にさかのぼる。民族の大切な事柄や文化を仲間や次の世代に伝える機能でもあった。その語り手がストーリーテラー（storyteller）である。

この伝統や手法が欧米で図書館の本の話を伝える方法に活用されていった。特に，まだ文字の読めない子，まだ本の楽しさを知らない子どもを本の世界に触れさせる効果的な手段となり，読書案内や興味づけの方法ともなった。

日本には，すでに明治時代に紹介されたが，本格的に紹介され実践されたのは戦後である。アメリカに留学し図書館学を学び児童図書館員の経験をもった，間崎ルリ子，松岡享子等の実践普及活動によって定着していった。

松岡享子等の進めた方法は，お話の時間やお話の部屋で，プログラムや聞き手の約束等を工夫した，欧米で行われている儀式的な方法であった。

「これはお話のろうそくです。このろうそくに灯りがともるとお話が始まります。静かに聞いてください」で始まり，終わると各自が願い事をして「はい，これでおしまい」とろうそくを吹き消し，お話部屋を出るのである。その効果は，文学の世界やことばを，話し手の心と肉声を通して理解し共鳴する体験となり，深い感動と話し手との間に共感と信頼を生むことが多い。

話し手は，まず，よい話を選び理解し，単なる丸暗記でなく，内容とことばが語れるように記憶する。「素朴に・誠実に・ゆっくりと」の原則で，次のことに注意して語るのである。

・わき道にそれない・途中質問させない・反応で動揺しない・声以外のものを使いすぎない・説明しすぎない・感想を求めたり書かせたりしない。

2 読み聞かせについて

単なる音読・朗読や声に出して読むことでなく，相手に聞かせたいとの思いや願いをもって音読することである。対象は乳幼児から小学生が中心となるが，中学生・高校生でも効果がある。ことばや情操，想像の力を育て，読書の楽しみ，適書との出会いを作る効果的な方法であり，本離れ，国語力低下を防ぐ手段としても有効である。大切なのは，親子の読み聞かせに生まれる共感の幸せ体験である。読み聞かせのコツは，読み手や相手，環境に即して，継続できる時間で読み手が好きで聞き手の分かる本をゆったり読み聞かせることである。

絵本，紙芝居作りと遊園地の設計について

大抵の大人は，テレビのアニメはテレビ局が作り，絵本やおもちゃやお菓子は出版社や製造会社が作り提供するものと考え，自分自身がその立場に立つことを考えていない。公園や遊園地も同じで，行政や業者が作り提供し自分たちはただ利用し享受するだけだと考えているのではないだろうか。

しかし，これらの児童文化は，作り手，提供者の論理や苦心，時には，思惑を理解しないでは，その意義や価値，善悪をとらえることが難しいのである。

親が子どものおもちゃ作りに関われば，子どもの世界が分かり子どもに喜ばれる。保育教育に関わる者は，子どもの文化の創造，製作，提供者体験が重要である。絵本作り，紙芝居作り，遊園地の設計の価値や方法についてその視点から取り上げたい。

1　絵本作り・紙芝居作り

最初はまずできるやり方でやってみることである。まず紙の質，大きさ，色を決め，ホチキス・糸・のり等で綴じること。画用紙を中折にして間にのりをつけ張り合わせて製本する方法を勧める。表紙は少し大きめの紙を使って背表紙もきちんとできるようにのりで貼るといい。乾いた後小口と天地をカッターできれいに切るとしっかりした本ができる。内容は，創作童話でも，昔話や原作の絵本化でも，園や学校の行事や旅行の様子でもよい。

完成した後，子どもたちに読んでやり楽しむことによって児童文化の提供者としての体験ができる。

紙芝居は日本で誕生した児童文化である。テレビやビデオに押されているが保育園や幼稚園では人気があり大切な児童文化である。保育士や幼稚園・小学校教師は読み演ずるだけでなく作り提供することが大切である。絵本のように綴じる作業がない。先生仲間や子どもたちと共同で作り，後で見せてみんなで楽しむことができる。また，後々まで，その園や学校の児童文化として残るよさをもっている。

2　公園・遊園地の設計

人気のある遊園地は，夢，空想の疑似体験や競争や賭け，めまい体験等ができる所だという。また，子どもの公園には，3C —— challenge, creative, communication の要素が必要だという。これらの視点から子どもの公園や遊園地を設計したり既存の施設について分析評価することは，児童文化や子どもの世界を理解することになる。子どもの動きを観察し希望を聞き取り子どもの環境を考えたい。

人権教育の現状と課題並びに学校における人権教育のあり方について

国際連合は，1995（平成7）年から2004（平成16）年を「人権教育のための国連10年」と決議し，行動計画を策定した。それによって，すべての人々，とりわけ人権侵害を受けやすい人々を対象とする人権教育活動が重要視されるようになった。また，人権の実現に影響力をもつ法律家や教員，公務員あるいはマスメディアなど特定の職業に従事する人を対象とする人権啓発活動が明確に位置づけられた。

わが国においては，国連の提唱を受けて，1997（平成9）年に，「国内行動計画」を策定・公表するとともに，2000（平成12）年には「人権教育及び人権啓発推進法」を制定した。

さらに，この法律に基づいて2002（平成14）年には「人権教育・啓発に関する基本計画」が策定された。この基本計画に掲げられた人権に関する重要課題は，女性，子ども，高齢者，障害者，同和問題，アイヌの人々，外国人，HIV 感染者・ハンセン病患者，刑を終えて出所した人，犯罪被害者，インターネットによる人権侵害などについてである。この基本計画では，法の下の平等，個人の尊重という普遍的な視点からの取り組みとともに，各人権課題について，それぞれの固有の問題点に関する知識や理解を深め，その解決に向けた取り組みが図られている。

人権教育は，学校，地域，家庭，職域などでさまざまな場を通じて行われなければならないが，ここでは学校における人権教育について考察する。

1　人権教育の現状

人権擁護推進審議会は，1999（平成11）年「人権尊重の理念に関する国民相互の理解を深めるための教育・啓発に関する施策」についての答申を行った。

その中で，学校教育における人権教育について「児童生徒の実態からすると，知的理解にとどまり，人権感覚が十分身についていないなど，指導方法の問題，教員に人権尊重の理念について十分な認識が必ずしもいきわたっていない」などの問題が指摘されている。

学校で人権教育を推進するに際しては，この答申を踏まえて，子どもの人権意識がどのように発達するのか，教師の人権尊重の理念の向上をどのように図るのか，学校や地域の固有の課題をどのように取り上げたらいいのかなどについて十分検討することが必要である。しかし，学校教育では，基本計画で掲げられている重要課題をすべて取り上げることは，子どもの発達段階や地域や学校の特性のうえから，子どもの実感的理解を得ることは難しいのが実情である。このため，各学校においては，基本的な人権尊重の理念として「自分の人権のみならず他人の人権について正しく理解し，その権利の行使に伴う責任を自覚して，人権を相互に尊重し合うこと」を念頭におきながら，子どもの発達段階に応じて地域や学校の実態・課題に即した人権教育を工夫して行うことが重要である。

2　人権教育のあり方

次に学校における人権教育のあり方について実際に即して述べてみたい。

第1に，子どもの「人権意識（人権感覚）の育成」についてである。

人権意識の基礎は，幼少期から他人の痛みや気持ちを理解して行動できる「思いやりの心」などの育成である。

学校における人権教育として，他人を思いやる心，正義感や公正さを重んじる心など，豊かな人間性の育成をめざして，人権侵害を受けやすい当事者に学ぶことを大切にしたい。

例えば，障害のある人との関わりとして視覚障害者の生活を自ら体験してみることも一つの方策である。点字を打つ，アイマスクを使って歩行してみる。さらに，視覚障害のある人に今日までの努力と工夫の話を聞く，自分たちで打った点字の手紙を読んでもらう，街の中を一緒に歩行してみる。このような交流の中で，子どもは，障害をもちながら前向きに生活を築いてきた人の生活力に目を見張り，あるいは尊敬の念を抱くようになる。さらには，道路上に，はみ出した自販機や看板，あるいは自転車などの放置物が視覚障害者にとっていかに危険であるかなどにも気付くことになるであろう。

こうした交流や体験を通じて，子どもは自分自身の感覚で障害者を特別視する誤った「障害者観」を払拭して，社会には，さまざまな人がいることをあらためて認識し，バリアフリー社会を実現していかなければならないことを知ることにもなる。

第2に，「生命尊重」の日常化である。幼児期は人間形成の基礎が培われる極めて大切な時期である。このため幼児の発達特性を踏まえ，身近な動植物に親しみ，生命の大切さに気付かせることによって，人権尊重の精神の芽生えが感性として育まれるように努める必要がある。酸素を供給してくれる植物，食物として栄養を供給してくれる動植物，安らぎを与えてくれる愛玩動物，障害者の補助を引き受けてくれる動物など多くの生命に接する機会を与えることも有効である。

また，自分たちの遊びの材料を提供してくれるドングリや木の葉や枯れ枝を大切に扱うこと，例えば割れてしまってコマにならなかったドングリを土に戻すなどを日常化する。さらに，給食の時の「いただきます」「ごちそうさま」のあいさつは，食材となっている動植物の生命への感謝を込めたものにしたい。

このように，多様な人との関わりや動植物との関わりを通して子どもの人権感覚が自然に育成されていくことが期待できる。また，ここで培われた人権感覚が基盤となって，他の人権課題に直面したときに前向きで適切に関わることのできる子どもたちが育成されるのである。

第３は，教職員の「人権尊重」の理念の向上をいかにして図るかである。

それには子どもたちの人権尊重という視点から，担当する学級の子どもに対する自らの姿勢に反映してみることが大切である。例えば，思いやりのあるやさしい子，分けへだてなく誰とでも仲良くできる子，美しいものに素直に感動できる子，生命を大切にし，人や自然に感謝する心をもつ子などである。これにより，具体的に自分の教育実践の中で自分自身の姿勢を明らかにして人権尊重の視点で自分を磨くのである。また，地域や学校の中の具体的な人権課題を積極的に取り上げ，教師集団で前向きに方向を見いだす研修を積み，教育実践に生かす努力をすることも必要である。

さらに，社会や学校にある人権課題をタブー視しない姿勢が教職員の人権尊重の理念の向上につながる。子どもの人権感覚を育てる中で，常に自分を見つめ直すことのできる教職員こそ，人権教育の精神を日常の実践に生かすことができる教職員なのである。

第４に教育課程編成の問題である。

学校では人権教育のための時間が特に設けられている訳ではなく，人権教育は教育活動全体の中で行われる。このため人権教育は，ともすると知識を一方的に教えることにとどまり形骸化していることなどが指摘されている。しかし，1997年の学習指導要領の改訂で新設された「総合的な学習の時間」は，この課題解決の方策を示している。

「総合的な学習の時間」では，自ら課題を見つけ，自ら学び，自ら考え，主体的に判断し，よりよく問題を解決する資質と能力を育てることをねらいとしている。

一方，人権教育は子ども自身が主体的に人間性などの「生きる力」を育むことが基本となっており，これは「総合的な学習の時間」のねらいと合致するものである。このため，「総合的学習の時間」を有効に活用することが必要である。しかし人権教育は，個々の教科等の枠を超えて全教育活動の中で総合的・横断的に取り組むことが大切であり，「総合的な学習の時間」で人権教育が行われるから他の学習では関係ないととらえることのないようにしなければならない。

学校における人権教育の充実にあたっては，指導方法や学習教材の開発とともに，人権尊重の理念を十分認識し，子どもへの愛情や教育への使命感，実践的な指導力を身に付けた教職員の資質能力の向上を図ることが重要な課題である。

「世界人権宣言」と憲法の基本的人権について

国際連合は，1948年12月10日，第３回総会において，第二次世界大戦が人類に多大な惨禍をもたらし，多くの国々で貴重な人命が奪われた事実を直視し，「戦争こそ最大の人権侵害である」という視点に立って，「世界人権宣言」を採択した。

その前文では，宣言を採択した理由として，まず，「人類社会のすべての構成員の固有の尊厳と平等で譲ることの出来ない権利とを承認することは，世界における自由，正義及び平和の基礎である」と述べられている。

それに続いて「人権の無視及び軽侮が，人類の良心を踏みにじった野蛮行為をもたらし，言論及び信仰の自由が享受でき，恐怖及び欠乏のない世界の到来が，一般の人々の最高の願望として宣言された」と述べ，人権の尊重こそ平和社会実現への道であることが強調されている。

「世界人権宣言」は，世界における自由・正義及び平和の基礎である基本的人権を確保するために，すべての人民とすべての国とが達成すべき共通の基準となるべきものである。

戦後，1946（昭和21）年に制定された日本国憲法においては，国民主権とともに，平和主義に基づく基本的人権の尊重が強調されている。

日本国憲法第11条では「国民は，すべての基本的人権の享有を妨げられない。この憲法が国民に保障する基本的人権は，侵すことのできない永久の権利として，現在及び将来の国民に与へられる」と謳われている。

基本的人権は，すべての人間が人間として当然にもっている生来の自由・権利である。したがって，国家や憲法などによって制約されたり侵害されたりするものではない。

また基本的人権は，伝統的な分類によれば，「自由権」と「社会権（生存権）」に分けられる。前者は国家が関与すべきでない領域，後者は国家が積極的に関与することによって実現を図る領域とされる。「自由権」としては，思想・良心の自由，信教の自由，表現の自由，学問の自由，財産権などがある。「社会権（生存権）」としては，健康で文化的な最低生活の保障，教育を受ける権利，勤労権などがある。近年は社会の進展とともに積極的に基本的人権の享有を保障し，保護していくことが重要な課題となっている。

憲法が保障する基本的人権の尊重は，人権教育の基盤とされなければならない重要な視点である。

児童の人権擁護と権利行使について

児童の人権を守るためには，児童が生活や学習の場で自分が尊重されていることを実感できるようにすることが重要である。そのためには，保護者をはじめ，地域の人々，学校や行政機関の関係者などが，児童の権利について深く理解し日常的に実践に生かしていくことが必要である。それによって，子ども自身が自分の権利と責任を自覚し，それを適切に行使していく能力を自然に身に付けることができる。

現在，児童の保護・救済の窓口として，市町村，児童相談所，教育委員会，警察署，その他民間の相談窓口など全国的に多様な形で設けられている。

また，学校においても教育課程全体を通じて人権教育が行われている。それにもかかわらず，いじめ，体罰，虐待など，児童の人権侵害が後を絶たないことが社会問題にもなっている。

これに適切に対応するためには，これらの関係機関がより緊密に連携をとるとともに地域住民の幅広い協力体制の構築が必要不可欠である。また，子どもの権利が日常的に守られているかどうかを子どもの立場で監視し，人権を救済する独立性のある「子どもの人権オンブズパーソン」の充実を図ることが必要である。1998年，国連・子どもの権利委員会が「児童の権利に関する条約」の審査・報告を行ったとき，日本政府に対して，いじめ，虐待，体罰などに苦しむ子どもたちの救済制度の立ち遅れを指摘し，人権侵害の救済を目的としたオンブズパーソン制度の創設を勧告している。これに呼応して地方自治体レベルによる子どもの権利擁護システムの試みが始まっている。

児童の権利擁護の活動は，子どもの立場に立って取り組むことが大切である。このため，単なる相談活動に終わるのではなく，子ども自身の自己決定や意見表明を援助する（エンパワメント）の活動につなげていくことをめざさなければならない。それには，これまでのような行政による縦割りではなく，地域の人たちを含め，さまざまな立場で児童に関わる人たちが，密接に連携をとるシステムが必要不可欠と考えられる。

わが国では，1994年5月に「児童の権利条約」が発効している。この条約では，子どもの意見表明権，思想・信条や表現の自由，プライバシーの保護，障害のある子どもの自立など幅広い権利が保障されていることを十分認識し，子どもたちの幸せと権利を保障することが重要である。

学校における人権教育について

学校における人権教育は，学校種別ごとの教育目的や目標をめざした教育活動を展開する中で，児童生徒が社会生活を営むうえで必要な知識や技能などを身に付けることを通じて，人権尊重の精神の涵養（かんよう）が図られるようにしていく必要がある。

学校教育においては，児童生徒の人権尊重を育む前提として，児童生徒の人権を尊重した指導及び一人ひとりを大切にした教育の充実が重要である。このため，教職員は人権尊重の理念について深く認識し人権問題を正しくとらえる感性を身に付け，それを教育活動に活かすことが必要とされる。

教職員による人権を侵害する行為があってはならないのは当然のことである。児童生徒に対するセクハラ行為や体罰は，教職員として絶対に許されないことである。また，いじめを放置したり，子どもの質問や意見を一切無視するような教職員についても，適格性を欠くものとして，人権感覚を問われなければならない。

学校内で人権問題が発生したり，指摘されたりした場合，それが自分の学校の教育全体に関わる重要なこととととらえ，それに正面から対応することが大切である。それによって学校や教職員に潜在する差別や偏見をただし，児童生徒の人権を尊重した教育活動が前向きに推進されることになる。

一方，人権問題に気付かなかったり，特別なこととして，タブー視してしまう教職員集団では，差別や偏見を一層増幅してしまうことになる。

子どもの人権問題は，周囲の目に付きにくいところで起こっていることが多く，被害者である子ども自身も，その被害を外部に訴える力が備わっていなかったり，身近な人に話しにくい状況などから重大な結果に至って初めて気付くことが多い。そこで，子どもの発する信号をできるだけ早くつかみ，その解決に導くことが必要である。

また，児童生徒の人権感覚を磨くため，人権問題を自分の問題として受けとめることができるような指導が必要である。学級内のいじめの問題にしても他者の痛みを共感的に受容できる想像力や感受性を培うことが大切である。

さらに高齢者や障害者との交流やボランティア活動などを推進し，誰もが相互に人格と個性を尊重し支え合う「ともに生きる社会」について体験的に考える機会を作る取り組みの充実が重要である。

各教科等の学習における人権教育について

人権教育は，児童生徒の発達段階に応じ，学校の教育活動全体を通して行わなければ十分な成果を期待することはできない。小学校，中学校及び高等学校においては，各教科，道徳教育，特別活動，総合的な学習の時間などそれぞれの特質を十分生かし，各学校の教育活動全体を通じて，人権尊重の意識を高め，一人ひとりを大切にした教育を推進することが重要である。

このためには，各教科等において人権問題を直接扱った内容を含む事項と人権教育に関連する事項があることに留意しながら，全体としてのまとまりを工夫して，特定の事項だけに偏らないよう教育課程を編成し，教育活動を展開することが必要である。

人権教育のめざす子ども像の視点として，第1に「生命の尊重」が挙げられる。それは，自分の生命も，他の生命もかけがえのないものとして大切にする子どもたちである。生命尊重は現代社会において最も大切な価値であり，個々人の生活や現代社会のあらゆる仕組みの中に生かされなければならない。第2に「人間の尊厳と平等」である。民主社会において人間はかけがえのない価値をもつ人格として平等であり，それぞれの個性を発揮できる機会は平等に与えられなければならない。こうした人間の尊厳を自覚し，一人ひとりを大切にする子どもたちである。第3は「国際協調」である。戦争の悲惨さと平和の尊さを自覚し，平和な世の中の実現のために他の国々と積極的に仲良くしようする子どもたちである。

こうした視点に立って，正義感や公正さを重んじる心や美しいものを愛する感性豊かな子どもたちの育成に力を注ぐことが重要である。そのため具体的には，ボランティア活動などの社会体験や自然体験，高齢者や障害者等との交流などの豊かな体験の機会の充実が大切である。これとともに，人間尊重の考え方が基本的人権を中心に正しく身に付くようにする必要がある。その際，他人の自由や権利を大切にすること，自分の行動には責任をもたなければならないことなどについて指導していくことが必要である。

学校における各教科等には，それぞれ目標があるが，その目標を達成することを通して，豊かな人間性や社会性，国際社会に生きる日本人としての自覚をもった子どもたちを育成しなければならない。そのため，学校の教育活動全体を通して人権教育が行われることが欠かせないのである。

わが国の人権問題の現状と課題について

わが国においては，国民主権や平和主義に基づく基本的人権の尊重を基本原理とする日本国憲法のもとで，国政の全般にわたって人権に関する諸制度の整備や諸施策が展開されている。

「人権教育・啓発に関する基本計画」（2002年策定）においては特に，女性，子ども，高齢者，障害者，同和問題，アイヌの人々，外国人，HIV 感染者やハンセン病患者等をめぐる様々な人権問題が重要課題となっており，これらの課題の解決に向けた取り組みが図られている。次に，これらのいくつかについて，その現状と課題を考察する。

①「女性」に関する課題として，人々の意識の中に形成された固定的な役割分担意識等からくる就職や職場における男女差別やセクハラ，配偶者からの暴力などの問題がある。学校でも子どもたちが合理的な理由なく性別によって異なる扱いを受けていないかなどの点検が求められる。

②「子ども」に関する課題として，子どもたちの間のいじめは，依然として憂慮すべき状況にあるほか，教職員による児童生徒への体罰も後を絶たない。また親による児童虐待なども深刻化している。これらは子どもに対する最大の人権侵害である。「児童の権利条約」では，子どもに大人と同じ市民的自由を認めている。子どもの「最善の利益」を重んじ，意見表明権のほか思想・良心の自由，障害のある児童の自立など幅広い権利を重視する必要がある。

③「高齢者」に関する課題として，高齢社会が急速に進む中，雇用に対する差別のほか，要介護高齢者に対する家庭や施設における身体的・心理的虐待や高齢者の財産を家族等が無断で処分するなどの問題が生じている。

④「障害者」に関する課題として，就職に際しての差別問題のほか，障害者への入居・入店拒否などの問題がある。また，施設内における知的障害者などに対する身体的虐待の多発などが指摘されている。障害者に対する正しい理解認識を深めるために，障害のある児童生徒と障害のない児童生徒や地域社会の人々がともに学びあう教育実践を推進することが大切である。

わが国には様々な人権問題が存在するが，その要因として国民一人ひとりに人権尊重の理念についての正しい理解が十分定着していないことが指摘されている。このため，人権教育・啓発活動をより積極的に推進していくことが重要である。

34 1 ●子どもの権利擁護 レポート学習参考例

子どもの権利（人権）が侵害されたときに救済する手だてについて

1 子どもの権利侵害の背景

「日本国憲法」の基本理念に基づき，1947（昭和22）年に制定された「児童福祉法」はその第1条で「すべて国民は，児童が心身ともに健やかに生まれ，且つ，育成されるよう努めなければならない」「すべて児童は，ひとしくその生活を保障され，愛護されなければならない」とうたっている。子どもの人権について述べられているものとしては，法とは別に，国民の道徳的規範として1951（昭和26）年に採択された「児童憲章」や国際連合が1959（昭和34）年に採択した「児童の権利に関する宣言」（児童権利宣言）などが挙げられる。

子どもの権利（人権）が侵害されるときというのは，虐待・いじめ・体罰などさまざまな場合が考えられる。その中で，今回は，児童虐待のことを中心に述べていく。児童虐待は，「児童虐待の防止等に関する法律」第2条で，保護者（親権を行う者，未成年後見人その他の者で，児童を現に監護する者）によって加えられる行為を前提にして，①身体的虐待，②性的虐待，③ネグレクト（保護の怠慢・拒否），④心理的虐待の4つに分類されている。

わが国では，以上のような児童虐待の増加に歯止めがかからず，近年ますます深刻化しており，親の虐待によって幼い子どもを死に至らしめるという悲惨なニュースを耳にすることもある。

父親が虐待の加害者となる場合は，妻に対しても暴力を振るっているケースが多いとされ，母親が子どもを虐待しているケースは，子育てに悩む母親が精神的に追い詰められているケースが多いという。

児童虐待が生じる原因はさまざまであり，一概には言えないが，急激な現代社会における生活様式の変化がその根底にあると言えるであろう。

かつての日本では，3世代同居の大家族が普通であり，地域住民同士の連帯も今よりは強かった。したがって，子どもは家族が交替で世話をし，家族や近隣の人から子育ての知恵を得ることもできた。

しかし，現代の社会では核家族化やコミュニティの稀薄化により，「地域の子育て力」が著しく低下している。これにより，子育ての負担は母親一人に重くのしかかることになる。また，男女の役割分担の観念が強いわが国では，男性の労働時間が長く，妻と協力して子育てに関わる時間が少ないことも，母親の負担や孤立感を増大させている。かつては，大家族やコミュニティの中で身に付けていた子育ての知恵や子どもとの接し方を，現代社会において自然な形で身に付けることは困難になっている。

子どもは，以上のような虐待，つまり人権が侵害されたときに自分の力で自分を守る手段をもっていない。その理由として，子ども（児童）期には2つの特徴があるということを理解しておく必要がある。第1に，子どもは非主張者だということである。年少の時期にあるほど，自らの意図を主張する手段に乏しく，たとえ主張することができる年齢や発達段階になっても，その影響は非常に限られており，大人のように明確で直接的な言葉で表現をすることは難しい。特に親に人権を侵害されて傷ついている子どもは，自分の被害について，なかなか他人に語ることができないものである。第2に，子どもは非生産者だということである。子どもは将来の生産力としてその社会を担うことが期待される存在ではあるが，まだ自立からは程遠く，保護を必要とする時期，つまり生産よりも消費が主となる時期であり，他者に依存せざるを得ない。大人の場合，人権を侵害されたときに，弁護士を依頼して相手方と交渉したり，裁判を起こしたりすることができるが，弁護士に依頼するには費用がかかることを考えれば，非生産者の子どもには不可能な手段であることが分かる。

2　救済の手だて

虐待を受けている子どもを救済するにはどのような手だてがあるのかを初期の段階から最終段階まで順を追って挙げていく。

(1)　教師・保育士・近隣住民など身近な大人による救済

身近な大人が，子どもの最善の利益という共通の視点に立って，慎重かつ迅速に対処することが子どもの人権救済に最も効果的で早期解決に近づく道になる。その際重要なことは，常に子ども自身の意向を尊重し，子どもとの信頼関係を大切に考え，行動することである。虐待の場合，親権などとてもデリケートな難しい問題を抱えているため，より慎重に行動しなければならない。

(2)　子ども110番など電話による相談

各地の弁護士会，法務省の人権擁護委員（特に子どもの人権専門委員），教育委員会，市役所，警察，子どもの人権や教育に関するNPO（市民団体，ボランティア組織等）などでは，電話による相談を受けている。電話は，顔が見られず，匿名でかけることもできるため，誰にも言えずに悩んでいる子どもにとっては，利用しやすい手段である。

(3)　教育相談・法律相談など面接による相談

電話相談を行っているところのほとんどは，面接相談も行っている。面接相談に子ども一人で行くのは，難しいことであるため，身近な大人が相談に行くか，子どもに相談に行こうと説得し大人が付き添っていくという場合が多い。その場合，気を付けなければならないのは，相談に行く大人の意向ばかりを先立たせないことである。大切なことは，被害を受けている子どもがどのようにしたら平穏な日常生活を取り戻せるかである。相談にあたっては，常に子どもの気持ち，願いに添う方向での解決が望ましい。

(4) 弁護士・NPO・児童相談所・虐待防止センターなどへの依頼

弁護士は，子どもや親（虐待以外の人権問題の場合）の代理人となって交渉することができる。弁護士への依頼は，知り合いからの紹介などでもよいが，子どもに関する相談活動をしている弁護士に依頼したいときは，弁護士会に問い合わせするとよい。児童虐待の問題に関しては，児童相談所や虐待問題に関するNPO等に相談すると，親と子のケアの必要に応じて子どもの施設入所などについて検討してくれる。

(5) 法務省の人権擁護機関・弁護士会の人権擁護委員会への人権救済申立

法務省人権擁護局・各地の法務局の人権擁護課に人権救済の申立をし，その内容が人権問題だと判断されると，調査上，侵害をしている相手方等に「説示」・「勧告」，再発防止のための方策の要望などの措置をしてくれる。どちらもまったく費用はかからないが，調査には1年ほどの時間がかかるため，虐待のように一刻を争うような事案には向かない。

(6) 調停・裁判など裁判所を使う救済

調停というのは，家庭裁判所や簡易裁判所で調停委員が仲裁役をする話し合いの手続きである。申立人と相手方双方の言い分を聞きながら，お互いの譲歩できる点を探り，合意できるように援助していく。子どもの虐待問題では家庭裁判所の調停を利用することが考えられる。調停の利点は，代理人がいなくても申し立てることができ，格式ばらないところであるが，不成立に終わり，何の解決にもならないということもあり得る。

社会的に弱者である子どもは，大人が守らなければいけない存在である。以上のように，子どもの人権の救済の手だてとしてさまざまなものが挙げられるが，大切なことは，子どもの年齢や発達の特徴を踏まえて，心と体のバランスが保たれることを念頭に置き，子ども自身が意見を主張できるような環境を整備し，さらに子どもの意見が尊重される環境でなければならない。社会全体が再度，子どもたちが幸せに生活していくために，最善・最良の方法を検討し，実施することが重要である。さらに，子どもを育てる周りの大人たちが温かい心と眼差しをもつ，社会作りが必要と考える。

大人の人権と子どもの人権について

日本国憲法は第11条において基本的人権を保障している。

ここでいう基本的人権とは，人が生まれながらにして当然もっている権利，人間としての尊厳を指す。この基本的人権は，生まれたばかりの赤ちゃんも含め，すべての人間に保障されているものである。

ただし，人権のなかには，成人に達した大人を前提として保障されているものもある。その典型として，参政権（第15条）と呼ばれる国会議員や地方議会の議員及び地方自治体の首長を選挙する権利が挙げられる。これは満20歳に達しないと認められていない。

他にも，未だ発育途上であり，ものごとに対する判断能力が十分に成熟していない子どもを保護するために，大人には認められる権利が子どもには認められないという場合もある。

例えば，未成年者が財産的な行為をするために法的代理人（通常は親）の同意を要するとされている。これは，未成年者を守るための制度であるので，子ども（未成年者）の人権を侵害するものとはいえない。

しかし，これが行き過ぎると，保護の名の下に子どもの自由や権利が制限されてしまうということも考えられる。

次に，大人と子どもの人権にも大きな違いがあるものがある。例えば，14歳未満のものが罪を犯した場合は罰せられず（刑法第41条），14歳以上20歳未満の者が罪を犯した場合には，「少年法」が適用される。

少年法には，「審判は，懇切を旨として，和やかに行うとともに，非行のある少年に対し自己の非行について内省を促すものとしなければならない」との規定がある。

これは，少年の保護と立ち直りをめざすものとされており，さまざまな判断が未熟であり，未来のある未成年者（子ども）にとって必要な規定である。

しかし，日本では，こういった未成年者の心のケアや，社会での受け入れの態勢が整っていないのが現状であるという点も考慮していかなければならない。

大人は，以上に述べたような子ども特有の人権保護について理解を深める必要がある。そして，子どもたち一人ひとりが1つの人格として認められ，尊重されなければならないのである。子どもが心身ともに成長できる幸せな生活を送ることができるように，周囲の大人が子どもを護っていかなければならないのである。

法令や条約にみられる子どもの人権擁護について

近年，子どもの人権は注目され，法令や条約でも保障され，強く主張されるようになってきた。子どもの権利について述べられている法令・条約の代表的なものとして「子どもの権利条約」が挙げられる。この条約は，1989年11月に国際連合で採択され，これまで単なる保護の対象と見られ，人権の主体であることを忘れられがちだった「子ども」に光を当て，子どもに特有の権利を保障している条約である。

この子どもの権利条約は，子どもの定義（第1条），差別の禁止（第2条），子どもの最善の利益（第3条），意思表明権（第12条），親による虐待・放任・搾取からの保護（第19条），養子縁組（第21条），障害児の権利（第23条），教育への権利（第28条），教育の目的（第29条），経済的搾取・有害労働からの保護（第32条），性的搾取・虐待からの保護（第34条），他のあらゆる形態の搾取からの保護（第36条），犠牲になった子どもの心身の回復と社会復帰（第39条），少年司法（第40条）など子どもに特有の権利を含め全54条から成っている。

以上のようにさまざまな権利が保障されているのだが，世界では戦争・紛争が起こりひどい生活環境の中で生活しており，貧困や病気で苦しんでいる子どもが数多くいるのが現状である。大人の都合で子どもの人権が侵害されることがあってはならない。大人は，子どもの人権を尊重し大切に育てていかなければならないのだ。

子どもの権利条約は，1989年に国連で採択されたものの，日本政府の批准への姿勢は消極的なもので，1994年4月にようやく国会で批准され発効されたのである。国連の採択より4年半も遅れをとっていた。日本の子どもたちは，世界の子どもたちに比べ，衣食住・福祉・医療・保健など基本的な権利については恵まれた環境にあるといえる。一見，生活環境に恵まれている日本の子どもたちには「子どもの権利条約」といったものは意義をもたず，不要に思えるかもしれない。しかし，日本では衣食住・医療などには恵まれていても，心身ともに健全な成長と発達を阻害されている子どもたちが多い。親による虐待，学校でのいじめ，不登校など日本の社会問題の犠牲になっている子どもたちも対象にされているのである。こういったことを含め考えていくと，日本の子どもたちも，子どもの権利条約上の権利が十分に保障されているとは言い難いのが現状である。

34 4 ●子どもの権利擁護 試験問題学習参考例

学校生活と子どもの人権擁護について

子どもには教育を受ける権利があるというのは広く知られていることである。日本国憲法第26条１項では「すべて国民は，法律の定めるところにより，その能力に応じて，ひとしく教育を受ける権利を有する」と規定され，また２項には「すべて国民は，法律の定めるところにより，その保護する子女に普通教育を受けさせる義務を負ふ」と規定されている。さらに日本では，親である国民にこのような義務の履行を可能にするために，無償で子どもに教育を受けさせることのできる「義務教育」を行うこととしている。

学校教育については，憲法の他に教育基本法や学校教育法で具体的に規定されている。また，子どもの権利条約第29条では，教育の目的を，①子どもの人格・才能・精神的および身体的能力を最大限まで発達させること，②人権と基本的自由を尊重すること，③子ども自身や親のアイデンティティ（文化的同一性）を尊重するとともに自国の国民的価値を尊重し，同時に自己の文明と異なる文明の尊重を育成させること，④すべての人民の間の民族的宗教的集団間の理解，平和，寛容，性の平等，友好精神の下で子どもが自由な社会において責任ある生活を送れるようにすることなどにあると述べられている。

しかし，近年の学校では，憲法や子どもの権利条約の理想には程遠い，いじめ・不登校・体罰・校内暴力などさまざまな問題が起こっているのが実情である。最近では，小・中学生のいじめを苦にした自殺，集団暴行事件，体罰事件など胸が痛くなるようなニュースばかりが世間をにぎわせている。大人が子どもを傷つけるだけでなく，子ども同士でさえ傷つけあい，人権を踏みにじりあっている。現在の学校では，子どもの人権・意見を大切に尊重して……と叫びながらも，それがただのきれい事になってしまっているのが現状である。

子どもの権利条約では，子どもは大人と同じく人権をもった個性ある存在であり，子ども自身で発達成長していくものであるとされている。子どもの教育にあたっては，子ども自身の人格や個性を尊重しつつ，その発達や成長を援助していくことによって，少しずつ子どもが自立した社会人になるように促すべきである。政府も地方自治体も国民も，子どもの権利条約について学び，子どもの人権侵害につながる問題を解決させていかなければならない。

家庭生活と子どもの人権擁護について

家庭生活における子どもの権利侵害は，親と子どもの関係に不具合が生じたときに発生するものであろう。虐待，離婚時に発生する親権問題，子の親に対する家庭内暴力（DV）などさまざまな場合が考えられる。

児童虐待については，「児童虐待の防止等に関する法律」第2条で，保護者（親権を行う者，未成年後見人その他の者で，児童を現に監護する者）によって加えられる行為を前提にして，以下のような4つに分類されている。

①身体的虐待：児童の身体に外傷が生じ，または生じるおそれのある暴行を加えること。

②性的虐待：児童にわいせつな行為をすること，または児童を介してわいせつな行為をさせること。

③ネグレクト：児童の心身の正常な発達を妨げるような著しい減食，または長時間の放置その他の保護者としての監護を怠ること（保護の怠慢・拒否）。

④心理的虐待：児童に対する著しい暴言，または著しく拒絶的な反応や，著しい心理的外傷を与える言動を行うこと。

以上のような児童虐待は，年々増加の一途をたどっている。増加している背景には，都市化，核家族化，少子化，情報化といった現代的な社会状況が存在している。少子社会の中で育ってきた現代の若い親は，育児に関する生きた知識や技術を生活の中で自然に習得することが大変困難になっている。さらに，都市化・核家族化の影響によってその未熟な親を支える者も身近にいなくなってしまった。また，情報化の進展に伴う育児情報の氾濫は，育児に関する基本的な観念のない未熟な親にとって，断片的，一方的であるがゆえに，かえって不安や混乱を招く原因になっているといっても過言ではない。現代の社会状況が生み出すこれらの親の孤独感，閉塞感，不安，混乱等が親のストレスを高め，そこにさまざまの要因が重なって虐待へとつながってしまうものと考えられる。

もうひとつの問題として近年は離婚する夫婦の増加が問題となり，子どもの「親権」の問題も伴ってくる。ここで問題なのは，離婚後の親権者を父母のどちらにするかについて子どもの意思表明権が保障されず，子どもの意見を聞いてもらえる機会さえ与えられていない場合が多い。大人も子どももお互いの人権や意見を尊重し合わなければならない。

社会生活と子どもの人権擁護について

昔の社会生活，つまり地域社会での生活は，子どもたちが成長・発達していく過程で初めて出会う外部社会であり，子どもの年齢に応じてさまざまな機能を提供してきた。しかしながら，高度経済成長期以降，現代の子どもは，都市化・情報化が進む中で生活している。そのため，生活範囲も広がり，交通事故や犯罪などに巻き込まれる可能性が高くなった。近年では，地域社会が崩壊してしまったといわれている。そして，地域では子どもの姿が消え，地域での子どもの集団の活動も明らかに減少してきている。中学生ともなると，地域での祭り，運動会などの地域活動にはほとんど参加しなくなった。平日の放課後も家の中でのテレビゲームに夢中になったり，塾に通う時間がほとんどであり，地域から遠ざかってしまっているのが現状である。地域社会というのは，人と人とのつながり，仲間とのコミュニティ作りといった，さまざまな人々がいる社会で生きていくために必要な力を身に付けることができる最高の場所であるといえる。しかしながら，現在の社会では子どもが一歩家を出れば，さまざまな危険が伴っている。最近のニュースでは，誘拐殺人事件，交通事故など子どもに関してのさまざまな悲惨な事件を耳にする。判断力の未熟な子どもにとってはとても危険であるといえる。学校でさえ，いじめられたり，喧嘩をしたりといった事件に巻き込まれる時代になってしまった。安心して子どもを自由に遊ばせることのできる社会をつくっていくことが現代社会の課題になるだろう。

また最近の子どもは，たくさんのお金を持ち歩いている。一人で店に行き，ゲーム機やそのソフトを買ったり，ゲームセンターに行きお金を使ったり，金銭感覚がまだまだ未熟な子どもは，商売をする大人たちにとっては恰好の獲物である。また，町ではキャッチ・セールスなどに声をかけられ，会員にさせられたり，高額の商品を無理やり買わされてしまうなどの危険も多い。大人でも難しい判断を子どもができるはずがない。子どもの行動範囲が広がり，生活が便利になった分，危険が伴ってしまうのは仕方ないことであるといえるが，そのような間違いが起こらないように，周りにいる大人が正しい判断を子どもたちができるように社会的認識を身に付けさせ，また，学校や地域などでも消費者教育などの教育活動もしっかりとしていかなくてはいけないと考える。

35　1　●児童環境保健論（レポート学習参考例）

児童の成長過程における自然環境要因について

母親の胎内で，生物としての人間が発生（個体発生）する過程では，系統発生が再現されている。

系統発生とは，生命をよりよい状態で存続させていくために，生物が進化の過程で環境により適応した遺伝子を継承していく，「進化の過程」をいう。

すなわち，胎内での受精卵の分裂，原基（器官）形成，個体形成，そして出生までの個体発生の過程で，これまで遺伝子が獲得してきた同じ「進化の過程」が，再現されていくのである。

児童の成長過程にとっての自然環境は，生物の個体発生における母親の胎内になぞらえることができる。

胎内環境から，外界に生まれ出でた個体（児）にとって，日光，空気，水，気温，気圧の変動など，自然環境からの各種要因は，視覚，聴覚，皮膚感覚，味覚，平衡感覚などを刺激し，人間が生きていくために必要な生理的諸機能の発達に必要不可欠な役割を演じている。

地球の自転は，昼と夜という自然環境を生じさせるが，このことは，児童の成長にとって必要不可欠な，睡眠と覚醒（目をさます），また休息と活動などの，内部環境の生体リズムを形成させる。

さらに，これらの生体リズムは，体温の１日の昼夜のリズムをはじめ，自律神経系の調整，各種ホルモンの分泌，代謝の亢進（こうしん）と抑制など，生命をよりよい状態で営むための目的にあった適応をすることに関係する。

これらの生体リズムは，すべて進化の過程で獲得された，概日（サーカディアン）リズムとして理解されるが，近年では，都市化・人工化によって社会環境が変化し，児童の成長期に必要な自然環境刺激が阻害されている。

このように生体リズムの形成がゆがめられることで，心身状態の不調和や各種不適応現象が出現する。睡眠・覚醒リズム障害，不登校，各種アレルギー疾患の増大などはその例である。

1　光と視機能の発達，成長ホルモンの分泌，性成熟

光は目を通して感知され，脳下垂体の機能を刺激し，成長ホルモンの分泌を調節する。また，光刺激を受けた網膜では，光化学反応が網膜上皮組織で発現し，視神経を刺激して，大脳の視覚領域の神経細胞を刺激し，視機能の発達を促す。

また，大脳の細胞は覚醒時に松果体（しょうかたい）（脳の中央にある，そらまめぐらいの大きさの組織）からのメラトニン（睡眠と覚醒の調節をするホルモン）の分

泌を抑制し，性成熟を促す。

2　気象因子と自律神経・内分泌・免疫系の発達

寒冷，暑熱刺激が皮膚粘膜を刺激すると，皮下の末梢血管の収縮・拡張が起こる。

特に寒冷刺激が交感神経系に伝わると，末梢血管が収縮し，呼吸循環の活性化，筋収縮が起こり，代謝は促進され，体温が上昇する。また，副腎髄質の刺激による，カテコールアミン系のホルモン分泌増加も，代謝の活性化に関与する。

さらに副腎皮質にも刺激作用があり，皮膚粘膜の炎症を抑える，効果のある副腎皮質ホルモンの分泌を促す。副腎皮質ホルモンは，気管支性喘息（ぜんそく）発作時の，気道の炎症や収縮を抑制する働きがある。

このような現象は，成長期の児童の心身の機能の発達にとって重要な働きである。冷水シャワー，薄着の習慣，外気浴，乾布摩擦など，皮膚粘膜を介した寒冷刺激の積極的取り込みが，児童の健全育成（積極的自律的健康づくり）のために実践されている。

このように，人間が生きていくための基礎力（生きる力）は，自然環境の刺激を受けて発達する感覚機能の発達がその出発点となっており，このような児童の生命の営みは，生涯を通じて最も重要な発達課題を獲得する過程でもある。

例えば，病原菌に対する免疫機能，寒さ暑さ，気圧の変動など自然環境からの刺激を受けて発達する体温調節能力や自律神経系の発達，視覚・言語・聴覚・味覚・皮膚感覚・平衡感覚などがその課題として挙げられる。

3　自然環境の中で，感性を育むことの重要性

人間の発達における「感性」を育むことは，創造する力の，育成の原点である。

心地よい風，日光，水，樹木による緑陰，太陽の動きの中での夜と昼，睡眠と覚醒，静と動，また母親からの愛情，安らぎなど安定した心地よい自然環境要因が，脳，及び成長ホルモンの分泌や自律神経系の発達と安定を促すことは，多くの研究結果が実証するところである。

脳―自律神経系，免疫系，内分泌系は，児童の生命体（個体）が，外部環境からの各種ストレスを受けたとき，内部環境に障害を与えることのないように自立的な調節，調和を維持する働きがある（ホメオスタシス）。

脳・神経系，免疫・内分泌の系は，個体の生命維持に重要であるが，成長期には，各機能についてバランスのよい発達を促すことが必要である。

人間の成長は，従来の自然環境に適応する形で行われることから，成長期の児童にとって必要であることは，現代の複雑な自然環境が児童の成長と発育発達にどのような影響があるか見守り，人工環境下で，生来獲得されてい

ない，各種心理的，生理的ストレスを緩和することが重要である。

そのためには，川のせせらぎ，木の葉のゆれ，滝の音，朝日や夕日に輝く景観，緑陰の読書など，大自然への畏敬の念も含めた自然との関わりをもっと体験させることの必要性を保育児童学や養護教育学に取り込むことの必要性をここに提唱したい。

4　児童の生活行動の乱れを自然環境要因が解消

不登校，いじめ，疲れやすい，意欲がない，長時間立ち続けられない，授業中の居眠り，朝食抜き，学校での生活が円滑に営めないなど心や体に問題を有している児童が年々増えている現状にある。

これらの現象の背景として，現代の児童は入眠時に体温の低下が少なく（睡眠が浅い），日中に低体温（日中活動時の代謝活性が低い）であるなど，体温の日内リズムの脱同調または生体リズムが確立されていないなどの現象が報告されている。

その原因として，昼夜逆転の生活や自然環境からの光・空気・景観などから閉ざされた人工環境要因からくるストレスなど近年の児童の内部環境の調節機構の未発達が考えられる。

すなわち，生気象学的（せいきしょうがく）に児童のかかえる問題の背景を探っていくと，自然環境刺激の減弱（げんじゃく）による不調和現象と理解することができる。成長期にある児童にとっての学校は，まさに社会的適応を強いられる場である。

学校教育におけるカリキュラム（教育課程）は，知育偏重となり，また校則，制服，学校生活など，学校という社会の場における各種の制約の中で，児童が内在しているエネルギーの発散や疲労回復をはじめ意欲の充塡をする余裕のない状態に置かれている場合もあろう。

核家族化，人工的環境，騒音や空気汚染，樹木の伐採，コンクリート化，建築様式の気密化など，人的物的に自然環境の豊かなふれあいから隔離されている，現代社会における児童の心身状態と社会的心理的健康を取り戻すための，時間的環境的背景を模索していくことが緊急課題であろう。

成長期にある児童の内部環境の充実と，よりよいエネルギーの産生と発散を山・川・森そして海洋など自然環境下での生活で体験させる学習が，成長期にある児童生徒を育むための教育的働きかけとなること，ひいては人間の生態系全体の中で児童の生活環境を保全することと教育活動が相乗効果を生むことを念頭におくことが重要である。

また家庭は，生活に密着した形で「環境」との関わりをもっている。夫婦や兄弟・姉妹の間，あるいは祖父母・親子・孫といった世代間で，水やエネルギーの利用，食事や買物，ごみの排出，遊びなどを通じて環境に配慮した生活の知恵を生かしていくことが必要である。

児童の成長過程と環境刺激との相互作用について

新生児の大脳皮質には約140億個の神経細胞があるが，新生児は光を感じることはできても，色や形を認識することはできない。出生後の成長過程で環境刺激を受けながら視力の発達が完成するのは，6歳頃までといわれる。このことは，自然環境刺激を受けながら，脳神経系の細胞の樹状突起や髄しょうが形成されるからである。

1966年，ヒューベルとウィーゼルは，生後6～12週のネコのまぶたを縫合し視覚を奪取（Visual deprivation）すると，視覚野の神経細胞が光に対する反応を失うことを発見している。これはネコの生後6～12週間は，視覚の発達にとって重要な時期であることを示している。この時期を「発達の臨界期」という。人間の乳幼児期の光遮断も，視覚の発達に重大な影響を及ぼすことが分かる。聴覚系でも同様に，幼若ラット（大型のねずみ）の外耳道を閉鎖して音を遮断する，聴覚奪取（Audio deprivation）の実験が行われ，その結果，生後3～5日頃までの音刺激が内耳経由で大脳の聴覚領域に伝達されないと音の認識がなくなることが判明した。

一般に人間の胎児も音に反応し，母体内で音を聴き取ることは，母体から胎児の鼓膜や骨導を介して内耳に音が伝わることが明らかにされている。脳—神経系の発達と光や音などの感覚刺激（環境刺激）とは相互作用の関係にあり，乳幼児期の聴覚発達不全は，言葉の発達の遅れ，コミュニケーションの欠如など，児童の心身の発達や社会生活を営むための適応能力の発達にも影響を及ぼす。

寒冷や暑熱，空気の流れは，皮膚粘膜への感覚を伴う環境刺激として作用する。すなわち，それらは皮下の末梢血管の収縮・拡張を促すとともに皮下組織の免疫機構にも作用する。末梢血管には交感神経・副交感神経が分布し，これらは互いに反発し合いながら自律神経系の発達に関与する。また自律神経系は，内分泌の中枢である視床下部とも連動した環境刺激反応を繰り返しながら成長過程での相互作用を営む。

冷たい，暑い，心地よい，痛い，苦しいなどの環境刺激に対する人間の感覚は，生体内部の調節機能と連動しつつ，呼吸循環機能，脳神経機能，免疫機能等の機能発達との相互作用を促す。刺激の量・質・時間と受け手の発達年齢段階との相互を関連させた，望ましい環境刺激のあり方を考慮することが大切である。

不適切な環境が児童の健康に及ぼす影響について

児童の健康にとって，不適切な環境とは，心理・社会学的側面からみた環境要因（人的環境）と物理・化学的環境要因（物的環境）とに2大別できる。

(1) 人的環境要因

発達年齢によって，母子関係など縦の関係を築くことが必要な時期，また仲間集団など同年齢児との交流が必要な時期など，適切な人的環境のあり方は異なる。ボウルビー（イギリス）は，乳児期の心身の発達の基盤に母子関係アタッチメント（愛着行動）が形成されない場合，身体発育・精神発達が阻害され，人格形成にまで影響が及ぶと主張した。児童が集団で保育されている施設では，保育者と児童が一対一の関係を築きにくく，決められた時間の授乳，保育者の交代など忙しい中で，衛生的で栄養も十分であるはずの施設保育児の発育が抑制され，疾病の罹患率が高く，顔の表情が乏しく，言語の発達に遅れがあることが報告された。このことは，乳幼児期の発達に精神的安定をもたらす母子関係が成立しにくい施設保育に対する警鐘であった。ボウルビー革命といわれたこの報告は，日本においても，施設保育より家庭保育というように母子関係の重要性を啓発し，また施設内では，家庭保育と同様に小集団の異年齢児保育に切り替え，保育者と児童との一対一の関係をつくることが奨励された。不適切な人的環境には，過保護または放任，虐待，経済的困窮，災害，戦争などもある。これらの要因により精神的な打撃を受けた児童にはその後の成長ホルモンの不十分な分泌，自律神経系の未発達，情緒不安定，不定愁訴の増大などが見られる。

(2) 物理・化学的環境要因

物理・化学的環境要因では，環境破壊による児童の発育・生命への影響が挙げられ，成長過程の児童の健康のみでなく，母乳や胎盤を通して有害化学物質が胎児乳児に移行する母体環境汚染も含めて考えねばならない。フロンガスによる成層圏オゾン層の破壊，有害紫外線，各種大気汚染物質，水質汚濁，土壌汚染と食物連鎖，森林伐採，都市気候，コンクリート化による自然景観の破壊など，近代科学は子どもの心や身体の発達にとって不適切な環境をも生み出しており，世代を超え，遺伝子への作用も含め，人類の存続にも関わる有害な健康への影響を及ぼす可能性も秘めている。現代社会においては，このことを常に念頭に置いた環境保健対策を講じることが必要である。

生物学的適応・生理学的適応・行動的適応・社会文化的適応能力について

人間をはじめあらゆる生物は，生存する場としての環境，また生きるために必要な生活資源としての環境条件のなかで，適応しながら成長する。適応は，その方法（質）と時間的要因（量，時間軸）とによって，以下の4種に分けられる。まず，①進化の過程を経て，遺伝子のレベルで，適応能力を身に付けたものを「生物的適応」という。例えば，熱帯地域で生活している民族の目の色は黒く，皮膚の色もメラニン色素の沈着によって黒いのは，その灼熱した太陽光線から身を護るための防御機能として，遺伝子のレベルでの適応能が獲得されているためである。一方，北欧諸国の民族の体の色が白く，目の色が青いのは，日照の少ない地域環境における遺伝子のレベルでの適応，すなわち生物学的適応の現れである。

②「生理学的適応」とは，出生後の環境からの刺激を受けて，感覚器の発達や各種生理的機能が発達するように，出生以後の環境刺激一反応系の過程で獲得する適応能である。乳児期に熱帯地方に移住した人の能動汗腺の数は，熱帯地域の住民のそれとほぼ同じ程度にまで発達するが，2歳半以降に移住した人にはその発達は見られない。また乳幼児期（6歳未満児）の光遮断（眼疾患などで眼帯をした場合など）は，視機能の発達に影響があるように，生理的適応能の発達は成長過程でのそれぞれの機能によって異なる臨界期（獲得に最も適した時期）が存在することも明らかになっている。

③「行動的適応」とは，生物学的・生理学的適応の限界を本能的に感知して，適応可能範囲の環境に移動する渡り鳥の習性に見られるような適応の方法をいう。その概念を広げると，人間の避暑地での生活行動もその範疇（はんちゅう）に入る。実験的にネズミの体温調節中枢を破壊すると入念な「巣作り」の行動が見られる。この行動も体温調節能力の限度を本能的に感知した動物の行動的適応能のひとつと考えられる。

④「文化的適応」とは，行動的適応に近いが，冷暖房や建築様式などのように，科学技術の導入によって，人間の生物学的・生理学的適応能の限界をカバーし，人間の歴史や文化，思想の領域における人間の生きる知恵としての適応能をいう。熱帯地方の住まいや衣服，各種生活様式は，寒冷地域や温暖地域のそれとは異なる。単に科学技術を導入し，人が容易な生活を営めるように環境を改変してしまう行動は，文化的適応の範囲ではない。

自然環境要因が児童の体温調節，免疫機能，中枢神経系等の発達に及ぼす影響について

地上に到達する太陽光（電磁輻射（ふくしゃ）線）は，成層圏のオゾン層によって，エックス線やガンマ線，有害紫外線が吸収される。

290nm～320nm（ナノメートル：10億分の1メートル）の地上到達最短波長の紫外線は，殺菌作用，ビタミンD_3（骨を形成するためのカルシウム代謝），新陳代謝の亢進，免疫産生作用など人間の発育や健康促進に大きく寄与するので，健康線（ドルノ線）とも言われ，児童の健康保育にとって，適度な日光浴，外気浴は必要不可欠である。

また太陽光は，物の形や色，景観を感知するために必要な光（明るさ）である可視線，暖かさを与える赤外線など，児童の生存や発育発達にとって必要な環境を提供している。

空気の流れ（風）・雨，日射，気圧など，多くの物理的環境要因の組み合わせで，気象が形成される。ヒトの皮膚粘膜，目・耳・鼻など五感を介して，空気・光・気圧・気象・音（音圧）からの刺激―反応が繰り返され，自然環境の中で容易に生活生存できるための環境適応能力が発達していく。

五感を介した刺激は，大脳皮質で認識され，間脳―視床下部―脳下垂体―副腎系の内分泌反応と間脳―視床下部―自律神経系（交感神経・副交感神経）―内臓諸器官（骨格運動系・呼吸循環・体温調節・免疫産生臓器等）の調節反応が出現して，外部環境刺激に対応する。これらによって最適の内的環境が維持される。これを生体の恒常性（ホメオスタシス）という。

このような刺激反応系は，人間の生きている現象そのものであり，これらの刺激―調節反応の繰り返しにより，人は生態系において生活生存するために必要な生体内部の調節機能を身に付けていく。

地球環境のうえで，人間―生態系の中で，よりよい状態で生活生存するための生物学的適応能力の発達の基盤は，内部環境の調節能，すなわち環境側のリズムと生体内部のリズムの調和的発達が重要な鍵を担っている。

よりよい成長と環境適応能力の発達に必要不可欠な要因は，自然環境からの刺激，すなわち空気の流れ，寒冷・暑熱・気圧の変動，空気や水，食物など生きるための資源，及び有害物質を内部環境に取り込んだときの刺激（抗原）―反応（抗体産生）のプロセスが，人間の生物学的発達を促す過程なのである。

人工環境が児童の生活に与える影響について

気密で閉鎖された環境で生活する児童の例として，ここでは東京都内の昭和40年代に建設された全館冷暖房二重窓防音校舎の空気・温熱環境と児童の疾病罹患傾向についての調査結果を踏まえて考察する。

羽田空港の近くのある小学校では，空港の騒音が児童の学習を阻害するため，全館冷暖房防音二重窓校舎を建設した。騒音・大気汚染対策としての人工環境は，外界と遮蔽（しゃへい）されるため，四季の季節感を感じられないだけでなく，自然環境から完全に隔離された閉鎖環境のためか，児童の欲求不満が増大し，校舎内部を破壊する行動が現れていた。

そこで各種心理テストを行うとともに教室内の冷暖房による温熱条件の測定も行ったところ，夏季には冷房の効きすぎによる冷えと教員の体調不良が見られた。冬季暖房時では，教室内温度が30℃を超え，児童の体感・疲労感・学習意欲の減退が自覚症状として調査結果に現れた。さらに，喘息（ぜんそく）等呼吸器系疾患や脊柱側わん症，その他のアレルギー疾患などは，全国平均の4倍を超えた。一般に学年が上がるにしたがって減少する病欠率は，横這い状態で，年齢が上がっても減少する傾向は認められなかった。末梢血管の反応性については，冷水に入水すると同時に収縮し，通常1分以内に現れる寒冷血管反応は認められなかった。

この調査では，自律神経系は交感神経が優位で，リラックス時にみられる副交感神経の活性化による末梢血管の拡張はなく，他地域の子どもの様相とは極端に異なる現象が認められた。そして，冬季の過剰暖房による学習意欲の減退，体感・疲労感の増大は，自然環境からの極端な隔離がもたらした心身状態の発達阻害，特に暑さや寒さの環境刺激によって獲得される自律神経系・免疫系・内分泌系の発達（季節・気候適応）のゆがみと解釈した。

山梨県の甲府盆地にあるはだか保育園や青森県六ヶ所村の児童生徒，また温暖な気象環境ゆえに冬季に暖房を入れない宮崎県日向市の海浜部・山間僻地に住む子どもたちとの相違は著しかった。

これらの事例は極端なものかもしれないが，アレルギー疾患の増大と加齢にしたがって見られる気管支喘息の有症率の減少傾向が認められないなど，自然環境からの隔離がもたらす児童の適応能の発達阻害現象は，心と身体，生活行動にゆがみを生じさせていることへの警鐘となっている。

36 1 ●アメリカの文化と言語 レポート学習参考例

Continuing Educationにおける アメリカの大学教育について

1 アメリカの大学教育

短大・高等専門学校を含めて，日本には約1200校，アメリカは約4000校の大学（認可を受けていない学校も含む）がある。このことは，アメリカにおける国民の大学教育に対する関心の高さを示している。

アメリカの大学には私立大学と州立大学があり大きく2年制短期大学・4年制大学・大学院に分けられる。私立大学は伝統や独自の教育理念に基づき，規模・教育内容などが千差万別である。一方，各州の税金によって運営されている州立大学は，広く州の住民のために開かれ地域に根ざした大学で，州住民や社会の広いニーズに応じるために，特に短大では実用的な多種多様の学科・コースや学科目を提供している。州立の場合は州住民には学費は安く設定されているが，州外の者には割高になっている。一方，私立の場合は州立よりも学費は高いが，州住民と州外の住民との差はない。

(1) 2年制短期大学

2年制の州立短期大学は，「コミュニティ・カレッジ（community college)」と呼ばれている。

このコミュニティ・カレッジは，大きく分けて2つの役割を果たしている。1つ目は就職に向けての即戦的な実用能力養成のために，秘書や簿記といった事務職と，機械工といった技術職の専門技術の修得や職業訓練の場である。2つ目は，4年制大学への編入のための単位を取得する場である。この場合，コミュニティ・カレッジは4年制大学の前半の2年間として位置づけられる。リベラル・アーツ（人文科学・社会科学・自然科学などの教養学科）の他，教育学・工学・法学・医学に関する専門科目が開講されている場合もある。夕方からや週末の時間に授業をとる，いわゆるパート・タイム学生も多く存在する。

(2) 4年制大学

リベラル・アーツ・カレッジはアメリカの高等教育の特徴で，バランスのとれたアカデミックな教育を提供し，学生一人ひとりの適性や可能性を見いだす「全人教育」をめざしている。ここでは，文学・人類学・語学・社会学・自然科学といった，幅広いコースのなかから履修し，満遍（まんべん）なく教養と基礎学力を身に付ける。一般に，リベラル・アーツ・カレッジは，学生数が1000人から2000人程度の小規模のところが多い。

これに比べ総合大学は，併設された

大学院を持ち，どちらかというと教育よりも研究に力を入れているところも多い。

(3) 大学院

学生の多くは高い専門性を身に付けるために，4年制大学を卒業後，大学院に進学する。インターンシップやプラクティカムといった現場実習も必修になっている。

2 アメリカの継続教育

日本の企業では終身雇用制度に基づくシステムが一般的であるため，大学を卒業してから社会に出るという考え方が広く根付いており，就職すると一時的に職を離れて学校で再度学ぶということが大変に難しい。そのため在学する学生は10代後半から20代前半の学生が大部分である。

一方，アメリカの大学では，ひとたび社会に出た後に再び，より高度な専門知識を得るために学校に戻る学生を受け入れるシステムが浸透している。生涯教育（lifelong education），継続教育（continuing education）と呼ばれ，大学はいつでも誰にでも開放されている。多くは現在の仕事に満足できず，何か新しいことに挑戦しようと決意して入学してくる。

女性たちの中には結婚後，自分自身の願望を我慢して，働いて夫の大学院への進学を支えたり子育てを優先したりした生活をしてきている者も多い。しかしこれらが一段落し子どもたちが成長して家を離れ，何もすることがなくなってしまった「空の巣症候群」という問題に悩む女性たちは，次は「自分のために」と学校へ戻る。このような人々を受け入れることは一般大衆のための教育機関としてのアメリカの大学の重要な機能の一つとなってきている。さらに「大学拡張講座（university extension course）」や継続教育学部（School of Continuing Education）が設置されているところもある。

また継続教育の1つとして，エルダーホステル（Elder hostel）が知られている。これは非営利の教育団体によって，中・高年齢層の人々を対象として宿泊を伴う学習講座を提供するもので，さらに高等教育の機会を拡張してきている。

アメリカ民主主義の大きな理想の1つは，人それぞれが自分自身の可能性にかけて努力する権利を持つとしている。この「機会均等」の理念は，継続教育の場で活かされている。

3 アメリカの柔軟な高等教育システム

アメリカの大学，特に州立大学は，教育の機会を広く提供している。州住民は希望者全員が州立大学のどこかに入学できるように準備されている。学びたくても低所得であれば，州内に数多くあるコミュニティ・カレッジで安い学費で学ぶことができ，将来は4年制大学編入の道が開かれている。

通学に困難であれば，インターネットなどの情報通信を利用しての遠隔教育（distance learning）や通信教育で学べる。
いくつものコースを学びたいのであれば，主専攻の他に副専攻を選択することもできる。日本の大学は１年かけてひとつの科目を履習するが，アメリカの大学では学期終了ごとに成績がつく。そのため入学や卒業の時期，編入学及び転科やコース変更においても，高い柔軟性を保っている。複数の大学や短大で履修した単位を集めて，最終在学校を卒業する学生もいる。
優秀な学生は高等学校在学中に大学で授業を受け，３年間で大学を卒業することもできる。努力次第では，まれに理科系では10代で博士号を取得することも不可能ではない。一方で，20代以降に入学してくる学生も珍しくない。他にも，留学生を受け入れる体制も整っていて，多くの国の学生は留学先としてアメリカの大学を選んでいる。
日本では大学院に入学する時期は大学卒業後すぐか，数年以内で，大学教育と大学院教育は一貫して同じ大学で受ける傾向が強い。一方，アメリカの大学院入学者は研究職志望だけでなく，スキルアップやキャリアアップなどをめざすため，社会経験を積んでから入学する場合が多い。大学では教養を幅広く学び，大学院では専門的な勉強をするという大学院を教育の最終目標とする考え方が根強い。
また，多面的な考え方を学ぶために大学教育と大学院教育を別の大学で受ける場合が多い。学部と専攻を変えて大学院に進むことも可能である。アメリカは，厳しい資格社会であり大学院生たちは昇給・昇進のチャンスを求めて，修士号だけでなく，博士号も競って獲得する傾向にあり，学ぶ意欲は尽きない。
以上のように，アメリカの大学は学びたいと思う人のためにさまざまな特色をもった大学があり，学ぼうとする者には，いつでも門戸が広く開かれている。しかし，ひとたび入学すると目的意識をもって自主的に取り組む強い意志が必要とされる。授業開講時には，授業目的や内容・課題・試験などが記載されたシラバスが配布され，それに基づいて授業が進められる。授業は毎回予習や大量の課題をこなすことを前提としていて，自分なりの意見を発言し，積極的に参加しなければならない。さらにレポートや期末試験と，日々課題に追われることになる。そして，もし定められた基準に達していない場合には容赦なく不合格評価となり単位が与えられない。上の学年に上がるにつれ求められるレベルも上がり，相当な準備が必要とされ，卒業までの道のりは厳しい。
困難な道でも日々勉強に励むのは，卒業すると職種の選択の幅が増し，以前よりもさらによい条件で，就職の機会を得ることができると分かっているからである。だからこそ，ひとたび社会に出ても大学に戻って学ぼうとする意欲が高いのである。

アメリカのThe Energy Crunch (エネルギー危機)について

アメリカは「車社会」である。日本の約25倍という広大な領土をもつこの国では，一部の大都市を除いて，日本のように公共交通機関が整備されておらず，車がなければ通勤・通学等の基本的な生活が成り立たない。このためさまざまなものが，車を使用した生活を想定してデザインされている。例えば，ファストフードのチェーン店だけでなく，銀行の自動現金取引機や郵便ポストに至るまで，車に乗ったまま用事を足せる「ドライブスルー」がある。

車は人々の行動範囲を広げ，生活様式を変え数々の利便をもたらすが，その一方で排気ガスによる大気汚染が健康被害などのさまざまな問題をもたらしている。

また，アメリカの交通部門における全エネルギー消費量の60％以上は石油によって賄われている。しかし，石油などのエネルギー資源の枯渇問題や政治的な産出量の制限の問題は，車中心の国民生活に意識の変化をもたらし，公的機関の政策にも影響を及ぼした。

サンフランシスコを例に挙げると，ベイエリアと称される湾岸地域の高速道路では，通勤混雑の時間帯に「カープール・レーン」を設けている。この車線は，運転手を含めて２人ないし３人以上乗車している車とバスのみが通行できる。ベイエリアには，その他にも地下鉄，路面電車，フェリーなど，車に依存しなくても済む交通機関が整備されている。大気汚染対策だけでなく，エネルギー源そのものも見直され，限られた資源の消費から，徐々にではあるが再生可能なエネルギーへの実用化も進んでいる。

カリフォルニア州では，「グリーン発電機補助プログラム」と呼ばれる自家発電の奨励援助策を導入し，太陽光発電・太陽熱発電・風力発電・燃料発電の４種類の代替エネルギーを使った発電装置の購入費のうち，最大50％を州が負担している。さらに同州では電力市場の規制緩和により契約する電力会社を利用者が選択できるようになり，太陽エネルギーや風力エネルギーなどの自然循環エネルギー源を使った電力を買う場合は，その料金の約１割を州が負担してくれる。

近年では，石油価格の高騰もあり，身近に無尽蔵にあると思われていた天然エネルギー資源への危機感は，省エネルギー対策の実施や，環境に配慮した新たな代替エネルギー源の開発への取り組みを加速させる契機ともなっている。

アメリカのSomething We Can Be Proud of（養子縁組制度）について

養子縁組はアメリカの誇れる文化の一つである。アメリカの養子縁組の事情を語るには，アメリカの社会が考える「家族とは何か」，「家族はどうあるべきか」，「家族に求めるものは何か」の理解が不可欠である。

かつては共働きで子どものいないカップル（DINKS）がもてはやされた時代もあったが，1980年代の後半になると仕事も家庭も充実させたいという風潮が強まり，またこの頃から子孫を残すことに関わる遺伝子関係の産業が発達してくる。1990年代には，「家族」は定義することが不可能なほど多様化し，現在では血縁以外の絆で結ばれている「ステップ・ファミリー」も多く存在する。日本の家族が血縁を重視する傾向が強いのに比べ，現代のアメリカではシングルマザーと子ども，同性愛者のカップル，未婚のカップルと，構成員の関係はどのようなものであっても「一緒に住んでいるのが家族」というとらえ方になってきている。

また養子縁組を特別視しない要因として，アメリカの一般的中流層では子どもに財産を遺そうという意識や，子どもを“介護の担い手”とする期待が薄いことに加え，教育費は地元の学校に通学させれば授業料がほとんどかからないなど，養育にかかる費用が中流家庭で賄える範囲であることが挙げられる。

今日，アメリカでは養子縁組を希望する子どもの詳細なデータはインターネットでも簡単に入手でき，基本的な個人情報はもとより写真までも公開されている。90年代には13万人の養子縁組が成立しており，ヨーロッパ・アジア諸国など海外からの養子も多い。アメリカ国内では，これまでは十代の未婚女性が出産した乳幼児が養子に出されているケースが多かったが，健康で優秀な子どもを望むのであれば，精子バンク等の精子や卵子による人工授精・体外受精・代理母という選択も可能である。アメリカ社会の原理が，多様性と選択の自由にあるとはいえ，このような形での養子縁組に対しては批判もある。

しかしながらアメリカでは，日本と比較して養子になっている子どもの方が，施設に入所している子どもより圧倒的に多い。養子縁組には，広い心と深い愛情が不可欠である。アメリカは，見知らぬ子どもを家族の一員として迎え，愛情を注いで育てるという，真に人間愛に根ざした，勇気と寛容さをもっている。

アメリカにおける A Woman's Body Is a Woman's Business（中絶の事情）について

アメリカでは，妊娠中絶は同性婚の問題とともに政治の舞台にまで持ち込まれ，特に大統領選挙では欠かせない論点になっている。妊娠中絶は1973年の最高裁判所の判決により，合憲とされている。しかし，過去何回となく繰り返し妊娠中絶論争が浮上するのは，命は神から与えられたものとするキリスト教の宗教的な価値観や倫理的，哲学的な問題にも波及しているからである。

妊娠中絶の合法化から30年以上たったアメリカでは，2003年11月に人工中絶の一部を禁止する連邦法が成立した。これは妊娠中期（13～24週）や後期（25週～出産）に，胎児の一部を母胎内に残したまま特別な処置をする「部分的出産中絶」を禁止するもので，これに違反した医師には禁錮２年が科せられる。これに対し，サンフランシスコ連邦地裁は2004年６月，「女性が中絶を選ぶ権利を侵している」として，違法の判決を下している。

1870年代から1970年代は，母胎を生命の危険から救う目的以外の中絶はすべて禁止されていた。この中絶非合法時代に「望まない妊娠」に悩む裕福な白人女性は，「治療用中絶」と称して医療施設において正規の医師から中絶手術を受けることができたが，低所得者層やマイノリティの女性は，無免許の堕胎師や自力堕胎に頼るほか方法がなく，人種や経済的状況による差別が生じていた。つまり，妊娠中絶論争はアメリカ社会における女性の地位の問題にも絡んでいたわけである。

人工妊娠中絶を認めた1973年の連邦最高裁「ロウ対ウエイド判決」は，女性の選択の権利優先派（Pro Choice：プロ・チョイス）と胎児の生存の権利を主張する派（Pro Life：プロ・ライフ）との間の対立を巻き起こした。中絶反対派であるプロ・ライフ派はローマカトリック教会が主導しており，「生命の起源と人権の発生は受胎時からか，それとも誕生時からなのか」といった倫理的，哲学的な問題を提起している。

妊娠中絶という，とりわけ私的で繊細な部分に司法や宗教が介入するのは，本来のアメリカ社会の原理である「選択の自由」を侵害しているという見方もある。しかしこのように長い年月をかけて中絶論争という形をとって争われているのは，実際には「人間の性や個人の権利」のためかもしれない。であるとすれば時代の権力者がその絶対的な是非を決定するには，極めて重い問題ではないだろうか。

アメリカのAffirmative Action ——Reverse Discriminationについて

アメリカでは，奴隷解放宣言（1863年）が出されたのち，20世紀になっても日常生活のさまざまな場面で人種差別があった。キング牧師が非暴力の公民権運動を展開した結果，1964年に「公民権法」が成立し，翌年には政策面で「アファーマティブ・アクション」が実施されることになった。

この政策の背景は，貧困層の大部分は，高等教育を受けられないために専門知識を得られず，就職する機会を与えられないということである。そのため貧困から脱け出せず，教育を受けられないという悪循環を繰り返している。その是正や過去の差別を償うために，大学の入学や就職の場において人種や民族，性別を考慮して改善の機会を積極的に与えようと，アファーマティブ・アクションは考え出された。

この政策は，マイノリティ（黒人やヒスパニック系，アジア系などの少数民族の人々）や女性の地位向上に貢献したと評価されているが，一方では存続の是非について論議を呼んでいる。例えば大学の入学をみると，この政策の下では入学定員の一定枠をマイノリティに振り分けるため，不合格となった白人の学生よりも成績が劣るマイノリティの学生が合格するという事態が起こりうる。つまり白人であるというだけの理由で機会を奪われることから逆差別であるという批判が高まった。1970年代にアラン・バッキ氏はこの政策のために医学部に入学できなかったとして裁判を起こし勝訴している。

このようにアファーマティブ・アクションにはさまざまな問題点があり，その１つ目は，はたして真の機会均等に成り得るのかという点で，場合によっては逆にマジョリティ（多数派の民族）を逆差別してしまうことになる。２つ目はマイノリティにとって，この政策が実質的に有益かどうかである。今まで教育や雇用の機会すらなかったマイノリティに，挽回の機会を与え，格差を埋めるという意味では短期間で見ると効果があるだろう。

しかし，アファーマティブ・アクションがある程度普及してしまうと，マイノリティは最初から特別枠を期待し，競争社会の中で安穏としてしまう可能性もある。またこの政策は，人種が分離されていることが前提で，差別感情を固定してしまう。

また，当事者のマイノリティからは「実力で入学（就職）したのに特別枠と誤解される」との批判もあるため，実状に合わせた運用が求められる。

アメリカのDivorce――American Style（離婚事情）について

アメリカにおける離婚率は，低下しているといわれているが，それでも離婚率は約45％に達すると推計されている。つまり，およそ2組に1組のカップルが，伴侶として選んだパートナーとの関係を解消しているのである。

現在のアメリカ社会では，離婚は特別なことではなく，離婚後の生活，有意義な離婚，離婚後の人生，といった類の記事や書籍も年々多数出版されている。

1950年代のアメリカは，男性は仕事に専念し，女性は専業主婦となって配偶者の出世を支え，子を産み育てるといった，いわゆる「家族主義」の時代であった。しかし，1960年代以降，豊かで幸福に見えた女性の中にあった抑圧されて混沌としていた気持ちが女性解放運動へと発展していった。伝統家族制度が見直され，性の解放が叫ばれ，男女平等の思想が広まり，1970年代にはアメリカの家族は変革期を迎え，『結婚しない女』『クレイマー，クレイマー』といった映画も話題になった。

このような状況で問題になるのは子どもの存在である。幼い子どもが離婚の犠牲とならないよう，両親が子どもの前で争わないこと，離婚後も親の役割を果たすことなど，両親の態度が重要になる。

アメリカではほとんどの場合，母親に親権が与えられ，父親は収入に応じてそれぞれの子どもに毎月，決められた養育費を払い，週末や夏休みの数週間は子どもに会う権利を得る。

どちらの親が子どもの親権をとるにせよ，離婚による精神的なダメージを深く被るのは子どもである。

「個」を重視する傾向が強いアメリカでは，親は時として自己実現と家族としての責任を天秤にかける。個の尊重を重視して離婚するという選択に至ってしまった場合，影響を受けるのは子どもなのである。

さらに，もはや結婚という制度自体が時代遅れで，生育環境の異なる2人の人間が，生涯寝食をともにすることは，不可能で不自然であるという考え方もある。また，かつてのような理想的な家族モデルのない現代では，結婚という法的な手続きを取らないカップルも増加している。

家族の構造や役割は，時代とともに変化している。アメリカ社会の原理は，多様性と選択の自由であるが，ここまで離婚率が高くなると，結婚や家族の意味を今一度考える必要があると思われる。

《参 考 文 献》

I　教職課程基礎科目

1　教師論

『新しい教育課程と学校経営　総則編』中野重人編著（東洋館出版社，1999年）

「新たな時代に向けた職員養成の改善方策について」教育職員養成審議会第１次答申（1997年）

「教員免許制度の改革，とりわけ教員免許更新制の導入について」（資料）―教員養成・免許制度の改革の基本的考え方―（文部科学省ホームページ）　http://www.kisei-kaikaku.go.jp/minutes/wg/2005/0629/item050629-01_03.pdf

2　教育行財政

『解説教育六法』解説教育六法編集委員会編（三省堂，2007年）

『教育行政学』平原春好（東京大学出版会，2000年）

3　教育法規

『受験に役立つ　教育法規』山本豊（学校図書，2012年）

『教育法規相談ハンドブック　30』山本豊（東京教育研究所，2014年）

『新版　逐条地方公務員法　第３次改訂版』橋本勇（学陽書房，2014年）

『定本　教育法規の解釈と運用』下村哲夫（ぎょうせい，1995年）

『法令解釈の常識』林修三（日本評論社，1975年）

『すぐわかる！教育法規』窪田眞二編(学陽書房，2011年）

『憲法Ⅰ　第４版』野中俊彦・中村睦男・高橋和之・高見勝利（有斐閣，2006年）

『別冊ジュリスト　憲法判例百選Ⅱ』高橋和之・長谷川恭男・石川健治編（有斐閣，2007年）

『不法行為法Ⅱ　第２版』潮見佳男（信山社，2011年）

『有権解釈に重きを置いた教育法規』山本豊（学校図書，2015年）

4　学校経営

『誰もが活用したい「成果重視の学校経営」100の実践ポイント』高階玲治編（教育開発研究所，2005年）

『学校経営の刷新』菱村幸彦他（教育開発研究所，2005年）

『学校経営重要用語300の基礎知識』岡東壽隆他（明治図書出版，2000年）

『新しい教育課程と学校経営　総則編』中野重人（東洋館出版社，1999年）

5　教育課程論

『幼稚園教育指導書・増補版』文部省（フレーベル館，1989年）

『改訂版　幼稚園教育要領・保育所保育指針』文部省・厚生省児童家庭局（チャイルド本社，2003年）

『幼稚園教育要領解説』文部省（フレーベル館，1999年）

『新しい教育課程と保育の展開　幼稚園』小田豊・無藤隆・神長美津子編著（東洋館出版社，

1999年）
「教育課程編成基準」東京都北区教育委員会（北区教育委員会，2002年）
『幼稚園教育要領』文部科学省（教育出版，2008年）
『幼稚園教育要領　解説』文部科学省（フレーベル館，2008年）
『小学校学習指導要領解説　総則編』文部科学省（東洋館出版社，2008年）
『保育所保育指針』厚生労働省（フレーベル館，2008年）
『幼稚園教育要領・保育所保育指針・保育要領』教育出版書籍部編（教育出版，1989年）
『演習保育講座5　教育課程・保育計画論』高杉自子・塩美佐枝編著（光生館，2003年）
『小学校学習指導要領解説・総則編』文部科学省（東京書籍，2004年）
『幼稚園教育要領解説』森上史朗・高杉自子・柴崎正行編（フレーベル館，1999年）
『指導計画の作成と保育の展開』文部省（フレーベル館，1991年）
『幼稚園教育要領』文部省（大蔵省印刷局，1998年）
『教育課程論』柴田義松編著（学文社，2005年）

6　国語科指導法（書写含む）

『小学校国語科授業研究（第四版）』田近洵一・大熊徹・塚田泰彦編（教育出版，2009年）
『小学校学習指導要領解説　国語編』文部省（東洋館出版社，2008年）
『国語教室の実際』大村はま（共文社，1970年）
『やさしい国語教室シリーズ』大村はま（共文社，1978年）

7　社会科指導法

『新・社会福祉要説』東京福祉大学編（ミネルヴァ書房，2005年）
『小学校学習指導要領　社会編』文部省（日本文教出版，1999年）
『小学校新学習指導要領Q&A　解説と展開　社会編』羽豆成二編（教育出版，1999年）
『小学校新教育課程の解説　社会』北俊夫・寺田登・安野功（第一法規出版，1999年）

8　算数科指導法

『学習指導要領　一般編（試案）昭和26年（1951）改定版』文部省（戦後教育改革資料研究会，1980年）
『小学校　学習指導要領　昭和33年度改訂』文部省調査局編集（帝国地方行政学会，1958年）
『改訂・小学校学習指導要領』文部省（大蔵省印刷局，1968年）
『小学校学習指導要領』文部省（大蔵省印刷局，1977年）
『小学校学習指導要領』文部省（大蔵省印刷局，1989年）
『小学校学習指導要領』文部省（大蔵省印刷局，1998年）
『小学校学習指導要領　一部改正』文部科学省（国立印刷局，2003年）
『小学校学習指導要領』文部科学省（東京書籍，2008年）
『小学校指導法　算数』守屋誠司編著（玉川大学出版会，2011年）
『教科力シリーズ　小学校算数』守屋誠司編著（玉川大学出版会，2015年）
『EXPLORING MATHEMATICS』Scott（Foresman and Company，1991年）
『小学校教育における論理教育の実践と検証―「論理性を育成する教育」の教育内容と教育課

程についての検証―』守屋誠司・加藤卓（大阪教育大学紀要　数学教育研究，1998年）
『エウクレイデス全集　第１巻　原論Ⅰ-Ⅵ』斉藤憲・三浦伸夫訳（東京大学出版会，2008年）
「今後の学制等の在り方について」（第五次提言）教育再生実行会議（教育再生実行会議，2014年）
『幼稚園教育要領』文部科学省（文部科学省，2008年）
『保育所保育指針』厚生労働省（厚生労働省，2008年）
『幼保連携型認定こども園教育・保育要領』内閣府・文部科学省・厚生労働省（内閣府・文部科学省・厚生労働省，2014年）
『ここまで伸びる　保育園・幼稚園の子供たち　数学・言語教育編』横地清（東海大学出版会，2009年）
『ここまで伸びる　保育園・幼稚園の子供たち　絵画・造形教育編』横地清（東海大学出版会，2009年）
『小学校，中学校，高等学校及び特別支援学校等における児童生徒の学習評価及び指導要録の改善等について』文部科学省（文部科学省初等中等教育局長通知，2010年）
『新成長戦略』「成長戦略実行計画（工程表　Ⅵ雇用・人材戦略～子どもの笑顔あふれる国・日本～②）」閣議決定（首相官邸，2010年）
『社会の期待に応える教育改革の推進』中央教育審議会大学分科会　大学分科会　資料１　平野博文（文部科学省，2012年）
『小学校学習指導要領解説　算数編』文部省（東洋館出版社，1999年）
『講座　算数授業の改造　１巻　思考と学力』横地清編（明治図書出版，1969年）
『量の数学的構造１』藤井淳一（数学教育研究第12号，1982年）
『新しい複合量の学習⑵』小田敏治（数学教育研究第17号，1987年）
『小学校，中学校，高等学校及び特別支援学校等における児童生徒の学習評価及び指導要録の改善等について』文部科学省初等中等教育局長通知（文部科学省，2010年）

9　理科指導法

『小学校学習指導要領解説　理科編』文部科学省（大日本図書，2008年）

10　生活科指導法

『小学校学習指導要領　生活編』文部省（1999年）
『小学校新教育課程の解説　生活』嶋野道弘編著（第一法規出版，1999年）
『小学校　新学習指導要領Q&A解説と展開（生活編）』松村昌俊・野田敦敬編（教育出版，2005年）
『小学校生活　観点別学習状況の新評価基準表』北尾倫彦・万代る里子編（図書文化社，2003年）
「生活科学習指導案」太田市立宝泉小学校　渡邉恵子作（2002年）

11　音楽科指導法

『小学生の発声指導を見直す』岩崎洋一（音楽之友社，1997年）
『音楽教育実践ジャーナル　Vol. 2 No. 2』（日本音楽教育学会，2005年）

『音楽教育研究ジャーナル　第25号』（日本音楽教育学会，2006年）
『ハートフルメッセージ　初等音楽科教育法』阪井恵・小山真紀（明星大学出版部，2003年）
『初等科音楽教育法　新版』初等科音楽教育研究会編（音楽之友社，2000年）
『初等科音楽教育法　改定新版』初等科音楽教育研究会編（音楽之友社，2011年）
『［調子外れ］を治す』村尾忠廣（音楽之友社，1995年）
『小学校学習指導要領』（平成20年告示）文部省（2008年）
『小学校学習指導要領解説　音楽編』文部省（教育芸術社，2008年）
『声と日本人』米山文明（平凡社，1998年）
『これからの音楽教育を考える』山本文茂（音楽之友社，2006年）
『子供と音楽のかかわりを深める音楽科授業論』金本正武（東洋館出版社，1997年）
『初等教育資料　平成17年度９月号（No. 779）』（東洋館出版社，2005年）
『小さな指に優しいリコーダー指導　小学３～６年生』北村俊彦（小学館，2005年）
『やさしいリコーダー指導のコツと練習曲』八木正一監修，三国和子著（学事出版，1995年）
『楽しい音楽鑑賞授業のアイデア』吉川廣二編著（明治図書出版，1998年）
『小学校音楽科の授業づくり　低学年編』高須一・金本正武編著（明治図書出版，2005年）
『小学生のおんがく１　指導書』畑中良輔他（教育芸術社，2005年）
「児童生徒の学習と教育課程の実施状況の評価の在り方について」教育課程審議会答申（平成12年12月）
『初等教育資料　平成15年度12月号（No. 775）』（東洋館出版社，2003年）
『初等教育資料　平成16年度11月号（No. 787）』（東洋館出版社，2004年）

12　図画工作科指導法

『図画工作の新しい展開』辻田嘉邦他（日本文教出版，1999年）
『小学校学習指導要領解説　図画工作編』文部省（日本文教出版，1999年）

13　家庭科指導法

『小学校学習指導要領解説　家庭編』文部科学省（東洋館出版社，2008年）
『新学習指導要領を読み解く　よくわかる小学校家庭科　学習指導要領ビジュアル解説』櫻井純子他（開隆堂出版，2009年）
『小学校家庭科指導の研究』中間美砂子編著，表真美他（建帛社，2004年）
『新版　テキストブック家庭科教育』大竹美登利編（学術図書出版社，2003年）
『小学校学習指導要領解説　家庭編』文部科学省（開隆堂出版，2004年）
『小学校新教育課程の解説　家庭』橋本郁編著（第一法規出版，1999年）
『新しい教育課程と学習活動の実際　家庭』橋本郁・建守紀子・飯田紀代子編著（東洋館出版社，1999年）
『改訂　小学校学習指導要領の展開　家庭科編』橋本郁編（明治図書出版，1999年）

14　体育科指導法

『体育科教育学入門』高橋健夫・岡出美則・友添秀則・岩田靖編著（大修館書店，2002年）
『体育の授業を創る』高橋健夫編著（大修館書店，1994年）

『最新体育科教育法』杉山重利・園山和夫編著（大修館書店，1999年）
『小学校学習指導要領解説　体育編』文部省（東山書房，1999年）
『小学校体育科授業研究』立木正・新開谷央・菊幸一・松田恵示編著（教育出版，2009年）
『小学校学習指導要領解説　体育編』文部科学省（東洋出版社，2013年）

15　授業研究（総合学習含む）

『子どもに確かな学力を育てる』奈須正裕他（教育開発研究所，2004年）
『すぐれた授業とはなにか一授業の認知科学一』藤岡信勝他（東京大学出版会，1989年）
『教えることの復権』大村はま他（筑摩書房，2004年）
『〔確かな学力〕を保障する新しい学校経営』葉養正明他（教育開発研究所，2003年）
『教育実習ハンドブック』教育技術研究会（ぎょうせい，1993年）
『教師論』教職問題研究会（ミネルヴァ書房，2005年）

16　道徳教育の研究

『小学校学習指導要領解説　道徳編』文部科学省（東洋館出版社，2008年）
『中学校学習指導要領解説　道徳編』文部科学省（東洋館出版社，2008年）
『小学校学習指導要領解説　総則編』文部科学省（東洋館出版社，2008年）
『中学校学習指導要領解説　総則編』文部科学省（東洋館出版社，2008年）
『道徳の指導法』村田昇編著（玉川大学出版部，2004年）
『道徳教育の理論と実際』柴田義松・半沢恒彦・岩本俊郎（国土社，1983年）
『「道徳」授業に何が出来るか』宇佐美寛（明治図書出版，1989年）
『文部省学習指導要領１　一般編』国立教育研究所内戦後教育改革資料研究会編（日本図書センター，1980年）
『文部省発表小学校学習指導要領　昭和43年改訂版』（明治図書出版，1968年）
『中学校指導書　道徳編』文部省（大蔵省印刷局，1978年）
『道徳の指導法』村田昇編著（玉川大学出版部，2004年）
『道徳教育の理論と実際』柴田義松・半沢恒彦・岩本俊郎（国土社，1983年）
『小学校道徳指導上の諸問題』文部省（大蔵省印刷局，1978年）
『中学校新教育課程の解説　道徳』金肇編著（第一法規出版，1977年）
『小学校指導書　道徳編』文部省（大蔵省印刷局，1989年）

17　特別活動の指導法

『中学校学習指導要領解説一特別活動編一平成20年９月』文部科学省編（ぎょうせい，2008年）
『平成20年改訂　中学校教育課程講座特別活動』渡部邦雄編著（ぎょうせい，2008年）
『小学校学習指導要領の解説と展開一特別活動編』安彦忠彦監修，児島邦宏・宮川八岐編著（教育出版，2008年）

18　教育方法論

『保育児童福祉要説』東京福祉大学編（中央法規出版，2004年）
『小学校学習指導要領解説　算数編』文部省（東洋館出版社，1999年）

『新しい算数　教師用指導書　研究編』（東京書籍，2002年）
『教育実習の理論と実践』岡田忠男・大森正・吉田辰雄編（文化書房博文社，1998年）
『教育学』海原徹（ミネルヴァ書房，1997年）
『教育の方法・技術』松平信久・横須賀薫編（教育出版，2002年）
『学校教育辞典』今野善清・新井郁男・児島邦宏編（教育出版，2003年）
『新説　教育の原理』三井善止編著（玉川大学出版部，2004年）
『学校教育辞典』東洋，奥田真丈，河野重男編（教育出版，1990年）
『広辞苑』新村出編（岩波書店，1998年）
『ティーム・ティーチング事典』新井郁男，天笠茂編（教育出版，2000年）
『キーワード教育指導』菱村幸彦編（教育開発研究所，1993年）
『ティーム・ティーチング読本』山本政男編（教育開発研究所，1993年）
『教育評価法概説』橋本重治，応用教育研究所編（図書文化社，2003年）
『教育評価』梶田叡一（有斐閣双書，2004年）
『教育の方法と技術』柴田義松・山﨑準二編（学文社，2005年）
『授業の中の評価』小島宏（教育出版，2003年）
『新指導要録の記入例と用語例』高岡浩二・渋谷憲一・石田恒好編（図書文化社，1991年）
『「平成13年改善指導要録」の基本的な考え方』布村幸彦編（ぎょうせい，2002年）

19　教育情報機器演習

『情報教育の方法と実践（小学校編）』赤堀侃司編著（ぎょうせい，2000年）
『情報教育の方法と実践（中学校編）』赤堀侃司編著（ぎょうせい，2000年）
『実践に学ぶ情報教育―これからの学習を変える―』赤堀侃司（ジャストシステム，2002年）
『教職必修・情報科教育のための指導法と展開例』岡本敏雄・西野和典編著（実教出版，2002年）
『高等学校学習指導要領解説―情報編―』文部省（開隆堂出版，2010年）
『情報科教育法―情報科教育研究Ⅰ―』松原伸一（開隆堂出版，2003年）

20　児童生徒指導論（進路指導含む）

『新訂　生徒指導の研究』高橋哲夫他編（教育出版，2003年）
『生徒指導資料第20集，生徒指導研究資料第14集　生活体験や人間関係を豊かなものとする生徒指導』文部省（大蔵省印刷局，1998年）
『小学校学習指導要領』文部省（大蔵省印刷局，1998年）
『中学校学習指導要領』文部省（大蔵省印刷局，1998年）
『高等学校学習指導要領』文部省（大蔵省印刷局，1999年）

21　教育相談（カウンセリング含む）

『心理学辞典』中島義明他編（有斐閣，2000年）
『「ガイダンスの機能の充実」によるこれからの生徒指導，特別活動』高橋哲夫他編（教育出版，2004年）
『生徒指導資料第21集，学校における教育相談の考え方・進め方―中学校・高等学校編―』文

部省（大蔵省印刷局，1990年）
『クライエント中心療法の最近の発展』C. R. ロージァズ，伊東博編訳（岩崎学術出版社，1978年）
『行動療法の理論と技術』内山喜久雄他（日本文化科学社，1973年）
『ハート・セラピー　心にしみるメールカウンセリング』上河扶紀枝（太陽出版，2004年）
「日記コミュニケーション」『現代のエスプリ No. 391』川浦康至編（至文堂，2000年）
『メールカウンセリング　その理論・技法の習得と実際』武藤清栄・渋谷英雄編著（川島書店，2006年）
『カウンセリングの話』平木典子（朝日新聞社，2004年）
『図解雑学心理カウンセリング』松原達哉編（ナツメ社，2004年）

22　総合演習（環境と健康）

『国民衛生の動向　50巻第９号』（財）厚生統計協会編（廣済堂，2003年）
『環境衛生の化学』篠田純男・那須正夫・黒木広明・三好伸一（三共出版，2001年）
『いきいき健康ライフ』水野肇監修（文部科学省共済組合，2000年）

II　教科に関する科目

23　国語（書写含む）

『国語審議会報告書15』文化庁編（大蔵省印刷局，1985年）
『日本語（上下）』金田一春彦（岩波新書，1988年）
『なるほど現代表記法』武部良明（日本評論社，1991年）
『新編日本語要説』鈴木真喜男他（学芸図書，2006年）
『NHK 新用字用語辞典　第３版』NHK 放送文化研究所編（日本放送出版協会，2004年）
『問題な日本語』北原保雄編（大修館書店，2004年）
『ことばおじさんの気になることば』NHK アナウンス室ことば班編（NHK 出版，2005年）

24　社会

『新・社会福祉要説』東京福祉大学編（ミネルヴァ書房，2005年）
『小学校学習指導要領解説　社会編』文部省（日本文教出版，1999年）
『小学校新学習指導要領 Q&A　解説と展開　社会編』羽豆成二編（教育出版，1999年）
『小学校新教育課程の解説　社会』北俊夫・寺田登・安野功（第一法規出版，1999年）

25　算数

『学習指導要領解説　算数編』文部科学省（東洋館出版社，2008年）
『小学校指導法　算数』守屋誠司編著（玉川大学出版会，2011年）
『教科力シリーズ　小学校算数』守屋誠司編著（玉川大学出版会，2015年）
『新編塵劫記』吉田光由（不明）
『学制百年史　資料編』文部省（帝国地方行政学会，1981年）
『国定準拠尋常小学算術書』数学協会編（数学書房，1905年）
『中等教育　幾何學教科書　立體之部』林鶴一（東京開成館，1925年）
『中等教育　幾何學教科書教授参考書　平面之部』林鶴一（東京開成館，1928年）

『尋常小学算術　第１学年児童用　下』文部省（日本書籍，1935年）
『カズノホン』文部省編（文部省，1941年）
『低學年を持つ母のために』教文社編輯部（教文社，1941年）
『初等中等教育と高等教育との接続の改善について（中間報告）』第１章　検討の視点（中央教育審議会，1999年）
『学習指導要領　一般編（試案）昭和22年度）』文部省（戦後教育改革資料研究会，1980年）
『学習指導要領　一般編（試案）昭和26年（1951）改定版』文部省（戦後教育改革資料研究会，1980年）
『高等学校学習指導要領　数学科編　昭和31年度改訂版』文部省（文部省，1956年）
『小学校　学習指導要領　昭和33年度改訂』文部省調査局編集（帝国地方行政学会，1958年）
『高等学校　学習指導要領』文部省（大蔵省印刷局，1960年）
『改訂・小学校学習指導要領』文部省（大蔵省印刷局，1968年）
『小学校学習指導要領』文部省（大蔵省印刷局，1977年）
『小学校学習指導要領』文部省（大蔵省印刷局，1989年）
『小学校学習指導要領』文部省（大蔵省印刷局，1998年）
『小学校学習指導要領　一部改正』文部科学省（国立印刷局，2003年）
『小学校学習指導要領』文部科学省（東京書籍，2008年）
『小学校算数指導資料　指導計画の作成と低学年の指導』文部省（大日本図書，1980年）

26　理科

学術会議叢書10『今，なぜ，若者の理科離れか―科学者と社会との対話に向けて―』財団法人日本学術協力財団発行（ビュープロ，2005年）
『教養のための理科　応用編Ⅰ　―生命と地球―』啓明舎監修，後藤卓也編（誠文堂新光社，2003年）
『脳―創り・育て・守り・輝かせる』栗原久（圭文社，2005年）
『地球四十六億年の進化』今井弘（関西大学出版部，2005年）
『生物多様性はなぜ大切か？』日高敏隆編（昭和堂，2005年）
『太陽系の果てを探る―第十番惑星は存在するか―』渡部潤一・布施哲治（東京大学出版会，2004年）
『いま起きている地球温暖化』國栖治雄・内藤克彦（化学工業日報社，2005年）

27　生活

『幼稚園教育要領解説』文部省（フレーベル館，1999年）
『小学校新教育課程の解説　生活』嶋野道弘編著（第一法規出版，1999年）
『改訂小学校学習指導要領の展開　生活科編』嶋野道弘編著（明治図書出版，1999年）
『新小学校教育課程講座　生活』嶋野道弘編著（ぎょうせい，1999年）
『実践からつくる生活科の新展開―学び・体験・かかわり・遊び―』嶋野道弘編著（東洋館出版社，1999年）
『生活科教育の展開』小宮山潔子（学文社，2002年）

28　家庭

『小学校学習指導要領解説　家庭編』文部科学省（東洋館出版社，2008年）

『新学習指導要領を読み解く　よくわかる小学校家庭科　学習指導要領ビジュアル解説』櫻井純子他（開隆堂出版，2009年）

『小学校学習指導要領解説　家庭編』文部科学省（開隆堂出版，2004年）

『小学校新教育課程の解説　家庭』橋本郁編著（第一法規出版，1999年）

『新しい教育課程と学習活動の実際　家庭』橋本郁・建守紀子・飯田紀代子編著（東洋館出版社，1999年）

『改訂　小学校学習指導要領の展開』橋本郁編（明治図書出版，1999年）

『小学校家庭科指導の研究』中間美砂子編著，表真美他（建帛社，2004年）

『新版　テキストブック家庭科教育』大竹美登利編（学術図書出版社，2003年）

29　体育

『体育の授業を創る』高橋健夫編著（大修館書店，1994年）

「体育学習のスポーツ運動学的視座」金子明友『現代教科教育シリーズ7　体育・保健科教育論　「体育」から「スポーツ教育」への発想と新しい保健学習を求めて』島先仁他編（東信堂，1988年）

『体育学研究（34-1）』日本体育学会「体育学研究」編集委員会（1989年）

『体育の教授技術』D. シーデントップ，高橋健夫訳（大修館書店，1988年）

『体育学研究（36-3）』日本体育学会「体育学研究」編集委員会（1991年）

III　教職に関する科目

30　児童心理入門

『しっかり学べる発達心理学』桜井茂男・大川一郎編著（福村出版，1999年）

『図で読む心理学　発達』川島一夫編著（福村出版，1991年）

『記憶の心理学と現代社会』太田信夫編（有斐閣，2006年）

『認知心理学からみた数の理解』吉田甫・多鹿秀継編著（北大路書房，1995年）

『子どもの発達と環境　児童心理学序説』塚田紘一（明星大学出版部，2000年）

『現代社会心理学入門2　発達心理学』無藤隆他（岩波書店，1995年）

『愛着の発達』繁多進（大日本図書，1987年）

『生涯人間発達学』上田礼子（三輪書店，2005年）

『僕らはみんなキレている―脳からみた現代社会論―』篠原菊紀（オフィスエム，2001年）

31　発達相談

『女性のためのライフサイクル心理学』岡本裕子・松下美知子編（福村出版，2000年）

『愛着の発達　母と子の心の結びつき』繁多進（大日本図書，1999年）

『社会福祉用語辞典［第5版］』山縣文治・柏女霊峰編（ミネルヴァ書房，2006年）

『よくわかる子ども家庭福祉［第4版］』山縣文治編（ミネルヴァ書房，2006年）

『平成25年版　厚生労働白書』厚生労働省編（日経印刷，2013年）

「子ども・若者白書〈平成25年度版〉」内閣府編（印刷通販，2013年）

『良心をもたない人たち』マーサ・スタウト，木村博江訳（草思社，2006年）
『平気で他人の心を踏みにじる人々』矢幡洋（春秋社，2006年）
『すぐカッとなる人びと』クリスチャン・ザジック，眞田孝昭・加藤長訳（大月書店，2002年）
『子を愛せない母』ヘネシー・澄子（学習研究社，2004年）
『気になる子，理解できる，ケアできる』ヘネシー・澄子（学習研究社，2006年）
『乳幼児の発達と指導』ゲゼル，依田新・岡宏子訳（家政教育社，1975年）

32　児童文化論

『遊びと精神医学』町沢静夫編著，吉本隆明（創元社，1986年）
『いないいない　ばあ』松谷みよ子文，瀬川康男絵（童心社，1967年）
『児童文化（上・下）』教育科学研究会編（西村書店，1941年）
『教育社会学辞典』日本教育社会学会編（東洋館出版社，1967年）
『児童文化』岸井勇雄・大久保稔編（チャイルド本社，1986年）
『子どもの生活と文化』武田京子編（樹村房，2000年）
『遊びの指導エンサイクロペディア　乳幼児編』クリエイティブプレイ研究会編（同文書院，1996年）
『子どもと遊び』かこさとし（大月書店，1983年）

33　人権教育

『平成24年版　人権教育・啓発白書』法務省・文部科学省編（勝美印刷，2012年）
「高等学校学習指導要領　公民編」文部科学省（教育出版，2010年）
『教育学用語辞典　第４版』岩内亮一他編（学文社，2010年）
『解説教育六法　平成25年版』解説教育六法編集委員会（三省堂，2013年）
『よくわかる子ども家庭福祉［第８版］』山縣文治編（ミネルヴァ書房，2012年）

34　子どもの権利擁護

『保育児童福祉要説』東京福祉大学編（中央法規出版，2004年）
『新・社会福祉要説』東京福祉大学編（ミネルヴァ書房，2005年）
『子どもの人権をまもる知識とＱ＆Ａ』山田由紀子（法学書院，2004年）
『ハンドブック子どもの権利条約』中野光・小笠原毅編著（岩波書店，1996年）
『新・子どもの虐待―生きる力が侵されるとき―』森田ゆり（岩波書店，2004年）

35　児童環境保健論

『人間環境・教育福祉論』鈴木路子編著，金子勇他（光生館，2007年）
『くらしの科学としての人間環境学』鈴木路子編（圭文社，1995年）

36　アメリカの文化と言語

『AMERICAN INSIGHTS-English; An Update』Jim Knudsen（南雲堂，1980年）
『アメリカ合衆国読本』五月女光弘（丸善，1993年）
『アメリカ留学ガイド』栄陽子編著（JTB パブリッシング，2003年）
「アメリカ道路自動車交通の発達と諸問題」西村弘助　http://koho.osaka-cu.ac.jp/vuniv

1999/nishimura/03.html
「アメリカの交通事情」 http://simlabo.main.jp/simrepo/r022.htm
「カリフォルニアのエコライフ」 http://eco.goo.ne.jp/life/world/california/traffic/car.html
「アメリカからみた『家族』の周辺」武藤香織 http://www.lovepiececlub.com/mutou/mutou_01.htm
「国でみる結婚・離婚＜アメリカ＞」 http://www.alcclub.net/kon/country/america.htm
『アメリカの社会　多様性のなかに統一を求めて』松尾弌之・大西健夫編（早稲田大学出版部，1994年）
「宗教界における中絶観の革命─聖職者相談サービス（Clergy Consultation Service on Abortion）の意義─」『久保文明研究会　2003年度卒業論文』根本麻矢（2003年）
『変わらぬアメリカを探して』阿河尚之（文藝春秋，1997年）
『現代アメリカを観る─映画が描く超大国の鼓動─』鈴木透（丸善，1998年）
『現代アメリカ社会を知るための60章』明石紀雄・川島浩平編著（明石書店，1998年）
『世界人権問題叢書２　多民族社会アメリカ』石朋次編（明石書店，1991年）
『21世紀アメリカ社会を知るための67章』明石紀雄監修，赤尾千波他編（明石書店，2002年）
『物語アメリカの歴史』猿谷要（中央公論社，1991年）

レポート・試験はこう書く
教職科目要説［初等教育編］改訂版

2007年6月30日　初　版第1刷発行　〈検印省略〉
2013年7月30日　初　版第5刷発行
2015年6月20日　改訂版第1刷発行
2023年3月20日　改訂版第2刷発行

定価はカバーに
表示しています

編　者　東京福祉大学
発行者　杉田啓三
印刷者　田中雅博

発行所　株式会社　ミネルヴァ書房
607-8494　京都市山科区日ノ岡堤谷町1
電　話　代表(075)581-5191
振替口座　01020-0-8076

©東京福祉大学，2015
創栄図書印刷・藤沢製本

ISBN978-4-623-07286-6
Printed in Japan
本書記載内容の無断転載，無断複写を禁じます

小学校教育用語辞典

細尾萌子・柏木智子 編集代表

四六判／408 頁／本体 2400 円

保育・幼児教育・子ども家庭福祉辞典

中坪史典・山下文一・松井剛太・伊藤嘉余子・立花直樹 編集委員

四六判／640 頁／本体 2500 円

教職をめざす人のための教育用語・法規［改訂新版］

広岡義之 編

四六判／384 頁／本体 2200 円

最新保育小六法・資料集

大豆生田啓友・三谷大紀 編

Ａ５判／各年版／本体 2000 円

ミネルヴァ書房

https://www.minervashobo.co.jp/